博雅对外汉语知识丛书
陆俭明　主编

现代汉语语法答问（下）

杨玉玲　著

图书在版编目(CIP)数据

现代汉语语法答问(下)/陆俭明主编;杨玉玲著. —北京:北京大学出版社,2011.10
(博雅对外汉语知识丛书)
ISBN 978-7-301-19104-0

Ⅰ. 现… Ⅱ. ①陆…②杨… Ⅲ. 现代汉语—语法—对外汉语教学—教材 Ⅳ. H195.4

中国版本图书馆 CIP 数据核字(2011)第 119157 号

书　　　名：现代汉语语法答问(下)
著作责任者：陆俭明　主编　杨玉玲　著
责 任 编 辑：李　凌
封 面 设 计：彩奇风
标 准 书 号：ISBN 978-7-301-19104-0/H·2866
出 版 发 行：北京大学出版社
地　　　址：北京市海淀区成府路 205 号　100871
网　　　址：http://www.pup.cn
电 子 邮 箱：zpup@pup.pku.edu.cn
电　　　话：邮购部 62752015　发行部 62750672　编辑部 62753374
　　　　　　出版部 62754962
印 刷 者：三河市博文印刷有限公司
经 销 者：新华书店
　　　　　650 毫米×980 毫米　16 开本　19 印张　301 千字
　　　　　2011 年 10 月第 1 版　2022 年 1 月第 5 次印刷
定　　　价：40.00 元

未经许可,不得以任何方式复制或抄袭本书之部分或全部内容。
版权所有,侵权必究　举报电话：010－62752024
　　　　　　　　　电子邮箱：fd@pup.pku.edu.cn

总 序

　　无论是在国内进行的汉语作为第二语言教学,抑或是在国外进行的汉语作为外语教学,还是华文教学(以下统称为"汉语教学"),从学科的角度说,它是关涉到汉语言文字学、应用语言学、教育学、心理学、文学以及文化和艺术等多学科的交叉性学科。但是,作为汉语教学,它最基础、最核心的教学内容则是汉语言文字教学;汉语教学最直接的目的是要确保外国汉语学习者学习、掌握好汉语。因此,对每一个汉语教员来说,汉语言文字学知识应成为自身知识结构中最重要的组成部分,这样才能胜任汉语教学这一任务,才能使自己在汉语教学中做到游刃有余。

　　可是,汉语教学领域的教师队伍有其特殊性,不像一般院系的教师队伍那样基本都是科班出身。出于汉语教学的需要,汉语教师队伍的成员来自各个学科领域。这一情况,对汉语教学来说有它有利的一面,可以适应汉语教学各方面的需求;但也有不利的一面,那就是不少汉语教员由于汉语言文字学方面的知识欠缺,在教学过程中难以面对外国汉语学习者在学习过程中出现、提出的汉语言文字学方面的种种问题。即使是中文系出身的汉语教员,虽然系统学过《现代汉语》、《古代汉语》、《语言学概论》以及一些相关课程,但由于以往的汉语本体研究基本上都是为适应母语为汉语的中国人读书、写作之需而展开的,所以在课堂上所学的一些汉语言文字学方面的知识往往也难以满足汉语教学的需要。这样,汉语教员,不管原先是哪个学科出身的,都迫切需要补充有关汉语言文字学方面的知识。本套丛书就是为适应汉语教学的这种需要而编写的。

　　本套丛书定名为"博雅对外汉语知识丛书",目前暂时下分"现代汉语语音答问"、"现代汉语语法答问"、"现代汉语词汇答问"、"现代汉语修辞答问"、"现代汉语文字答问"和"现代汉语规范化答问"等分册。这套丛书主要有以下几个特点:

　　(一)这套丛书主要面向从事汉语教学的教员,特别是已经从事汉语教学但缺少实际教学经验的教师,以及希望日后从事汉语教学的学生和其他读者。

(二)这套丛书定位为翻检性丛书,即供汉语教员随时翻检,目的是为大家提供汉语教学最必需的汉语言文字学方面的基本知识,以及汉语教学过程中可能会面临、可能会碰到、可能会出现的种种问题,并使读者掌握解决这些问题所应具备的相关知识与能力。

(三)这套丛书在内容上,力求具有针对性、涵盖性,同时具有实用性和一定的理论性;其中也不乏作者个人的经验之谈。

(四)这套丛书在编写体例上,一改传统的编写方式,采用答问方式编写。具体做法是,选择章节中必须包含的内容和教学中最有代表性的问题作为切入点,将所要讲的内容化解为一个个问题,采用"一问一答"的答问方式,分析、讲解教学实践中可能会碰到、可能会出现的问题。问题的设置都从"一个刚走上汉语教学岗位的汉语教师可能会提出或存在这样的问题"这种角度来考虑。问题的抽取和解说,力求能说到读者的需要之处,能全面涵盖重要的知识点,让读者看了感到解渴。

(五)这套丛书在具体安排上,每一章节开头,有一个对该章节内容的简单提示;每一章节的正文,是涵盖该章节内容的各个问题的答问;正文之后,附有一定的练习,练习大多是复习性的,也有一些是思考性的。

(六)这套丛书在表述上,力求深入浅出,通俗易懂,尽量避免使用过多的专业术语。

本丛书有大致统一的编写体例,但因各分册内容不一,所以不强求完全一致。读者在翻检阅读过程中,将会感到各分册在提示语的详略、问题设置的大小、练习内容的多少、解说问题的深浅以及参考文献的摆放等方面,会有些差异。

敬请广大读者,特别是广大汉语教师多提意见,以便在日后修订时使这套丛书日臻完善,更符合大家的需要。

陆俭明

2010年5月5日

于北大蓝旗营寓所

前　言

在任何一种语言教学中,语法的重要性都是不言而喻的。如果我们把词汇比作一个人的血肉,那么语法就是骨骼。如果没有健全的骨骼,无论血肉多么鲜活丰满,这个人都很难行动自如地完成各种功能项目。语法的重要性使得每一位语言教师都很重视其教学,可以说无论是何种教学流派,都或明或暗地进行着语法教学,但语法的复杂和抽象也使得很多语言教师"谈语法而色变"。为了把语法变得不那么复杂不那么抽象,从而避免二语学习者出现一些不必要的偏误,我们编写了《现代汉语语法答问》。

本书主要体现以下几个原则:

一、实用性原则

主要体现在内容的取舍、侧重和编写方式两个方面。

本书对现代汉语语法的讲解不是面面俱到,而是根据汉语教学的需要,选择那些语法难点。即"学生难以理解,经常出错或者回避不用的语法现象都是难点。"如留学生为什么常说"我要见面一个朋友"、"我做作业完了"、"我从爷爷知道这件事"、"她是一个美美丽丽的公主"、"她病了病,很快就好了"、"我们的老师40岁多了"、"她是最好学生"等等,我们都进行了比较详细的实用性地解释。那些二语学习者不容易出错的语法现象,我们则略讲或不讲。

对选定的语法现象不仅进行具体的描写还指出该语法现象在对外汉语教学中容易出现的问题以及对策,这也是本书有别于本体语法教材的地方之一。在尽量保证语法体系完善性的基础上,力求通过语法现象和语法规则的具体描写,指导读者进行汉语教学。

二、系统性原则

本书先对某个语法内容进行简单的说明,然后分解为若干个问题对语法现象进行细化处理。比如书中对动词的处理,我们先讲动词的语法功能、动词的分类,然后讲各类动词小类在对外汉语教学中容易出现的问题。这样不仅使读者对现代汉语语法体系有个系统的了解,而且对某个语法现象也有比较深入的了解,以帮助读者把语法内容更好地运用到对外汉语教学中去。如果说语法系统是一根银线,对外汉语教学中出现的问题就像一颗颗珍珠,二者构成一个有机整体。如果没有这根银线,那么众多的语法问题就只能像一堆散乱的珍珠,无法串成一串漂亮的项链。

三、细化的原则

本书的语法确切地讲是经过化整为零处理后的语法。比如别的语法著作不会去详细地分析"能"和"会"的不同,再如一般教材都会谈到形容词的重叠和动词的重叠,但不会详细地说明哪些形容词或动词可以重叠,哪些形容词或动词不可以重叠,但在本书中则进行了比较详细的描写。

对语法规则进行细化处理还表现在仅对语法形式进行了描写,还注意对语义和语用的说明,即从"语法、语义和语用"三个平面对某一语法现象进行描写。这样的描写看起来有点琐碎,有的地方甚至觉得像词典,但只要是对外汉语教学中的难点和重点,为了保证实用,我们就不厌其烦地进行了详细说明。

当然,人的记忆毕竟是有限的,规则太多、太烦琐,读者就很难记住,所以我们在对语法规则进行描写的时候,试图找到一个简繁适当的度,但是否合适,还有待于读者的检验。

这也是本书有别于其他语法著作的一个方面。

四、对比原则和偏误分析的原则

本书主要体现三个对比:一是外部对比/语际对比;二是内部比较,即汉语内部相似或易混淆语法现象的比较;三是留学生的偏误和正确句子的比较。这样可以在教学中尽量避免母语负迁移造成的偏误和因为过度类推而造成的偏误。

前　言

　　本书付梓之际,要特别感谢我们的导师陆俭明先生、北京大学出版社的沈浦娜女士和责任编辑李凌女士。陆先生和沈女士独到的眼光使本套书得以孕育。陆先生对汉语教学基础性研究的重视和鼓励促使我在"雕虫小技"上狠下工夫,先生对后进的提携使得我们得此宝贵机会,先生"闭门审稿"使本书更加完善。在此我们衷心地向老师说声"谢谢您!"如果说是陆先生和沈女士独到的眼光使本书得以孕育,那么是李凌女士认真负责的态度和深厚的汉语功底使本书枝繁叶茂,开花结果。我们还要特别感谢复审和终审老师,他们中肯的意见和建议为本书增色颇多。在此一并表示感谢。

　　希望本书能够帮助有志于汉语国际教育事业的朋友们打开语法教学之门,提高教学技能,体验并享受语法教学之乐趣。

　　本书来自教学,还将继续在教学中接受检验。由于经验有限,加上对一些语法现象的研究和对前人研究成果的学习都还不够深入,书中瑕疵在所难免,敬请读者同行批评指正,以便将来进一步修改提高。

著者
2011 年 7 月于美国明德大学

目 录

第四章　句子成分 ·· 1
　第一节　主语和谓语 ··· 1
　　　思考与练习二十一 ·· 9
　第二节　述语和宾语 ·· 10
　　　思考与练习二十二 ·· 20
　第三节　补语 ·· 22
　　一、补语概说 ··· 25
　　二、结果补语及其教学 ··· 26
　　三、趋向补语及其教学 ··· 31
　　四、可能补语及其教学 ··· 54
　　五、程度补语及其教学 ··· 61
　　六、状态补语及其教学 ··· 63
　　七、数量补语及其教学 ··· 68
　　八、介宾补语及其教学 ··· 75
　　　思考与练习二十三 ·· 76
　第四节　定语 ·· 79
　　一、定语及其与中心语的关系 ·· 80
　　二、定语的位置 ·· 83
　　三、定语和"的"的使用 ·· 84
　　四、多项定语的顺序 ·· 87
　　五、定语的偏误分析 ·· 91
　　六、定语的教学 ·· 93
　　　思考与练习二十四 ·· 93
　第五节　状语 ·· 94
　　一、状语及其类型 ··· 95

二、状语和"地"的使用 …………………………………… 103
　　三、状语的位置和多项状语的顺序 ……………………… 106
　　四、状语的偏误分析 ……………………………………… 113
　　五、状语和补语的区别 …………………………………… 115
　　六、状语的教学 …………………………………………… 117
　　思考与练习二十五 ………………………………………… 118
 第六节　插入语 ……………………………………………… 119
　　思考与练习二十六 ………………………………………… 121

第五章　句型和句类 …………………………………………… 122
 第一节　句型和句类概说 …………………………………… 122
 第二节　单句 ………………………………………………… 124
　　一、基本概念 ……………………………………………… 124
　　二、名词谓语句 …………………………………………… 125
　　三、动词谓语句 …………………………………………… 127
　　四、形容词谓语句 ………………………………………… 131
　　五、主谓谓语句 …………………………………………… 132
　　思考与练习二十七 ………………………………………… 135
 第三节　句类 ………………………………………………… 136
　　一、句类概说 ……………………………………………… 137
　　二、疑问句 ………………………………………………… 138
　　三、祈使句 ………………………………………………… 149
　　四、感叹句 ………………………………………………… 155
　　思考与练习二十八 ………………………………………… 163

第六章　汉语常用句式 ………………………………………… 165
 第一节　比较句 ……………………………………………… 165
　　一、比较句式概说 ………………………………………… 166
　　二、"比"字句 ……………………………………………… 166
　　三、"比"字句的教学 ……………………………………… 171
　　四、其他比较句 …………………………………………… 172

思考与练习二十九 …………………………………………… 175
第二节 "把"字句 ……………………………………………… 176
　　一、"把"字句及其语法意义 ………………………………… 177
　　二、"把"字句的结构特点 …………………………………… 180
　　三、"把"字句的偏误分析 …………………………………… 184
　　四、"把"字句的教学 ………………………………………… 186
　　思考与练习三十 ……………………………………………… 190
第三节 被动句 …………………………………………………… 191
　　一、被动句的特点及其类型 ………………………………… 192
　　二、被动句的教学 …………………………………………… 203
　　思考与练习三十一 …………………………………………… 204
第四节 "是……的"句 ………………………………………… 205
　　思考与练习三十二 …………………………………………… 213
第五节 "连"字句 ……………………………………………… 214
　　思考与练习三十三 …………………………………………… 219
第六节 "是"字句 ……………………………………………… 219
　　思考与练习三十四 …………………………………………… 221
第七节 "有"字句 ……………………………………………… 221
　　思考与练习三十五 …………………………………………… 226
第八节 "在"字句 ……………………………………………… 226
　　思考与练习三十六 …………………………………………… 229
第九节 存现句 …………………………………………………… 230
　　一、存现句概说 ……………………………………………… 230
　　二、存现句的小类 …………………………………………… 230
　　思考与练习三十七 …………………………………………… 235
第十节 连谓句 …………………………………………………… 236
　　思考与练习三十八 …………………………………………… 238
第十一节 兼语句 ………………………………………………… 240
　　思考与练习三十九 …………………………………………… 244
第十二节 双宾语句 ……………………………………………… 245
　　思考与练习四十 ……………………………………………… 248

第七章 复句 249
- 一、复句和复句分类 251
- 二、并列复句 252
- 三、承接复句 255
- 四、解说复句 257
- 五、递进复句 257
- 六、选择复句 259
- 七、因果复句 262
- 八、转折复句 265
- 九、条件复句 267
- 十、假设复句 270
- 十一、让步复句 271
- 十二、目的复句 272
- 十三、复句的教学 273
- 思考与练习四十一 274

第八章 汉语语法偏误分析 278
- 思考与练习四十二 284

参考文献 286
附录 290
- 术语索引 290

第四章　句子成分

【内容简介】 本章主要介绍汉语六大句法成分,即主语、谓语(述语)、宾语、定语、状语和补语以及特殊的插入语,说明哪些词语能充当这些句法成分、句法成分之间的相互关系以及它们在句中的位置、留学生容易出现的偏误现象等,并据此提出一些相应的教学建议。

第一节　主语和谓语

> 1. 主语和谓语:"怎么了,你?"中哪个是主语?
> 2. 主语和谓语的语义关系:"这把刀我切肉"中"这把刀"是主语吗?
> 3. 哪些词语可以充当主语和谓语?
> 4. 主语的有定性:为什么"一个人走了"不能说?
> 5. 留学生在习得主语、谓语时容易出现哪些偏误?

1. 主语和谓语:"怎么了,你?"中哪个是主语?

通常情况下,一个句子可以分成两个部分,即主语和谓语。主语是叙述、说明或描写的对象,而谓语则是对主语的叙述、说明或描写。主语和谓语是相对而言的,主语是对谓语而言的,谓语是对主语而言的,没有主语就不存在谓语,没有谓语也就无所谓主语。如:

① <u>我朋友</u>　<u>已经买了那本书。</u>
　　主语　　　　谓语

② 树上的叶子 都黄了。
　　主语　　　谓语

主语和谓语是汉语句子中最基本的句法成分。二者之间的关系比较松弛。这主要表现在三个方面：

(1) 主语一般位于谓语之前，但有时为了表达的需要，主语可以放在谓语之后形成倒装句。如：

① 怎么了，你？
　谓语　主语
② 下雨了，外面？
　谓语　主语

(2) 主语有时可以省略。如：

① 你去哪儿了？——（我）去超市了。
② 你们想吃什么？——（我们）吃麦当劳。

(3) 主语和谓语之间可以有停顿，甚至加上一些语气词（如啊、呀、呢、吧等）。如：

① 他呀，干不成什么大事。
② 她吧，是个顺毛驴。

2. 主语和谓语的语义关系："这把刀我切肉"中"这把刀"是主语吗？

主语和谓语是互相对立而又互相依存的两个主要的句法成分。主语是说话人所要陈述的对象，谓语是对主语进行的陈述。在具体的句子里，主语和谓语的语义关系是多种多样的。简单说明如下：

(1) 施事和动作的关系：主语所指的事物是谓语所表示的动作的施事（动作者）。如：

① 他拿出来一本词典。
② 她买了一本牛津双解词典。

(2) 受事和动作的关系：主语所指的事物是谓语所表示的动作的受事（受动者）。如：

① 衣服已经洗干净了。

② 作业做完了。

(3) 结果和动作的关系：主语所指的事物是谓语所表示的动作行为的结果。如：

① 房子盖好了。
② 毛衣织好了。

(4) 工具和动作的关系：主语所指的事物是谓语所表示的动作行为的工具。如：

① 这把刀切熟食。
② 这个箱子放书，那个箱子放衣服。

(5) 主体和性质的关系：主语所指的事物是谓语所陈述的性质状态的主体。如：

① 他的儿子很可爱。
② 南宁现在也很现代。

(6) 处所和状态行为的关系：主语所指是事物存在的处所。如：

① 门前停着一辆车。
② 头上别着一朵花。

(7) 时间和动作状态的关系。如：

① 明天要阴天。
② 今天晴天。

可见汉语的主语一般可以理解成一个话题，谓语则是对这个话题的说明。所以在"这把刀我切肉"中"这把刀"是主语。

3. 哪些词语可以充当主语和谓语？

说话时，话题可以各种各样，所以可以充当主语的成分也是多种多样的。常见的有以下几种：

(1) 名词、名词性词组、代词等常常作主语。例如：

① 书早就丢了。
② 老师和学生都生气了。

③ 欢快的笑声从门口飞进来。
④ 木头的结实一些,塑料的便宜一些。
⑤ 他说的我都没听见。
⑥ 他们已经走了。
⑦ 这是我的笔。

(2) 表示时间、处所和方位的名词也能作主语。例如:

① 今天不是星期六。
② 晚上有舞会。
③ 杭州有个西湖,武汉有个东湖。
④ 前边就是大栅栏。

(3) 数词和数量词也能作主语。例如:

① 六等于三乘二。
② 一米等于一百厘米。

(4) 动词和形容词性词语也能作主语。例如:

① 笑比哭好。
② 读书是学习,使用也是学习,而且是更重要的学习。
③ 虚心使人进步,骄傲使人落后。
④ 谦虚是一种美德。
⑤ 不去比较好。
⑥ 锻炼身体很重要。
⑦ 吃得太快对肠胃不好。
⑧ 自卑自傲都是要不得的。
⑨ 画画姐姐最拿手。

从上面的例句可以看出,动词、形容词及其词组作主语是有一定条件的。即多出现在"是"字句、"是……的"句、形容词谓语句、兼语句等。

(5) 主谓词组也能作主语。例如:

① 你去不太合适。
② 我能有今天全托您的福。

③ 军队开拔刻不容缓。

汉语中能够对主语进行陈述说明的成分很多,所以可以充当谓语的词语也很多。简单举例说明如下:

(1) 动词、形容词或状态词及其词组经常用来充当谓语。例如:

① 我去。
② 他买了两件衣服。
③ 我吃得很饱。
④ 他们都没来。
⑤ 北方干燥,南方潮湿。
⑥ 他的脸红了。
⑦ 秋天的银杏树金黄金黄的。
⑧ 哈尔滨冬天非常冷。
⑨ 他疼得哇哇叫。

(2) 名词性词语一般不作谓语,但表示日期、节令、天气、人的籍贯国籍或描写人的外貌特征的名词性词语,有时可作谓语。例如:

① 今天周末。
② 明天端午节。
③ 后天阴天。
④ 他上海人。
⑤ 我韩国人。
⑥ 那个小孩黄头发。
⑦ 她男朋友高高的个子,大大的眼睛。

(3) 数量词以及由数量词作定语的名词性偏正词组,也可以作谓语。例如:

① 他二十岁。
② (每个房间)桌子两张,椅子两把。
③ 一人一个苹果。
④ 他们班十个人,我们班十二个人。

（4）主谓词组也能作谓语，这是汉语语法的一个特点。例如：

① 他<u>个子很高</u>。
② 作业<u>我都做完了</u>。
③ 葡萄<u>十块钱三斤</u>。
④ 这个杯子<u>茶叶放多了</u>。

我们一般把这类句子称为"主谓谓语句"。（详见第五章"主谓谓语句"）

4. 主语的有定性：为什么"一个人走了"不能说？

我们先看几组对比性例句：

① a. 你姐姐找你。　　b. ＊一个人找你。　　c. 有个人找你。
② a. 那本书破了。　　b. ＊一本书破了。　　c. 有本书破了。
③ a. 你朋友在等你。　b. ＊一个人在等你。　c. 有个人在等你。
④ a. 他女朋友很高。　b. ＊一个女孩很高。　c. 有个女孩很高。

通过对比，我们发现，汉语的主语无论是施事还是受事或者当事，都应该是有定的。即使单个名词充当主语，也都是指确定的事物，例如：

① 学生来了。（说话人和听话人都知道"学生"是指哪个学生）
② 书破了。（说话人和听话人都知道"书"是指哪本书或哪些书）

因为数量名结构表示不确定的事物，一般不能位于句首作主语，通常是在前面加上"有"，使之成为"有"的宾语。整个句子也不再是主谓句，而变成了兼语句。（详见第五章"兼语句"）在"一个人走了"中，"一个人"是无定的，所以不能单独充当主语。

那下面句子的主语也是表示无定的，为什么是正确的呢？

① 一个人也没来。
② 一本书都没丢。
③ 什么也没有饺子好吃。
④ 一间教室坐二十个学生。
⑤ 一锅饭吃六个人。
⑥ 十个人吃一锅饭。

这是因为例①—③ 中主语都带有周遍意义，表示"全部如此、没有例外",后边一般有副词"也"或"都"。如上面的"一个人"是指任何人,"一本书"是指所有的书,"什么"是指所有的东西。这样的句子也叫做"周遍性主语句"。例④—⑥则是容纳句,主语和宾语都是数量名结构,构成数量对比关系,能够互换位置,如"一间教室坐二十个学生"就可以变成"二十个学生坐一间教室"。容纳句常用于分配或计算,含有"每"的意思。如"一锅饭吃六个人"意思是"每一锅饭能供六个人吃"。

5. 留学生在习得主语、谓语时容易出现哪些偏误?

留学生在主语方面出现的偏误并不是很多,最常见的就是主语的误加。如:

① *我叫维麦,我今年20岁,我来自美国,我很喜欢打球,我也很喜欢看电影。(我叫维麦,今年20岁,来自美国,我很喜欢打球,也很喜欢看电影。)

② *他早上起了床他去吃饭,他吃完饭他来上课,他下了课他去打球。(他早上起了床就去吃饭,吃完饭来上课,下了课就去打球。)

这种偏误是受母语的影响,每个小句句首都用了主语,而汉语中如果主语相同,后面相同的主语则应省略,否则就给人啰嗦之感。

① *我看起来老师有点不高兴。(看起来老师有点不高兴。)

② *我总而言之他不喜欢这样的女孩。(总而言之他不喜欢这样的女孩。)

③ *我恐怕老师听写。(恐怕老师会听写。)

作为插入语,有些词语前面不能出现主语。留学生由于不了解汉语的这种规则而造成偏误。

留学生在谓语方面的偏误比较复杂(详见第二章"动词、形容词"),我们这里简单列举如下:

(1) 谓语动词的遗漏。如:

① *我们班都韩国人。(我们班都是韩国人。)

② *她有姐姐,也妹妹。(她有姐姐,也有妹妹。)

(2) 谓语中介词的遗漏。如:

①＊我妈妈很感兴趣我们的课。（我妈妈对我们的课很感兴趣。）

②＊我同屋满意现在的生活。（我同屋对现在的生活很满意。）

(3) 谓语动词的误加。如：

①＊明天下午我们有上课。（明天下午我们有课。）

②＊我对中国的瓷器有感兴趣。（我对中国的瓷器很感兴趣/有兴趣。）

③＊他是很聪明。（他很聪明。）

④＊他对结婚没有感兴趣。（他对结婚没有兴趣。）

(4) 主谓搭配不当。如：

①＊中国的出生率越来越小。（中国的出生率越来越低。）

②＊她的生活很圆满。（她的生活很美满。）

(5) 名词误用成动词。如：

①＊我很兴趣这本书。（我很喜欢这本书。）

(6) 谓宾动词误用成体宾动词。如：

①＊我大学时就开始汉语了。（我大学时就开始学习汉语了。）

(7) 不及物动词误用成及物动词。如：

①＊她及格了口语考试。（她口语考试及格了。）

②＊她迟到了开会。（她开会迟到了。）

(8) "着、了、过"位置有误。如：

①＊我们见面过。（我们见过面。）

②＊他们聊天了一会儿。（他们聊了一会儿天。）

(9) 宾语置于述语之前。如：

①＊你们吃饭以后可以所有的东西破坏。（你们吃饭以后可以破坏所有的东西。）

②＊我们饭吃了。（我们吃饭了。）

(10) 状语位置有误。如：

① *我们去798明天下午。(我们明天下午去798。)

(11) 主谓错序。如：

① *很难讨价还价用中文。(用中文讨价还价很难。)

从上面谓语方面的偏误可以看出,谓语的偏误大多是由于留学生对充当谓语的动词或形容词掌握不好造成的。所以我们可以根据"大词汇、小语法"的教学原则,以固定格式或者说固定搭配的方式强化动词、形容词在充当谓语时的特点进行教学,同时对容易混淆的近义动词、形容词进行必要的辨析。

思考与练习二十一

一、简答题：

1. 举例说明什么是主语？什么是谓语？主语和谓语在语义上有什么关系？
2. 举例说明哪些成分可以充当主语？哪些成分可以充当谓语？

二、分析下面句子的主语和谓语各由什么成分充当,并说明主语和谓语之间的语义关系。

1. 锻炼很重要。
2. 前边过来一辆自行车。
3. 他觉得自己的主意最好。
4. 他说他朋友篮球打得棒极了。
5. 他还是不同意。
6. 五加一等于六。
7. 这些本子一样要五本。
8. 这孩子胖乎乎的。
9. 这件事不要告诉他。
10. 老人的脸色变得很严肃。
11. 你想要的词典书店没有了。
12. 去不去都没关系。

13. 我们家乡四面都是山。

14. 生词我都记住了。

15. 他确实很帅。

三、有人认为"作业写完了"、"衣服洗干净了"中的"作业"和"衣服"是宾语提前,你同意这种看法吗?为什么?

四、分析下列句子是否正确,如果不正确请进行改正,并说明理由。

1. 他的身体很优异。
2. 我们明天有开会吗?
3. 这样的房间女人可能有感兴趣。
4. 三本书破了。
5. 我小时候打架他两次。
6. 你不要写这样。
7. 一个人在那儿看书呢。
8. 老师对我们的要求很严肃。
9. 我们明天798参观。
10. 这张照片是黑白。
11. 很难学习声调。
12. 比较好先学生词。
13. 我想继续学习在这里。
14. 还不知道我感兴趣哪个方面。
15. 明天我们打算口语。

第二节 述语和宾语

1. 何谓述语和宾语?二者在意义上有何关系?
2. 哪些词语可以充当述语和宾语?

> 3. 施事宾语句及其特点：为何不能说"前边来了那辆车"？
> 4. 宾语的无定性："客人来了"和"来客人了"有何不同？
> 5. 宾语的位置："看了一天书"和"等了一天他"都能说吗？
> 6. 留学生习得述语和宾语时容易出现哪些偏误？
> 7. 述语和宾语的教学中应注意什么？

1. 何谓述语和宾语？二者在意义上有何关系？

一个句子的谓语通常不是由一个词单独构成，往往是动词或形容词词组构成。如果是由动宾词组构成，就涉及述语和宾语的问题。"述语"表示动作行为；而"宾语"则是行为动作所支配、影响或涉及的对象。不过，这只是一种概括的说法，其实汉语中述语和宾语在意义上的关系是多种多样的，常见的有以下几种类型：

（1）宾语是动作行为的受事。例如：

① 我寄了<u>一封信</u>。
② 奶奶昨天洗了<u>一件毛衣</u>。
③ 政府正在拆<u>这片房子</u>。

这种宾语一般称为"受事宾语"。

（2）宾语是动作行为的结果。例如：

① 她写了<u>一封信</u>。
② 她正在煮<u>饭</u>。
③ 姐姐织了<u>一件毛衣</u>。
④ 那些建筑工人正在盖<u>房子</u>。

这种宾语一般称为"结果宾语"。

受事宾语与结果宾语的区别在于：前者所指的事物是在动作行为发生前就存在的，如"拆房子"，"房子"在"拆"以前就已存在；而后者所指的事物在动作行为发生前并不存在，而是在动作行为发生之后所产生的结果，如"盖房子"，"盖"的结果产生了"房子"。

（3）宾语是动作行为的施事。例如：

① 他们正在海边晒太阳。
  ② 这个沙发能坐三个人。
  ③ 那儿蹲着一只小猫。

这种宾语一般称为"施事宾语"。

(4) 宾语表示处所或方位。例如：

  ① 下周我爸爸来北京。
  ② 放假后我回老家。
  ③ 妈妈在二楼呢。

这种宾语一般称为"处所宾语"。

(5) 宾语是动作行为所凭借的工具。例如：

  ① 她喜欢洗凉水。
  ② 爷爷以前抽烟斗。
  ③ 她喜欢写毛笔。

"洗凉水"就是"用凉水洗"的意思。这种宾语一般称为"工具宾语"。

(6) 宾语表示数量。例如：

  ① 她买了两个，我买了三个。
  ② 那些书都很有意思，我一次就买了三本看。

这种宾语一般称为"数量宾语"。

(7) 宾语表示领有或存在的事物。例如：

  ① 他有一个弟弟。
  ② 笔筒里有两支笔。
  ③ 门前是一条河。

(8) 宾语指明行为所涉及的具体内容。例如：

  ① 我认为这个办法有问题。
  ② 听说他明天回国。
  ③ 我希望快点下雨。

有人称之为"内容宾语"。

(9) 宾语指明接受某物的对象。如：

① 她送我一块手表。
② 王老师教我们语法。

有人称之为"与事宾语"。(详见第六章第十二节"双宾语句")

上面介绍的只是几种常见的述宾语义关系。实际上，汉语中述语和宾语之间还有一些特殊的语义关系，如宾语还可以表示动作行为的目的、原因或者所用的材料，例如：

① 她去排电影票了。(目的宾语)
② 她去市里跑经费去了。(目的宾语)
③ 奶奶去养病了。(原因宾语)
④ 我正着急工作的事情呢。(原因宾语)
⑤ 她正浇水呢。(材料宾语)
⑥ 爷爷正在刷油漆呢。(材料宾语)

2. 哪些词语可以充当述语和宾语？

在汉语中，充当述语的词语种类并不是很多。主要有以下三种：

(1) 及物动词都能充当述语。例如：

① 孩子们正在拔萝卜。
② 她研究中国历史。
③ 我们现在开始上课。
④ 我们以后加强联系。
⑤ 她一口气能游二百米。
⑥ 你们可以出去了。

从以上例句可以看出，可以带宾语的及物动词主要有两类：一是一般及物动词，如例①、②；另一类是能带谓词宾语的动词，如例③、④。其中包括能愿动词，如例⑤、⑥。当然"会"还可以带名词宾语，如"我会钢琴"。

(2) 以及物动词为主体的述补词组和联合词组一般都能带宾语。例如：

① 她根本听不懂上海话。
② 我们已经做完作业了。

③ 我们一定分析研究这类现象。

（3）由不及物动词作述语的述补词组有时也能充当述宾结构中的述语。例如：

① 他哭湿了手帕。
② 我们笑疼了肚子。
③ 大风吹断了树枝。

（4）在口语里某些单音节形容词带上"死、坏"后所形成的述补词组也能充当述宾结构中的述语。例如：

① 这菜辣死我了。
② 泰国真是热死人了。
③ 这下子可乐坏了小弟弟。
④ 真是累坏我了。

这种述宾结构都含有一种夸张的语气。

（5）有些不及物动词可以带处所宾语。例如：

⑤ 她去白俄罗斯了。
⑥ 她进大城市后完全变了。

形容词通常不能带宾语，下面的例子似乎是例外：

① 你确实应该端正态度。
② 我们要方便当地的群众。
③ 为投资者、商家、宝玉石专家搭建一个交流平台，进一步繁荣宝玉石市场。

其实不然。"端正、方便、繁荣"能受"很"修饰，是形容词。但上面带宾语的"端正、方便、繁荣"不是形容词，而是动词，因为它们带宾语时不能同时受"很"修饰。（详见第二章第十五节"关于词的兼类及其他"）

汉语中可以充当宾语的主要有以下几类：

（1）体词性词语一般都能作宾语。具体来说，名词、代词及其词组经常作宾语。例如：

① 大家都在看书。
② 女人都喜欢漂亮的衣服。
③ 你真的喜欢他吗？
④ 她非常了解中国文化。
⑤ 我没去过西安和兰州。
⑥ 妹妹喜欢红色的。

（2）数量词也能作宾语。例如：

那家商场卖的衣服都很漂亮，我买了三件，妹妹买了四件。

（3）动词、形容词及主谓词组也能充任宾语，这是汉语语法特点之一。例如：

① 我想参加。
② 爷爷在树下看下棋。
③ 我们打算早点儿出发。
④ 孩子们都喜欢热闹。
⑤ 我觉得好极了。
⑥ 我希望你能按时完成工作。

3. 施事宾语句及其特点：为何不能说"前边来了那辆车"？

我们在前面谈到，汉语中述语跟宾语的语义关系是多种多样的，宾语甚至可以是动作行为的发出者即施事，这也是汉语语法的特点之一。我们把施事作宾语的句子叫做"施事宾语句"。例如：

① 前边来了辆公交车。
② 我们班走了两个学生。
③ 台上坐着很多老师。
④ 这个小屋住过两位教授。
⑤ 门外走进来一位老先生。
⑥ 这张床能睡三个人。
⑦ 一锅饭吃十个人。
⑧ 一张沙发坐不了五个人。

施事宾语句有三个特点：

第一，施事宾语句往往表示事物的存在、出现或消失，如例①—⑤；或者表示主语和宾语之间有种容纳、供用关系，如例⑥—⑧，"这张床能睡三个人"的意思是"这张床能供三个人睡"。

第二，施事宾语一般是无定的，说话人或听话人事先是不知道的，所以常用不定数量词。

第三，谓语动词往往是复杂的，动词常带"了、着、过"，如例①—④；或者带补语，如例⑤、例⑧；或者前边有能愿动词，如例⑥。

4. 宾语的无定性："客人来了"和"来客人了"有何不同？

"客人来了"和"来客人了"由相同的词组成，基本意思差不多，但是它们的结构不同，表达的意义也略有差异。"客人来了"是主谓结构，"来客人了"是述宾结构。在汉语中，主语往往表示已知的信息，而宾语表示未知的新信息。因此单个名词在主语位置上指称事物时往往是有定的，而在宾语位置上时往往是无定的。如果说"客人来了"，表明说话人和听话人之前就知道有客人要来，而且知道是哪位客人；如果说话人和听话人事先并不知道有客人要来，就要用"来客人了"。

此外，"来客人了"前边还可以出现表示处所的词语，如"他家来客人了"；而"客人来了"没有这样的用法。

汉语中宾语具有无定性，所以常带有不定数量词语。如：

① 他买了一本书。
② 他带来一个朋友。
③ 我想出了一个极好的办法。

如果宾语是有定的，往往置于句首作话题，或者用"把"字句。如：

① 那天他的言辞我怎么也想不起来了。
② 快把桌子上的东西放起来。
③ 昨天找你的那个人又来了。
④ 她把男朋友送的礼物扔了。

5. 宾语的位置："看了一天书"和"等了一天他"都能说吗？

汉语中宾语一般紧跟在动词之后，这一点和日语、韩语宾语置于动词前不同，日韩留学生会受母语的影响从而出现把宾语误置动词之前的偏误。如：

①＊我们饭吃了。
②＊她一本书买了。

如果这个动词同时带有补语、宾语，宾语的位置就变得比较复杂。这个时候宾语的位置和补语的类型、动词的类以及宾语的类型都有关系。下面我们分别简单举例说明宾语的几个位置：

（1）动词＋宾语　如：我们学习<u>汉语</u>。

（2）动词＋结果补语＋宾语　如：我看完<u>电影</u>就去。（详见第四章第三节"结果补语"）

（3）动词＋可能补语＋宾语　如：我吃不完<u>一个西瓜</u>。（详见第四章第三节"可能补语"）

（4）动词＋宾语＋动词＋补语　如：她看<u>电影</u>看得热泪盈眶。（详见第四章第三节"状态补语"）

（5）持续动词＋数量补语＋名词宾语　如：我看了三天<u>书</u>。（详见第四章第三节"数量补语"和第二章第三节"动词"）

（6）非持续动词＋名词宾语＋数量补语　如：她来<u>中国</u>三年了。（详见第四章第三节"数量补语"和第二章第三节"动词"）

（7）动词＋代词宾语＋数量补语　如：我等了<u>她</u>半个小时。（详见第四章第三节"数量补语"）

上面这一问题主要涉及宾语的类型和宾语的位置之间的关系。我们再看几组例句：

宾语为代词：A组（V＋O＋C）　　　　B组（V＋C＋O）
　　　　　张先生等了她一天。　　　＊张先生等了一天（的）她。
　　　　　姐姐照顾了我两天。　　　＊姐姐照顾了两天（的）我。
　　　　　我找过她三次。　　　　　＊我找过三次她。
　　　　　妈妈见过他一次。　　　　＊妈妈见过一次他。

宾语为名词：A组（V＋O＋C）　　　　B组（V＋C＋O）
　　　　　＊张先生看了书一天。　　张先生看了一天（的）书。
　　　　　＊姐姐复习了英语两天。　姐姐复习了两天（的）英语。
　　　　　＊我看过电影三次。　　　我看过三次电影。
　　　　　＊妈妈读了这本小说两遍。妈妈读了两遍这本小说。

通过对比,我们发现,时量补语、动量补语和宾语共现时,宾语的类型不同,其句中位置也不同。宾语如果是代词,那么宾语应该位于时量补语或动量补语之前,即 A 式;如果宾语为一般名词,那么宾语应该位于时量补语或动量补语之后,即 B 式。但如果宾语很复杂,且为了强调宾语,汉语一般用主谓谓语句,即大主语＋小主语＋动词＋补语。如:

① 那件漂亮的毛衣她试了半天了。
② 那个韩国的电视剧我看了三个小时了。
③ 那封莫名其妙的信她翻来覆去读了十几遍了。

6. 留学生习得述语和宾语时容易出现哪些偏误?

留学生在学习述语和宾语时容易出现的偏误主要有以下几种:

(1) 不及物动词、形容词、名词误带宾语。如:

① *飞飞打了小王,所以小王不道歉飞飞的妈妈。(……小王不向飞飞的妈妈道歉。)
② *问好你的父母。(向你的父母问好。)
③ *妈妈很感兴趣中国文化。(妈妈对中国文化很感兴趣。)
④ *我们都赔不是她吧。(我们都给她赔不是吧。)
⑤ *她很热情我们。(她对我们很热情。)
⑥ *我很珍贵我们的友谊。(我很珍惜我们的友谊。)
⑦ *我们愿望能有机会学习中国文化。(我们希望能有机会学习中国文化。)

(2) 述宾搭配不当。如:

① *老师说我们一件事。(老师告诉我们一件事。)
② *我们周末去参观老师。(我们周末去拜访老师。)
③ *我们都有责任赡养孩子。(我们都有责任抚养孩子。)
④ *乌镇旅游选择一票制。(乌镇旅游实行一票制。)

(3) 宾语前置。如:

① *那时候我在路上偶然中学生时代的朋友碰见了。(……碰见了中学时代的朋友。)

② *我已经饭吃了。(我已经吃饭了。)
③ *我没有朋友的意见听,真后悔。(我没有听朋友的意见……)
④ *你别他的卷子看。(你别看他的卷子。)
⑤ *你不能这样的话说。(你不能说这样的话。)

(4) 宾语有定。如:

① *他叫出来了王鹏。(他把王鹏叫出来了。)
② *他买回来了那本书。(他把那本书买回来了。)

7. 述语和宾语的教学中应注意什么?

(1) 从留学生大量的偏误可以看出,述宾结构方面的偏误多出在对动词的运用上。因此我们认为解决这个问题最好的方法是通过细化动词用法来解决,每遇到一个动词,都要讲清楚这个动词能否带宾语,能带什么样的宾语,如不能带宾语,另一对象怎么引入等等。比如遇到及物动词,就通过格式化的方式告诉学生这个动词能够带什么样的宾语;遇到不及物动词,特别是那些需要借助于介词来引进另一对象的不及物动词,也应该用格式化的办法明确向学生强调这个动词的使用规则。如:

参观+某地方(参观长城)
拜访+某人(拜访老师)
给+某人+鼓掌(给选手鼓掌)
向+某人+问好(向父母问好)
向+某人+请假(向班长请假)
为+某人+着想(为孩子着想)
请+某人+的+客(请朋友的客)
……

(2) 在进行动词教学时,教师应该把常与动词搭配的宾语结合起来教学,便于学生掌握动词及其相应的宾语。有些动词能结合的宾语非常少,如"眨、睁"只能跟"眼、眼睛"结合;"穿"也只能跟"衣服、裤子、鞋子、袜子"等结合,这些搭配有限且常见的宾语应尽可能穷尽。

有时,动词对宾语的选择在语义上有一定的要求,教师应讲清或引导学生总结这些语义要求。如"缺乏"要求宾语是抽象的("经验、管理、资源"等),而"缺少"就没有这个限制。

（3）近义动词往往可以从搭配对象这个方面进行辨析，因此，在比较近义动词和近形动词时，教师要引导学生注意其搭配对象的不同和特点。例如"保护"和"保障"，"保护"的对象是具体的，如"孩子、父母"等，"保障"的对象一般是抽象的，如"权利、自由、安全"等。

特别是汉语中几个动词分别对应于一个或几个外语的动词时，教师一定要引导学生把动词及其常用宾语结合起来学习、记忆，以区分不同的意思和用法。例如汉语的"开"对应于英语的"open"和"turn on"等，可以说"开门、开灯、开电视"等；英语的"open"不但对应于汉语的"开"，还对应于汉语的"打开"、"睁开"等，如不能说"开书"、"开眼睛"，得说"打开书"、"睁开眼睛"。再如相当于英语中"play"的"打"、"弹"、"下"、"拉"等，我们要把动词和其宾语结合起来教给学生。如"打篮球、弹钢琴、下棋、拉二胡"等等，否则留学生在使用中就很容易出现偏误。

思考与练习二十二

一、简答题：

1. 举例说明述语和宾语在语义上有什么关系？
2. 举例说明哪些成分可以充当述语？
3. 举例说明哪些成分可以充当宾语？
4. 举例说明施事宾语句的特点。
5. 汉语里的数量宾语有哪些类型？
6. 说明"着火了。"和"火着了。"在结构上和意思上的不同。

二、按下列要求举例。

1. 宾语为施事的句子
2. 宾语为结果的句子
3. 宾语为工具的句子
4. 宾语为处所的句子
5. 宾语为内容的句子

三、指出下列句子中的宾语和述语之间的语义关系。

1. 我们现在住楼房了。

2. 他们正在建楼房。

3. 我今天不吃面条。

4. 我不会做面条。

5. 孩子吃小碗。

6. 爷爷正在浇水。

7. 我同意他来。

8. 他跑项目去了。

9. 她在卧室里挂了一张油画。

10. 她在画画。

11. 我朋友去美国了。

12. 窗外突然响起了一阵鞭炮声。

四、分析下列句子的宾语各有什么特点。

1. 我希望哥哥不会犯第二次错误。

2. 王老师教我们汉语。

3. 我们都同意坐飞机去。

4. 前面跑来了一群孩子。

5. 这个现象值得我们注意。

五、判断下列句子是否正确,如不正确请进行改正并说明理由。

1. 一件衣服我买了。

2. 我想看看一本书。

3. 我哥哥结婚了他的女朋友。

4. 我感兴趣她的书。

5. 你请假老师了吗?

6. 我今天得了奖学金,请客大家吧。

7. 这个词近似那个词。

8. 我商量了旅行计划。

9. 她没火锅吃过。

10. 我信任你会成功。

第三节　补　语

一、补语概说

　　1. 什么是补语？为何说补语是汉语教学的一个重点？

　　2. 补语可以分为哪些小类？

二、结果补语及其教学

　　1. 什么是结果补语？其结构上有何特点？

　　2. 结果补语和宾语的位置："做作业完了"还是"做完作业了"？

　　3. 留学生习得结果补语时容易出现哪些偏误？

　　4. 结果补语教学应注意什么？

三、趋向补语及其教学

　（一）趋向补语及其类型

　　1. 什么是趋向补语？其特点是什么？

　　2. 趋向补语可以分为几个小类？

　　3. 趋向补语和宾语的位置："回宿舍去了"和"走进了宿舍"语序为何不同？

　（二）常用趋向补语的基本用法及其教学

　　1. "来"和"去"在表示趋向意义时有何区别？

　　2. "（动词＋）上来"和"（动词＋）上去"在表示趋向意义时有何区别？

　　3. "（动词＋）下来"和"（动词＋）下去"在表示趋向意义时有何区别？

　　4. "（动词＋）过来"和"（动词＋）过去"在表示趋向意义时有何区别？

　　5. "（动词＋）进来"和"（动词＋）进去"在表示趋向意义时有何区别？

6. "(动词+)出来"和"(动词+)出去"在表示趋向意义时有何区别?

7. "(动词+)回来"和"(动词+)回去"在表示趋向意义时有何区别?

8. "动词+起来"表示什么趋向意义?

9. "起来"和"上来":"坐起来"和"坐上来"有何区别?

10. "动词+开"表示什么意义?

11. 留学生习得趋向补语基本用法时常出现哪些偏误?

12. 趋向补语基本用法的教学应注意些什么?

(三) 常用趋向补语的引申用法及其教学

1. "起来"的引申用法:"站起来"、"哭起来"和"捆起来"中"起来"一样吗?

2. 留学生为何常说"突然下雨起来"?

3. "下去"的引申用法:"爬下去"和"请讲下去"中"下去"一样吗?

4. "请你说话下去"和"上课了,他还在玩下去"为何不能说?

5. "起来"和"下去":"聊起来"和"聊下去"有何不同?

6. "下来"的引申用法:"爬下来"、"停下来"、"脱下来"和"坚持下来"中"下来"一样吗?

7. "下来"和"下去":"坚持下来"和"坚持下去"有何不同?

8. "下来"和"起来":为何"变胖"说"胖起来","变瘦"却说"瘦下来"?

9. "过来"的引申用法:"跑过来"、"醒过来"和"熬过来"中"过来"一样吗?

10. "过来"和"过去":为何说"醒过来"、"昏过去"?

11. "出来"的引申用法:"跑出来"和"想出来"中"出来"一样吗?

12. "出去"的引申用法:"跑出去"和"说出去"中"出去"一样吗?

13. "想出来"和"想起来"有何不同?

14. "报上去"和"报上来"有何不同?

15. "上"的引申用法:"爬上树"和"合上书"、"考上大学"、"爱上他"中"上"一样吗?

16. 留学生习得趋向补语引申用法时常出现哪些偏误?

17. 趋向补语引申用法的教学应注意什么?

四、可能补语及其教学

1. 什么是可能补语?其结构有何特点?

2. 可能补语的分类:"用不完"、"用不了"和"用不得"有何不同?

3. "能吃完"和"吃得完"有何区别?

4. 可能补语跟宾语共现时的语序:"睡觉不着"还是"睡不着觉"?

5. 留学生习得可能补语时常出现哪些偏误?

6. 可能补语的教学应注意些什么?

五、程度补语及其教学

1. 什么是程度补语?其结构有何特点?

2. 能带程度补语的词语:留学生为何常说"她病得很"?

3. 述语和程度补语的搭配:为何不说"我开心得慌"?

六、状态补语及其教学

1. 何谓状态补语?

2. 哪些词语可以充当状态补语?

3. 为何不说"她打扫打扫得干干净净"?

4. 状态补语和宾语共现时的语序:为何不说"他打球得特别棒"?

5. 为何不说"你要学习得很认真"?

6. 留学生习得状态补语时会出现哪些偏误?

七、数量补语及其教学

(一)时量补语及其教学

1. 时量补语及其意义:"睡了三天了"和"来了三天了"中"三天"一样吗?

2. 时量补语和宾语的位置：为何能说"看了一天书"，却不能说"教了一年我"？

3. 时量补语的教学应注意些什么？

（二）动量补语及其教学

1. 什么是动量补语？

2. 动量补语和宾语的位置：为何能说"听了两次京剧"，却不能说"帮了两次她"？

3. 留学生习得动量补语时常出现哪些偏误？

八、介宾补语及其教学

1. 什么是介宾补语？

2. 在对外汉语教学中"走向胜利"怎么处理更好？

一、补语概说

1. 什么是补语？为何说补语是汉语教学的一个重点？

补语是放在述语（一般是动词或形容词）之后对述语进行补充说明的句法成分。如：

① 老人走累了。
② 衣服洗干净了。
③ 他看得眼睛都疼了。

补语丰富是现代汉语的一大特点，也是我们对外汉语教学的一个难点，在对外汉语教学中应该占有非常重要的地位。其原因在于，第一，在其他语言中很少有类似补语的语言现象，汉语中一个包含补语的句子在其他语言中常常需要两个句子来表达；第二，补语在现代汉语中使用频率很高。据统计，在北京语言学院现代汉语精读教材主课文中，各类补语句的总数占单句总数的13.24%，其出现频率不仅高于形容词、名词、主谓词组作谓语的句子，而且高于"把"字句、"被"字句、"有"字句、"是"字句、"比"字句、连动句等各种特殊的动词谓语句（赵淑华等1995）。第三，留学生补语方面的偏误不仅频率高,种类多,而且持续时间长。

2. 补语可以分为哪些小类?

关于补语的类型,至今仍有不同的观点,我们采取人们普遍接受的观点。根据语义,补语可分为以下几种:

结果补语:吃完、洗干净、做对、来早、收拾干净等

可能补语:吃不完、听不懂、看得见、看不见、记不住、记得住等

趋向补语:走出来、跑出去、挤进来、热起来、爬上去、爬下来等

程度补语:好极了、热得不得了、挤得很、憋得慌、烦死了等

数量补语 { 动量补语:去了一次、批评了几回、打了一顿等
时量补语①:睡了十个小时、住了半年、看过一会儿等

状态补语②:兴奋得睡不着、高兴得跳起来、激动得双手发颤等

介宾补语:走到前台、放在桌子上、生于1881年等

下文将对这些小类分别加以说明。

二、结果补语及其教学

1. 什么是结果补语? 其结构上有何特点?

我们知道,动词是一个句子的核心,但动词大多只能表示动作的过程,无法表达动作完成之后的结果。当我们既要表达动作又要表达动作完成的结果时,就会在动词之后带上表示结果的动词或形容词。我们把这种表示动作完成后的结果的动词或形容词称作"结果补语"。

现代汉语中最能体现句法灵活性和经济性的一种句法成分恐怕就是结果补语了。它言简意赅,用单句的形式表达了复句的内容。结果补语同时还是汉语意合特点的一种很好的体现,因为只要意义上能够搭配,形容词或动词都可以充当动词的结果补语,构成结构紧密的动补结构。所以在对外汉语教学中,结果补语的教学是不可缺少的一大部分。

由结果补语形成的述补结构有两个很明显的特点:

一是述语和结果补语直接粘连,中间不能带"得"。

---

① 动量补语、时量补语:从学术的角度,也许应该归入"准宾语"(参见北京大学中文系《现代汉语》),但考虑到教学语法的稳定性和通用性,我们这里仍采用多数对外汉语教材中的"补语"说。

② 状态补语:有的教材中也称"情态补语"。

二是充任结果补语的只能是单个动词或形容词,主要是形容词。例如:

　　做完　学会　摔倒　拉住　杀死(动词作补语)
　　拉高　染红　听明白　洗干净　收拾整齐(形容词作补语)

充任述语的一般是单个动词,如上边的例子。有少数单音节形容词如"饿、热、累"等也可以带结果补语,但补语仅限于"死、病、垮"等少数动词。例如:

　　饿死了两个人　妈妈累病了　你别把身体累垮了

从意义上看,述语表示某种手段,结果补语表示通过这种手段得到的某种结果。如"洗干净"是说通过"洗"这一手段得到"干净"的结果。用同一种手段"洗",可以得到不同的结果。例如:

　　洗干净　洗白了　洗破了　洗丢了

而同一种结果"干净",也可以通过不同的手段来达到。例如:

　　洗干净　扫干净　擦干净　舔干净

有些动词作结果补语时,词汇意义略有改变,有时不太容易从字面意义上去理解。简单列举并说明如下:

见:基本意义是"看而有结果",即"看到",但"见"作为结果补语时表示动作有结果,常用在感官动作动词之后。如:看见、听见、闻见等。

好:表示动作完成而且达到完善的地步。如:修好、写好、做好、捆好、放好等。

住:表示通过动作使人或事物固定下来。如:站住、停住、挡住、记住、拦住等。

着(zháo):可以表示动作达到目的,如:找着、猜着、买着、借着等。

还可以表示"入睡",如:睡着。

还可以表示"燃烧",如:点着、划着等。

2. 结果补语和宾语的位置:"做作业完了"还是"做完作业了"?

前面我们说过,结果补语和述语动词要直接粘连,中间不能有别的词语隔开。当述语动词后有宾语的时候,就会出现"宾语和补语争相紧跟动词"的现象,因为结果补语和动词的关系更为紧密,所以结果补语紧跟动

词,而宾语置于其后。如:

① 她做<u>完</u>作业了。
② 她做<u>好</u>饭就出去了。
③ 你快打<u>开</u>门吧!
④ 那本书我读<u>完</u>了。

当然,受事有时也可放在句首,特别是定指的比较长的受事通常置于句首。但是当结果补语语义指向施事或指向动作时,要重复动词。无论如何,补语总是紧跟着动词。如:

① 我哥哥谈对象谈<u>怕</u>了。
② 她背单词背<u>烦</u>了。
③ 孩子上幼儿园上<u>早</u>了。
④ 我买房买<u>晚</u>了。

如果有上下文,其中的宾语则可以不出现,自然也不用重复动词,补语就可以满足紧跟动词的要求。如:

① 我哥哥一年找了20多个对象,现在都找怕了。
② 你真聪明,那么早就买了两套房子!——其实我也买晚了。

3. 留学生习得结果补语时容易出现哪些偏误?

对绝大多数留学生来说,补语是一种完全陌生的句法成分,在其母语中找不到相应的现象,理解起来非常困难。所以在学习和使用结果补语时经常出现如下几种偏误:

(1) 表示动作的动词的遗漏。如:

① *我完作业了。
　我做完了作业。
② *她坏了我的笔。
　她弄坏了我的笔。

(2) 结果补语的遗漏。如:

① *老师听我们说英语,很生气了。
　老师听到我们说英语,很生气。

②＊我的房卡丢了,今天才找了。

我的房卡丢了,今天才找到。

(3) 补语和宾语同现时,重复性动词的遗漏。如:

①＊他打球累了,回家休息了。

他打球打累了,回家休息了。

②＊她吃火锅怕了。

她吃火锅吃怕了。

(4) 错序。如:

①＊他们吃饭完了。

他们吃完饭了。

②＊你要写字清楚。

你要把字写清楚。

我们知道,学生总是先学会"动词＋宾语"这种序列,如"吃饭、打球、做作业"等,知道了宾语一般要紧跟动词,甚至有时把它们作为一个整体来记忆,就会出现把结果补语置于其后的偏误。

(5) 否定形式有误。如:

①＊昨天我不做完作业就睡了。

昨天我没做完作业就睡了。

②＊老师,我不听明白。

老师,我没听明白。

汉语中结果补语的否定形式一般是"没＋V＋C",这是因为结果补语往往是表示动作已然发生后的结果,应用"没"或"没有"进行否定。但留学生在初级阶段因为还没有完全掌握"不"和"没有"的区别,就会出现上述偏误。当然,如果是假设的情况一般使用"不＋V＋C"。如:

③ 不找到他我就不回来了。

④ 不打扫干净别离开。

(6) 不该用结果补语而用了。如:

* 你不妨看见一些报纸，就会发现……
　　你不妨看一些报纸，就会发现……

4. 结果补语教学应注意什么？

结果补语的教学，要注意以下几点：

（1）分阶段教学：一般的对外汉语教材，对结果补语的处理是放在初级阶段集中学习，其中包括结果补语的语法意义、结构特点和常用的动结组合等。但我们知道，结果补语在形式上是可以扩展的，在语义上也是复杂的，所以我们认为对结果补语的教学安排应该延伸到中高级阶段。下面来谈谈结果补语的分阶段教学。

初级阶段，应该先介绍结果补语的语法意义，即结果补语是用来说明动作的施事或受事因动作而产生的某种结果，或者用来说明动作本身。同时，结合结果补语的语法意义，我们应该教给学生一些常用的结果补语。如：对/错、快/慢、早/晚、胖/瘦、好/坏、干净、清楚；见、懂、到、完、开、上、住、着等。

中级阶段，我们可以给学生介绍一些虚化的结果补语和一些表意复杂的结果补语成分。如"成、作、定、透、中、为"等以及"上、下"的多种引申用法。

同时，还可以告诉学生动词与结果的组合结构比较紧密，好像是一个词，所以有时可以再带其他成分。比如宾语、数量词和趋向补语等。如：

　　① 他叫醒了妈妈。
　　② 我来晚了半个小时。
　　③ 老人饿死过几次。

到了高级阶段，我们可以向学生介绍一些惯用语性质的结果补语。如：看顺眼、干砸锅、玩上瘾、看入神、说走嘴、看走眼、说顺口等。

（2）"整体教学法"：在学习结果补语的最初阶段，我们不妨把"动词＋结果补语"作为一个整体来教给学生，通过动作等让他们明白这种"整体"和单个动词的不同。这样就可以避免一些诸如"吃饭完了"这样的偏误。

三、趋向补语及其教学

（一）趋向补语及其类型

1. 什么是趋向补语？其特点是什么？

趋向补语，顾名思义，就是用在动词或形容词之后表示事物运动、位移的方向的补语。但我们应该明白表示动作的趋向并不是趋向补语的唯一语义，除了表示趋向外，有的趋向补语还表示结果意义，比如"名单都报上来了吗？"中的"上来"；或者状态意义，比如"她果真瘦下来了"中的"下来"。

带趋向补语的述补词组在结构上有两个特点：一是述语和补语直接粘连，不能有"得"，这点跟带结果补语的述补词组相同；二是充当补语的都是趋向动词。

2. 趋向补语可以分为几个小类？

从形式上我们可以把趋向补语分为两个小类：简单趋向补语和复合趋向补语。

简单趋向补语可以分为两组。第一组："来"和"去"，表示的趋向是以说话人或叙述者的位置或立场为基准的。第二组："上、下、进、出、回、过、起、开"等八个，表示的趋向是以运动事物自身原先的位置为基准的。

复合趋向补语包括"上来、上去"等十四个，这是由第一组和第二组的趋向动词组合构成的，所充当的补语一般被称为"复合趋向补语"。它们表示的趋向既跟说话人或叙述者的位置或立场有关，又跟运动事物的位移方向有关。简单列表如下：

	上	下	进	出	回	过	起	开
来	上来	下来	进来	出来	回来	过来	起来	开来
去	上去	下去	进去	出去	回去	过去	—	—

根据所表示的意义，我们可以把趋向补语的用法分为两种：基本用法和引申用法。

基本用法：即表示趋向意义，表示人或事物实在的运动、位移的方向，这时作述语的成分限于表示动作的动词。例如：

① 她把掉在地上的一分钱捡了起来。

② 请快速把球扔出去。

引申用法：即表示非方向的其他意义。例如：

① 闭上眼睛，休息一下吧。（"闭上"是"关闭"的意思）

② 你别停，说下去。（"说下去"是"继续往下说"的意思）

③ 天气热起来了。（"热起来"是"开始热"的意思）

当趋向补语表示引申意义的时候，述语不限于动词，如例③中的"热"。

3. 趋向补语和宾语的位置："回宿舍去了"和"走进了宿舍"语序为何不同？

这一问题主要涉及趋向补语和宾语同现时顺序的问题。在这方面简单趋向补语和复合趋向补语略有不同，所以我们分开来谈。

（1）简单趋向补语和宾语的位置

"来/去"比较特殊，和"上/下、进/出、回、过、起、开"不同，我们先看"来/去"。

当宾语为处所宾语时，该处所宾语只能放在趋向补语的中间，可格式化为：V+P+来/去。如：

① 下周我要回上海去。

② 她跑上楼来了。

当宾语为表示人、物的名词时，宾语的位置比较灵活，可放在趋向补语的前面也可放在趋向补语的后面。如：

① 他拿来了一本新书。（已然）

　他拿了一本新书来。（已然）

　拿一本新书来！（未然）

② 爸爸给他送去了一些吃的。（已然）

　爸爸给他送了一些吃的去。（已然）

　快给他送一些吃的去！（未然）

通过对比，我们发现，如果动作已经发生，宾语放在前后都可以，但如果是未然的情况,一般放在"来/去"的前面。

"上/下、进/出"等充当简单趋向补语时,宾语无论是处所名词还是其他名词都放在简单趋向补语之后。如:

① 他爬上树了。
② 他走进教室了。
③ 快闭上眼睛。
④ 太阳落下山了。
⑤ 他想出了一个好办法。

(2) 复合趋向补语和宾语的位置

当宾语是处所宾语时,宾语则放在复合趋向补语的中间。可格式化为"动词+(趋向动词)+处所宾语+来/去"。如:

① 我打算下周飞回美国去。
② 你怎么突然跑进我们教室来了?
③ 鸽子飞上天去了。
④ 正上课,一只狗跑进我们教室来了。

当宾语是非处所宾语时,大致有三种语序。

第一种,动词+(趋向动词)+宾语+来/去。如:

① 他掏出一封信来给我看。
② 他想出一个办法来了。
③ 快搬进一张桌子来。

第二种,动词+宾语+(趋向动词)+来/去。如:

① 给妈妈寄点钱回去。
② 别忘了给带点好吃的回来。

第三种,动词+趋向补语+宾语。如:

① 他突然带回来几个孩子。
② 办公室闯进来几个陌生人。
③ 他扔出去几个废箱子。

这三种语序虽然都是合法的,但它们的使用频率差别是很大的,根据吕文华(1994)统计,"在1141个趋向补语句中,不带宾语的占75.8%,宾语在'来/去'前的句子占16%,而宾语在'来/去'之后的仅占4.9%。"

通过上面的例句,我们发现,宾语常常是无定的,所以常常带不定数量成分。如果宾语是有定的,我们一般把名词性成分置于句首或使用"把"字句。如:

① 哥哥寄来的那封信我拿回来了。

② 他把那几个孩子带进来了。

趋向补语和宾语同现时语序比较复杂,为了便于理解和记忆,我们总结如下表。

简单趋向补语	来/去	动词+处所宾+来/去:他回宿舍去了。
		动词+来/去+非处所宾:他买来一本书。
		动词+非处所宾+来/去:买一本杂志来。
	上/下、进/出…	动词+上/下+所有宾:他走进了教室。 他想出了一个办法。
复合趋向补语	处所宾语	动词+趋动$_1$+处所宾+来/去:他跑回宿舍去了。
	非处所宾语	动词+趋动$_1$+非处所宾+来/去:他抱回一个孩子来。
		动词+趋动$_1$+来/去+非处所宾:他抱回来一个孩子。
		动词+非处所宾+趋动$_1$+来/去:抱一个孩子回来。

当然,如果不考虑简单和复合趋向补语,上表还可以进一步简化如下:

动词+(趋动$_1$)+处所宾语+来/去,如:

他跑回宿舍去了。/他回上海去了。

动词+上/下、进/出+所有宾语,如:

他走进了教室。

动词+(趋动$_1$)+非处所宾语+来/去,如:

他带回一个乞丐来。/他送吃的来了。

动词＋(趋动₁)＋来/去＋非处所宾语,如:

　　他抱回来一个孩子。/他拿来几块钱。

动词＋非处所宾语＋(趋动₁)＋来/去,如:

　　你拿一个大奖回来。/你拿一个汉堡包来。

通过对比,我们发现,趋向补语和宾语同现时比较特殊的情况就是处所宾语和"来/去"同现时,处所宾语一定放在"来/去"的前面,无论是简单趋向补语还是复合趋向补语。所以我们在教学中应注意处所宾语的位置。

(二) 常用趋向补语的基本用法及其教学

一般说来,动作的方向如果是朝着说话者移动,趋向补语则使用"来"或"……来";动作者的方向如果是离开说话者移动,就使用"去"或"……去"。但具体到每个趋向补语各有自己的使用特点。我们简单列举如下:

1. "来"和"去"在表示趋向意义时有何区别?

"来"和"去"放在一些动词的后面,可以说明人或事物移动的方向。以说话人或叙述者的位置或立场为参照点,人或事物朝着说话人或叙述对象的方向移动的用"来",与之相反,朝着离开说话人或叙述对象的方向移动的用"去"。("○"表示移动的物体,"→""←"表示移动方向)

　　　　　　来　　　　　　　　　来
　　　○───→　 说话人 　←───○
　　　　　　去　　　　　　　　　去

例如:

　　① 外边太冷了,你快进来。
　　② 外边太冷了,我们快进去。
　　③ 妈妈把毛衣给李兰寄来了。
　　④ 每年圣诞节她都会给父母寄去一份特殊的礼物。

2. "(动词＋)上来"和"(动词＋)上去"在表示趋向意义时有何区别?

"上来"和"上去"都表示人或事物从低处到高处。但用"(动词＋)上来"时,说话者在高处;用"(动词＋)上去"时,说话者在低处。例如:

　　① 快(爬)上来吧,上面风景可美了。

② 大家都到山顶了,我们也快点(爬)上去吧。
③ 把钥匙给我扔上来吧。
④ 你把钥匙给他送上去吧。

3. "(动词+)下来"和"(动词+)下去"在表示趋向意义时有何区别?

和"上来/上去"相反,"下来"和"下去"都表示人或事物从高处到低处。但用"动词+下来"时,说话者在低处;用"动词+下去"时,说话者在高处。如:

① 我们已经到山脚了,你们快点(爬)下来吧。
② 他们都已经到山脚了,我们也快点(爬)下去吧。
③ 别在上面玩了,把果盘给我拿下来。
④ 别在这儿跟我瞎说了,把果盘给奶奶送下去吧。

4. "(动词+)过来"和"(动词+)过去"在表示趋向意义时有何区别?

"(动词+)过来/过去"表示人或事物在同一平面和空间范围内移动。用"(动词+)过来"时,动作者向说话者的方向移动;用"(动词+)过去"时,动作者离开说话者向另一方向移动。如:

① 你把车开过来吧,我们在这儿等你。
② 你把她的东西送过去吧。
③ 你过来吧,我在办公室等你。
④ 我现在忙着呢,你先过去吧,我马上就到。

5. "(动词+)进来"和"(动词+)进去"在表示趋向意义时有何区别?

"(动词+)进来、进去"表示人或事物从外向里移动。用"(动词+)进来"时,说话者在里面;用"(动词+)进去"时,说话者在外面。如:

① 刚7点50,老师就(走)进来了。
② 里面正在上课,你不能(闯)进去。
③ 快进来帮我看一下东西,我出去买点吃的。
④ 你快进去吧,我得走了。

6. "(动词+)出来"和"(动词+)出去"在表示趋向意义时有何区别?

和"(动词+)进来/进去"相反,"(动词+)出来/出去"表示人或事物从里到外移动。用"（动词＋）出来"时，说话者在外面；用"（动词＋）出去"时，说话者在里面。如：

① 你出来一下，行吗？你不出来，门卫不让我进去。
② 我刚才站在窗前看到她匆匆忙忙跑出去了，也不知道什么事。
③ 小王，你家狗（跑）出来了！
④ 快关门，小心狗（跑）出去。

7. "（动词＋）回来"和"（动词＋）回去"在表示趋向意义时有何区别？

"（动词＋）回来/回去"表示人或事物离开一个地方又回到原来的地方。用"（动词＋）回来"时，说话者在原来的地方；用"（动词＋）回去"时，说话者不在原来的地方。如：

① 妈妈，你快回来吧。
② 搭不到车，我们还是回去吧。
③ 他突然抱回来一个孩子，我能不生气吗？
④ 你先和太太商量一下再抱回去吧。

8. "动词＋起来"表示什么趋向意义？

"（动词＋）起来"表示人体或人体的某一部分或者动作的受事随动作从低处到高处移动。如：

① 孩子站起来的那一刻，我们都惊呆了。
② 请把手举起来。
③ 听到有人进来，爷爷坐起来了。

9. "起来"和"上来"："坐起来"和"坐上来"有何区别？

趋向补语"起来"和"上来"都表示从低到高移动，但二者仍存在不同。我们先看几个对比性例句。如：

① 看到孩子摔倒了爬起来，爬起来又摔倒，父母的心里是什么滋味？
② 把头抬起来，把胸挺起来。
③ 她把孩子高高地举了起来。
④ 请你把东西送上楼来。

⑤ 大家坐到台上来吧。

⑥ 我先上车,然后她把行李从窗户递了上来。

我们通过对比发现,(1) 移动的终点有所不同。都是表示从低处到高处的移动,"动词+起来"表示的"高处"是含糊的;而"动词+上来"表示的"高处"是明确的,就是说话人的立足点。(2) 参照点不同。"动词+起来"的参照点是移动者原来的位置,跟说话人的立足点无关。如说话人可以在地上,也可以在高处。而"动词+上来"的参照点是说话人的立足点,发生位移的人或事物一定是从低处向说话人的立足点移动。(3) 对位移的要求不同。"动词+起来"不要求发出动作的人整体移动,可能只是局部从低处到高处,如"举起来"。而"动词+上来"一定要求发出动作的人整体从低处到高处移动,如"跑上来"。因此,"她坐起来了。"只是说她在原处身体从低处到高处(由"躺着、趴着"到"坐着"),无法判断说话人的立足点和她移动后的高处在哪儿;而"她坐上来了。"说话人一定在某个高处,"她"从低处移动到了这个高处。

10. "动词+开"表示什么意义?

"动词+开"表示通过动作使人或事物离开了某处。例如:

① 大家本来围着那辆车,一听危险马上就跑开了。

② 她把孩子推开,自己扑了上去。

③ 水杯倒了,她赶紧把电脑拿开。

④ 那个男人一脚把垃圾桶踢开,走了进来。

11. 留学生习得趋向补语基本用法时常出现哪些偏误?

留学生在使用趋向补语时常出现以下几种偏误:

(1) "来"、"去"误用。如:

① *现在太晚了,明天我再回学校来。(明天我再回学校去。)(说话人不在学校)

② *明年我还想回中国去。(明年我还想回中国来。)(说话人说话时在中国)

(2) "来"、"去"误加。如:

① *老师,我想回去宿舍拿书,行吗?(我想回宿舍拿书)

② *11点多了,他才走进来教室。(他才走进教室。)

"回/进"等可以直接带处所宾语,不需"来/去"。如带上"来"、"去"后处所宾语应放在"来/去"前。

(3) 错序。如:

留学生由于受母语(如英语)的影响,经常误认为动词和复合趋向补语必须紧靠在一起,至少复合趋向补语本身是不宜分开的。从而造成如下偏误:

① *明年我要回来中国。(明年我要回中国来。)
② *下课后我就回去宿舍。(下课后我就回宿舍去。)
③ *他们进去电影院了。(他们进电影院去了。)
④ *他们喝酒以后进去别人的家。(他们喝酒以后进别人的家去了。)
⑤ *上课20分钟了,他才走进来教室。(他才走进教室来。)
⑥ *鸽子飞上去天了。(鸽子飞上天去了。)

为了避免学生出现此类偏误,我们最好用格式化的办法明确告诉学生处所宾语一定要放在"来/去"的前面。如:

$$动词+\begin{cases}进/出\\回\\上/下\\过\end{cases}+某地方+来/去$$

12. 趋向补语基本用法的教学应注意些什么?

(1) 分阶段教学,即先教简单趋向补语再教复合趋向补语;先教基本意义再教引申意义。在具体安排上,我们觉得,在初级阶段学习趋向意义,在中高级阶段学习引申意义,为了提高学生表达的准确性和得体性,在高级阶段可进行同义句的比较辨析。如:

"动词+宾语+来/去"和"动词+来/去+宾语"

(2) 可通过图画、动作演示等方法让学生明白"来"、"去"的方向性,即以说话人为视点。

(3) 通过格式化的办法强化趋向补语和处所宾语同现时的语序,即"主语+动词+地方+来/去"。

(4) 非处所宾语和趋向补语同现时位置比较复杂,根据吕文华(1994),我们认为在初级阶段趋向补语带宾语的句子只需教给学生宾语位于"来/

去"之前的一种情况就够了。也就是说,在初级阶段,我们只让学生接触宾语的一种位置,即无论是处所宾语还是非处所宾语,都在"来、去"之前。这样既符合语言事实,反映了使用频率,也可以避免因宾语的两种位置而造成混淆,人为地增加学习难度。

(5)在教授非处所宾语时,应通过例句说明非处所宾语大多是无定的,需要不定数量词,否则句子不独立,需后续小句。

(三)常用趋向补语的引申用法及其教学

汉语中每一个趋向补语都有引申用法,我们仅就对外汉语教学中比较重要的几个来谈。如:起来、下去、下来、过来等。

1. "起来"的引申用法:"站起来"、"哭起来"和"捆起来"中"起来"一样吗?

上面三个"起来"用法和意思都不一样。在"她站起来了"中"起来"是基本用法,即表示人体或人体的某一部分或者动作的受事随动作从低处到高处移动;在"他哭起来了"和"他收起来了"中的"起来"都是引申用法。"起来"的引申用法有以下几种。

(1)用在动词或形容词后,表示动作或状态开始并将继续发展,强调开始一种新的动作,由静态进入动态。如:

① 他的一个笑话把大家逗得大笑起来。
② 得到妈妈病重的消息,他当场就哭起来了。
③ 放心吧,你的身体会好起来的。
④ 快到家门口了,他的心情突然紧张起来。

这种用法可图示为:

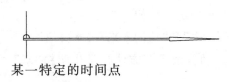

某一特定的时间点

(2)用在动词后表示两个或多个事物相连接、相聚合及至达到固定,也可以说是从分散到集中。如:

① 互联网把全球连接起来了。
② 这一课题光靠我们自己是不行的,应该和别的单位联合起来。

常用的动词如"集中、扎、捆、联合、积累、绑、堆、召集、集合、团结"等。这种用法的"起来"可图示为：

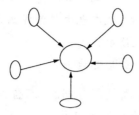

（3）用在动词后表示通过某动作把零散、明显之处的东西置于隐蔽、安全之处。如：

① 快把礼物藏起来。
② 放起来吧，别丢了。

2. 留学生为何常说"突然下雨起来"？

表示"开始"的"起来"前面经常是形容词或单个动词，对留学生来说并不构成太大的困难。如：

① 日子总算好起来了。
② 他胖起来了。
③ 大家都高兴得唱起来。

但如果前面的动词带有宾语，常常给留学生造成困扰。如：

① *刚吃完饭，他一个人就躲进房间里看书起来。
② *他以前只画国画，现在也画西洋画起来。
③ *客人还没走，她就拖地起来。
④ *两个人刚坐下，就谈起来工作了。
⑤ *才几点你就吃饭起来了？

这是因为留学生经常把"起来"作为一个固定的不能变动的词来使用，而且他们认为宾语理所当然地应该紧跟在动词之后，从而出现上述偏误如①—③；或者误认为"起来"应该作为一个整体紧跟在动词之后，从而出现偏误如④—⑤。总之，留学生要么把"V+O"作为一个整体，要么把"V+起来"作为一个整体，而不知把它们分开安置。为了避免这种偏误，我们最好用格式化的办法告诉学生。

"动词+起+宾语+来",如：

① 刚吃完饭,他一个人就躲进房间里看起书来。
② 他以前只画国画,现在也画起西洋画来了。
③ 两个刚坐下,就谈起工作来了。
④ 客人还没走,她就拖起地来。

特别要注意的是,"起来"前面是离合词时,离合词也一定要分开放置。这一点如果不注意就很容易出现如下偏误：

① *他刚感冒就发烧起来。（他刚感冒就发起烧来。）
② *我刚开口说话,服务员就生气起来。（……服务员就生起气来。）
③ *大家突然唱起来歌,跳起来舞。（……跳起舞来。）
④ *正上课他们就聊起来天。（正上课他们就聊起天来了。）
⑤ *突然下雨起来。（突然下起雨来。）

3. "下去"的引申用法："爬下去"和"请讲下去"中"下去"一样吗？

这两个句子中的"下去"用法和意思不同。前者是基本用法,即从高到低的位置移动,而后者是"下去"的引申用法,"下去"的引申用法主要有以下几种：

(1) 用在动词之后,表示已经在进行的动作继续进行。如：

① 虽然汉语很难,但我还要学下去。
② 请你继续说下去。
③ 股票再这么跌下去,估计很多人都该睡不着觉了。

(2) 用在形容词之后表示已经出现的某种状态的继续。如：

看着儿子一天天瘦下去,妈妈真是吃不下饭,睡不着觉。

这两种引申用法的"下去"可图示如下：

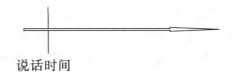

说话时间

(3) 用在动词后,表示从高到低或者从上级部门向下级部门转移,说话人身处高位。这是"下去"基本义的直接引申。如:

① 请她尽快把任务布置下去。

② 这些文件要尽快发下去,让各单位尽快学习并落实。

(4) 用在动词后,表示本体事物与部分事物或次要事物相脱离。立足点在主要事物。如:

① 把玻璃上的剪纸撕下去吧。

② 把衣服上的扣子拆下去会更好看些。

4. "请你说话下去"和"上课了,他还在玩下去"为何不能说?

引申用法的"下去"放在动词之后,表示继续的意思。如:

① 有意思的还在后面,请大家继续看下去。

② 我们已经等了近半个小时了,还要等下去吗?

但在使用过程中要注意两点:

(1) "下去"前面的动词一般不能带宾语,留学生经常会让动词带宾语。如:

① *请你说话下去。(请你说下去。)

② *你会坚持学汉语下去吗?(你会坚持学下去吗?)

③ *我要坚持学下去汉语。(汉语我要坚持学下去。)

(2) 用"下去"时,一般是说希望正在进行的动作继续进行,所以常常是用在未然的情况,如果是已然的情况很少使用"下去"。如:

① 放心吧,老师,我会坚持下去的。

② 请你继续说下去。

③ *已经上课了,他还在玩下去。

④ *我们劝了半天,她还是哭下去。

5. "起来"和"下去":"聊起来"和"聊下去"有何不同?

"V+起来"表示动作由静态进入动态,即开始一种新的动作,重在"开始"。可图示如下:

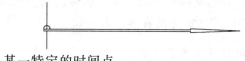

某一特定的时间点

例如：

① 刚过五一，就热起来了。

② 说着说着他哭起来了。

而"V+下去"表示已经进行的动作的继续。可图示如下：

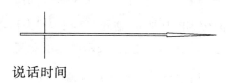

说话时间

例如：

① 请你继续说下去。

② 虽然汉语很难，但我还要学下去。

③ 无论遇到什么困难，我都要坚持下去。

6. "下来"的引申用法："爬下来"、"停下来"、"脱下来"和"坚持下来"中"下来"一样吗？

这四个"下来"用法和意思都是不同的。"爬下来"中"下来"是其基本用法，即表示从高到低的位置移动；而后三个"下来"是其引申用法。"下起"的引申用法主要有以下几种：

（1）用在动词（如：停、留、录、写、抄、画、定等）后，表示动作使某物体以某种形式得到固定。可记为"动词+下来"表示"使固定"。如：

① 那辆车在他的旁边突然停下来不走了。

② 这么合适的价格，您快买下来吧。

③ 那天我刚好路过看到了，就把它拍下来了。

④ 我想录下来回家听。

⑤ 看到儿子的平安信，妈妈的心才放下来。

⑥ 快把作业记下来。

(2) 用在动词(如：脱、摘、拿、撕、切、割、拔、砍等)后,表示使物体的一部分或整体从整体或某处脱离。可记为"动词＋下来"表示"使脱离"。如：

① 快把湿衣服脱下来吧,别感冒了。
② 把旧挂历摘下来,换上新的吧。
③ 快把这块骨头砍下来。
④ 他把那张小广告撕下来了。

(3) 用在动词后,表示从过去持续到现在。可记为"动词＋下来"表示"从过去到现在"。如：

① 虽然遇到了很多困难,但我们坚持下来了。
② 这些美丽的传说就这样流传下来了。
③ 这些东西都是祖辈传下来的。

(4) 用在动词后,表示从高到低或者从上级部门向下级部门转移,说话人身处低处。这是基本义的直接引申。如：

① 吃了药后,他的体温逐渐降下来了。
② 老百姓都希望房价能降下来。
③ 股票又跌下来了。
④ 这是教育局发下来的文件,我们要认真学习。
⑤ 我们的计划已经批下来了,得动手了。

(5) 用在动词、名词之后,表示经过一段时间的动作之后,出现了某种情况。在一定的上下文中,动词可省略,直接用时间词。如：

① 讨论下来,还是觉得不去好。
② 啊,总算念下来了。
③ 几个小时(讲)下来,嗓子都冒烟了。
④ 一天下来,我累得腰酸背疼。

这种用法一般是不能独立成句的,后面要跟后续小句。

(6) 用在形容词后,表示进入新的状态,由动态到静态,由强到弱。如：

① 等她心情平静下来再说吧。

② 老师拿着试卷一进教室,我们马上都安静下来了。
③ 才5点,天已经暗下来了。

在教学中,我们应该注意:能用在"下来"之前的形容词是非常有限的,常见的如:安静、暗、镇静、冷静、平静、退烧、慢、闲、跌、放松、软等。

7. "下来"和"下去":"坚持下来"和"坚持下去"有何不同?

在表示"继续"义时,"动词+下来"表示从过去一直继续到现在,而"动词+下去"表示从过去一直继续到现在并将继续到以后。例如:

① 到了终点,她松了一口气,自言自语道"我终于坚持下来了。"
② 虽然我已经遍体鳞伤,但我会坚持下去的。
③ "嫦娥奔月"的传说是从古代流传下来的,我相信它会永远流传下去。

这种不同我们可以图示为:

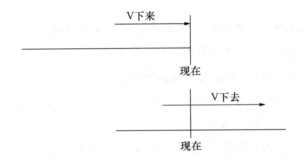

"下来/下去"都可以表示本体事物与部分事物或次要事物相脱离。但二者立足点不同,"下来"的立足点在次要事物,"下去"的立足点在主要事物。对比如下:

① 快帮我把那块窗帘扯下来,太脏了,我要洗一洗。
② 已经3月份了,快把2月的日历扯下去吧。

8. "下来"和"起来":为何"变胖"说"胖起来","变瘦"却说"瘦下来"?

"胖起来"和"瘦下来"中的"起来"和"下来"都表示"开始并将继续",为什么一个用"起来",另一个用"下来"呢?它们有何不同呢?我们先看一些例句:

① 不知道为什么最近就突然胖起来了。
② 减了半年,我终于瘦下来了。
③ 刚进腊月,大街小巷就热闹起来了,只有到了夜里,才会安静下来。
④ 刚到六点,天就暗下来了,马路两边的路灯纷纷都亮了起来。

通过对比,我们发现,用在"起来"和"下来"前面的词是不同的:"起来"前面的词语如"亮"、"热闹"、"胖"给我们的感觉是往大向上发展的,重在开始,由静到动;而"下来"前面的词语如"暗"、"安静"、"瘦"等给我们的感觉是往小向下发展的,重在由动到静。再如:

胖　生气　发烧　快　忙　涨　紧张　硬↑
瘦　平静　退烧　慢　闲　跌　放松　软↓

我们可以这样理解:用"起来"时,表示某种状态逐渐向大的方向发展,而用"下来"时,表示某种状态逐渐向小的方向发展。我们可以图示为:

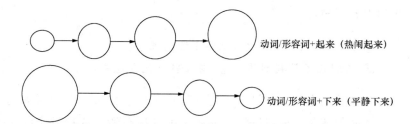

9. "过来"的引申用法:"跑过来"、"醒过来"和"熬过来"中"过来"一样吗?

这三个"过来"的用法和意思各不相同。第一个"过来"是基本用法,即在同一平面上从 A 地移动到 B 地。后面两个"过来"是其引申用法。"过来"的引申用法主要有以下几种:

(1) 用在动词(如:休息、修改、改、醒、清醒、抢救、救、改造、缓等)后,表示从不正常的状态变成正常的状态。如:

① 快点把作业里的错误改过来。
② 经过抢救,他终于醒过来了。
③ 睡了一天,我才休息过来。
④ 一个月了,他还没缓过来。

(2) 用在动词(如:熬、挺、对付等)后,表示艰难地度过、应付困难的局面。如：

① 那段艰苦的日子都能挺过来,现在怕什么?
② 你终于熬过来了。

(3) 用在可能补语中,表示很好地完成某个动作量较大或对象较多的动作。如：

① 你来帮帮我吧,我一个人实在忙不过来。
② 一个班 50 个学生,老师确实照顾不过来。
③ 这么多活,你干得过来吗?
④ 满院子的孩子到处乱跑,谁数得过来?
⑤ 这么多琐事,我也管不过来。

10. "过来"和"过去"：为何说"醒过来"、"昏过去"?

我们先看例句：

① 经过 24 小时的抢救,她终于醒过来了。
② 听到儿子被判刑的消息,老人当场就昏过去了。

通过对比我们发现,虽然"V+过来"和"V+过去"都表示正常状态和非正常状态间的转化。但"过来"表示从非正常状态到正常状态的转变;而"过去"表示从正常状态到非正常状态的转变。表示从非正常状态到正常状态过渡的"过来"可图示为：

昏迷/喝醉/昏死/累　　　清醒/健康/不累

比如：

① 医生把她抢救过来了。
② 小孩子休息一下,很快就恢复过来了。

表示从正常状态到非正常状态过渡的"过去"可图示为：

比如：

① 因为女儿不争气，他被气死过去好几次了，但都被及时抢救过来了。

② 她已经昏迷过去好几天了。

11. "出来"的引申用法："跑出来"和"想出来"中"出来"一样吗？

"跑出来"中的"出来"表示从里面移动到外面，说话者在外面，是其基本用法；而"想出来"是其引申用法。"出来"的引申用法主要有两种：

（1）用在动词（如：解脱、解放、发泄等）后，表示抽象地从里到外的移动，这是从其基本用法直接引申出来的。可图示为：

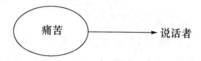

比如：

① 半年后他就从失恋的痛苦中解脱出来了。

② 有了洗衣机、洗碗机等，一下子就把女性给解放出来了。

（2）用在动词后，表示从看不见到看见，从不明显到明显、从无形到有形、从无到有。如：

① 他想出来一个好点子。

② 快把你的想法说出来。

③ 你还是爱他的，这一点我们都看出来了。

12. "出去"的引申用法："跑出去"和"说出去"中"出去"一样吗？

两个"出去"略有不同。前者是其基本用法，即表示从里面到外面移动，说话者在里面；后者是其引申用法。"出去"的引申用法主要有两种：

（1）用在动词后，表示经过某动作，使某物离开原来的地方或者原来的所有者转移到另一个地方或人手里。如：

① 那套门面房还没租出去吗?
② 我的自行车被他借出去了。
③ 那些手机都卖出去了。

(2) 用在动词(说、宣传、泄露、宣布、宣扬等)后,表示经过某动作,使不应该知道某事的人知道了这件事。可图示为:

如:

① 这事还没定呢,先别说出去。
② 这种事传出去对我们都没什么好处。
③ 这事关重大,千万别泄漏出去。

13. "想出来"和"想起来"有何不同?

汉语中同一个动词后面可以带不同的补语,所表示的意义也不相同。如"想出来"是指以前本来就不知道,从不知到知,从没有某想法到产生某想法。如:

① 他想出一个办法来。
② 无论如何我也想不出一个好名字来。

而"想起来"是指以前曾知道,但忘了,是对旧知识的回忆。如:

① 对不起,你的名字我一时想不起来了。
② 我想起来了,我们在台湾见过面。

同样的例子再如"写下来"和"写出来"、"说出去"和"说出来"等等,对这种同一动词带有不同补语的情况,我们最好结合实际例句进行适当的辨析。

14. "报上去"和"报上来"有何不同?

"动词+上来"和"动词+上去"表示某个本体事物与某个外来事物相接触、相附着及至到达固定。但是"上来"的立足点在本体事物;"上去"的立足点在外来事物。对比如下:

① 晚会节目单请你们快点报上来,我们办公室好排节目。

② 我们班的节目已经报上去了,办公室好像已经排好顺序了。

③ 计划报告我已经报上去了,但还没批下来。

15. "上"的引申用法:"爬上树"和"合上书"、"考上大学"、"爱上他"中"上"一样吗?

这几个"上"用法和意思都有所不同。"爬上树"中的"上"是其基本用法,即从低到高的移动;后面几个"上"都是其引申用法。"上"的引申用法主要有以下几种:

(1) 用在动词后,表示结果。如:

① 请大家合上书。(受事出现"合闭"的结果)

② 他关上门就出去了。(受事出现"合闭"的结果)

③ 快把衣服穿上。(受事出现"附着"结果)

④ 把我的名字也写上吧。(受事出现"附着"结果)

⑤ 他终于考上了理想的大学。(达到某目的、目标)

⑥ 他今年又评上了优秀。(达到某目的、目标)

(2) 用在动词后,表示动作开始并继续。如:

① 他们昨天一见面就吵上了。

② 他一进门就嚷上了……

③ 你不是还有作业吗?怎么又玩上了?

有时还可以表示动作涉及某人或某物并坚持不放。如:

① 人家准是看上你了。

② 我真不理解,你怎么会爱上他呢!?

③ 你怎么能怀疑上我呢?

16. 留学生习得趋向补语引申用法时常出现哪些偏误?

汉语的趋向补语不仅数量多,而且用法极其复杂,特别是引申用法更是复杂,留学生在学习和使用的过程中经常出现一些偏误。如:

(1) 趋向补语的遗漏。如:

① *这是我们的秘密,别说,不能让二班的同学知道。(这是我们

的秘密,别说出去……)

②*看到他的样子,我们都大叫。(……我们都大叫起来。)

③*他刚一开口,妈妈就不由得笑。(……妈妈就不由得笑起来。)

(2) 趋向补语的错序。如:

①*他们一见面就聊天起来。(他们一见面就聊起天来。)

②*快收起来床上的衣服。(床上的衣服快收起来。/快把床上的衣服收起来。)

③*我掏出来了他的照片。(他的照片我掏出来了。/我把他的照片掏出来了。)

④*留下来你的证件。(你的证件留下来。/把你的证件留下来。)

受宾语无定性和主语有定性的影响,有定的受事,一般置于句首,或用"把"字句。

(3) 不同趋向补语的误用。如:

①*她叫什么我想不出来了。(她叫什么我想不起来了。)

②*这件事我还没决定,你别说出来。(……你别说出去。)

③*我看得过来,她很喜欢你。(我看得出来……)

17. 趋向补语引申用法的教学应注意什么?

(1) 既然引申用法是从基本用法引申出来的,在学习引申用法时最好能先从复习对比基本用法入手,便于学生理解和掌握。

(2) 格式加图示的办法帮助学生理解和记忆。如上文。

(3) 某个趋向补语的引申用法前能使用的动词或形容词都是有限的,因此,为了避免出现不必要的类推,在学习每一个趋向补语时,尽量同时列举出经常与之搭配的动词或形容词,具体说明其用法和范围。

(4) 尽量对意义、用法相近的趋向补语进行适当的辨析,如上文"过来"和"过去"等。

(5) 如果同一动词所带的不同补语意思相近,要注意对其进行必要的辨析,如"想起来"和"想出来"等。

附表：趋向补语用法总表

趋向补语		用法 基本用法	引申用法
简单趋向补语	来	表示朝着说话者移动： 他买来了一堆水果。	
	去	表示远离说话者： 哥哥送去了一千块钱。	
	上	从低到高移动： 他爬上了一棵树。	1. 表动作结果：合上书、穿上衣服、考上学 2. 表动作开始并继续：聊上、爱上
	下	从高到低移动： 他扔下了一个苹果。	1. 表容纳：这么多书装不下。 2. 使固定：记下他的地址，车停下了。 3. 使脱离：她拔下了一根白发。
	进	从外到里移动： 我们搬进了一张桌子。	表示接受： 他听不进别人的意见。
	出	从里到外移动： 他掏出了一块钱。	从无到有、从不明显到明显： 他想出了个好办法。
复合趋向补语	上来	朝着说话者从低到高移动： 看，他们快爬上来了。	很好地完成： 老师的问题答不上来。
	上去	离开说话者从低到高移动： 他在上面等你呢，快爬上去吧。	1. 从低到高变化：体温又升上去了。 2. 从低部门到高部门：材料报上去了。 3. 使接触、附着以至固定：把画贴上去。
	下来	朝着说话者从高到低移动： 把钥匙扔下来，我在楼下。	1. 使固定：他买下来了。 2. 使脱离：把画摘下来。 3. 持续到现在：他坚持下来了。 4. 由高到低变化：房价降下来了。文件批下来 5. 状态由强到弱：她冷静下来了。
	下去	离开说话者从高到低移动： 我看着他跑下去了。	1. 已经进行的动作持续进行：请你说下去。 2. 使分离：把画摘下去吧。
	进来	朝着说话者从外到里移动： 我们正在上课，他跑进来了。	
	进去	离开说话者从外到里移动： 里面正在开会，你不能闯进去。	表示"凹陷"： 她的双眼都凹进去了。

续表

趋向补语\用法		基本用法	引申用法
	过来	朝着说话者平面移动： 他给我搬过来了一张桌子。	1. 状态从不正常到正常：他醒过来了。 2. 从原来的状态到新的或需要的状态：翻译过来 3. 艰难地应付：苦日子熬过来了。 4. 完成动作量较大的动作：我一个人忙不过来。
	过去	离开说话者平面移动： 快把椅子给奶奶送过去。	状态从正常到不正常： 老人昏过去了。
	起来	身体或某部位随动作从低到高移动： 他把手举了起来。	1. 开始并继续：他突然哭起来了。 2. 分散到集中：把大家召集起来开会。
	出来	朝着说话者从里到外移动： 把狗牵出来，外面空气好。	1. 抽象的从里到外的运动：从痛苦中解脱出来 2. 从无到有，从无形到有形：写出来、说出来
	出去	离开说话者从里到外移动： 我刚才一开门，它就跑出去了。	1. 事物离开所有者：房子卖出去了。 2. 使不该知道的人知道了：别说出去。

四、可能补语及其教学

1. 什么是可能补语？其结构有何特点？

一般来说，带结果补语的述补词组和带趋向补语的述补词组，中间加进"得"或"不"，就构成带可能补语的述补词组。加"得"的是肯定形式，加"不"的是否定形式。例如：

结果补语/趋向补语		肯定形式	否定形式
看完	→	看得完	看不完
洗干净	→	洗得干净	洗不干净
拿出	→	拿得出	拿不出
走进去	→	走得进去	走不进去

在实际语言中，可能补语的否定式占绝大多数，它与可能补语的肯定

式的出现频率之比几乎是 30∶1。试比较(吕文华 1994)：

？打扫得干净～打扫不干净　　？调查得清～调查不清
？研究得出～研究不出　　　　？回答得出来～回答不出来

可能补语的肯定形式一般用在疑问句、反问句,肯定的陈述句往往是在用于应答。如：

① A：中文电影你看得懂看不懂？　　B：看得懂。
② A：明天的会议你去得了去不了？　B：去得了。

可能补语或者表示有没有条件或能力完成某个动作,或者表示主客观条件是否为某个动作实现提供可能性,或者是考虑到后果,是否可以进行某个动作。

2. 可能补语的分类："用不完"、"用不了"和"用不得"有何不同？

从结构和意义上我们把可能补语分为三个小类：

(1) 动词$_1$＋得/不＋动词$_2$/形容词：表示有没有条件或能力完成某个动作实现某个结果。如：

① 刚到北京我什么也听不懂。
② 你坐在最后看得清楚吗？
③ 没有车我们就回不去了。

否定形式的可能补语如：看不懂、听不明白/进不去/出不来等。表示因为主观或客观条件的影响而不能实现动作的结果或趋向。我们说这是可能补语的基本式。因为汉语中表达上述意义只能使用可能补语。如：

① 他说的是上海话,我听不懂他说的是什么。
？他说的是上海话,我不能听懂他说的是什么。

如果换成"不能……"显然不符合汉语的表达习惯。

② 大厅里人太多太挤,我们进不去。
＊大厅里人太多太挤,我们不能进去。

这个句子虽然可以换,但换后意思发生了变化："进不去"是说允许进去,但没有条件进去;而"不能进去"是说不准许或者不应该进去。如：

③ 领导正在开紧急会议,你现在不能进去。

另外,我们说可能补语的否定形式是可能补语的基本式不仅是因为它是别的格式所无法代替的,还因为在实际语言中可能补语的否定式占绝大多数(吕文华 1994)。

肯定形式的可能补语表示有能力有条件实现动作的结果或趋向。我们前面说过肯定的可能补语的使用频率很低,原因就在于,它一般用于疑问句和应答句中,或者表示委婉的否定和没有把握的肯定。如果要表示把握性很高的有可能实现的则一般选择相应的带"能"的句子。如:

① 你听得懂听不懂这个老师的课?——听得懂。
② 这么难的小说,小孩子哪看得懂啊。
③ 这本小说,我也许看得懂。
④ 这点小事,他肯定能办好。

(2) 动词+得/不+了(liǎo):表示是否有实现某个动作的可能性。如:

① 这种活儿你干得了吗?
② 对不起,我去不了了。
③ 没有钱我们就干不了。
④ 放心吧,他死不了。

其中的"了"有两个意思:一是表示有能力或条件实现动作的结果。"了"表示"完"的结果意义。如:

① 这么大的西瓜,谁吃得了?我可吃不了。
② 别买了,我已经拿不了了。

二是表示有没有能力或条件实现某个动作。如:

① 他明天要开会,晚会就去不了了。
② 我的笔坏了,用不了了。

和一般的可能补语一样,"V+不/得+了"也主要使用否定形式。

(3) 动词/形容词+得/不得:表示考虑到后果,做出可否实行某个动作的判断。常以正反疑问句和否定形式出现,常用来提醒、劝告或警告对方不能进行某个动作,或者说如果进行某动作就会产生某种消极的结果。如：

① 这种书，小孩子看得看不得？

② 你可大意不得。

③ 这个人你可千万小瞧不得。

这种"得"既能用在动词后也能用在形容词后，表示是否许可。如：

① 这可是温室里的花，热不得也冷不得。

② 那个女孩子你可惹不得。

这三种可能补语在意思表达上有所区别。试比较：

洗得干净≈能洗干净　　洗不干净≈不能洗干净/没法洗干净
洗得了≈能洗/能洗完　　洗不了≈不能洗/没法洗/没能力洗完
洗得≈可以洗　　　　　洗不得≈不可以洗

3．"能吃完"和"吃得完"有何区别？

"能＋动词＋结果补语"和可能补语肯定形式的用法和意义差不多，都可以表示有能力或条件完成某事，但二者仍存在一些不同：

（1）在意义上，用"能＋V＋结果补语"时，说话者的把握性比"V＋得＋……"要大，语气更肯定。如：

① 今天你能干完吗？——能干完。

② 今天你干得完吗？——干得完。

有时二者意义完全不同。如：

① 这种东西不能放进去。（不允许放进去）

② 这东西太大了，放不进去。（没有放进去的条件）

③ 这是男厕所，女孩子不能进去。（不允许进去）

④ 没有钥匙，我也进不去。（没有进去的条件）

（2）在结构上也略有不同，如句中还有一些别的成分，"能＋V＋结果补语"无法换成可能补语。如：

① 放心吧，我保证能教好。　？放心吧，我保证教得好。

② 这些活儿我一个人就能干完。　？这些活儿我一个人就干得完。

4. 可能补语跟宾语共现时的语序:"睡觉不着"还是"睡不着觉"?

这一问题主要涉及可能补语和宾语同现时的语序问题。可能补语和宾语同现时宾语应放在可能补语之后。如:

① 外面太吵,吵得我看不下去书。
② 我听不懂上海话。

如果宾语是比较长的定指名词一般置于句首。如:

① 我们老师和那个人的对话我听不懂。
② 那件被他弄脏的衣服我洗不干净。

离合词带可能补语时规则也是如此。但留学生常常把离合词看做一个不可分割的整体,从而出现如下偏误:

① *我喝了咖啡就睡觉不着。(我喝了咖啡就睡不着觉。)
② *我们宿舍现在洗澡不了。(我们宿舍现在洗不了澡。)
③ *他们昨天又吵架了,我觉得他们结婚不成了。(我觉得他们结不成婚了。)
④ *黄志强家里没有钱,所以上学不了。(……所以上不了学。)

为了避免此类偏误,我们最好用格式化的办法加以强化,如:

睡不着觉　　上不了学　　洗不了澡　　结不成婚

5. 留学生习得可能补语时常出现哪些偏误?

在对外汉语教学中,可能补语对留学生来说也是一个难点,在习得过程中常会出现各种各样的偏误。如:
(1) 不该用可能补语而用了。这又有多种情况。如:

① *我已经走得了了,让我出院吧。(我已经能走了……)
② *她通不过考试以后,哭了很长时间。(她没通过考试以后……)

表示能力的恢复要用"能",而不用可能补语,如①;可能补语多用于未然的情况,已然的情况一般不用可能补语,如②。

我们前面说过,表示有没有实行某动作的可能性时用"动词+得/不+了",而要表达不允许做某一动作时,不能用"动词+得/不+了",而要用"不

第四章 句子成分

能+动词"。上面两个句子都是要表达不允许做某事,所以不应该用可能补语。

① *这种东西很危险,你带不了。(……你不能带。)

② *这是胜男的生日蛋糕,她还没来,我们吃不了。(……我们不能吃。)

(2)错序。如:

① *我现在很紧张,每天都睡觉不着。(……每天都睡不着觉。)

② *我听老师的话不懂。(我听不懂老师的话。)

这种可能补语和宾语同现时语序的偏误详见上文。

① *我怎么学也不学会。(我怎么学也学不会。)

② *我们劝了她很长时间,但也不劝好。(……但劝不好/没劝好)

③ *我们的生词太多,我不记住。(……我记不住。)

如果要表达有没有能力或条件实现某动作,就要用可能补语,那么"不"就应该放在动词和补语之间,而不能放在动词之前。如果要客观地表达没有实现某结果,就用"没+动词+结果补语"。

① *我们最近有考试,我去不了旅游了。(……旅游我去不了/我不能去旅游了。)

② *明天我妈妈来北京,我来不了上课了。(……上课我来不了了/我不能来上课了。)

我们知道连动句"来/去+动词"中"来、去"并不是表达主要动作的动词,只是表示后面动作的趋向并引出后面的主要动作或者说目的,换句话说,"来、去"后面的动词所表达的动作才是重点。所以如果要强调目的动作能否实现,就用"能(不能)+来/去+动词"。如:

① 你能不能去旅游?我不能去旅游了。

若要强调"来、去"能否发生,就要把目的动作提到"来、去"之前。如:

① 旅游你还去得了去不了?旅游我去不了了。

(3)该用可能补语而没用。如:

① *老师,你写的字太小,我不看。(……我看不见。)

②＊没办法,我到处都找了,但不找到。(……但找不到。)

③＊老师,作业太多了,我们不能做。(……我们做不完。)

④＊你说话太快,我们不能听懂,请你慢点说吧。(……我们听不懂。)

⑤＊门口人太多,我不能出去。(……我出不去。)

要表达有没有条件实现某结果,用可能补语的否定形式,如上面例①—⑤。

6. 可能补语的教学应注意些什么?

如前所述,可能补语的偏误频率比较高与我们的教材和老师都有一定的关系,对于可能补语的教学,我们有两点建议:

(1) 应该准确地介绍可能补语的意义。

目前很多教材和老师都把可能补语的教学重点放在介绍可能补语的结构形式上,而在意义和用法上的介绍往往很笼统。大都说,可能补语表示可能。这种说法固然没错。但实际上由于教材中的练习,比如把用"能"的句子改成可能补语,如:

你能洗干净这块地毯吗? 你洗得干净这块地毯吗?

或者用可能补语回答带"能"的句子,如:

你能买到这本书吗? 买得到。

这种练习很多,有的老师为了省事,也常常告诉学生可能补语就是表示"能或不能"。这种解释和练习就容易给学生造成一个错觉——可能补语和"能"的用法可以等同起来。我们知道,语言是具有经济性的,即语言中没有任何一个词或结构是多余的,如果哪个词或者哪个结构可以被别的词或结构所代替,那么这个词或结构就失去了存在的价值。我们也知道,可能补语在汉语中长存不衰,这就说明它的用法并不能和"能"完全等同。因此,我们觉得应该准确地介绍可能补语的意义。

(2) 合理安排教学内容。

在初级阶段,我们可以教给学生可能补语的基本式:V＋不＋C(即否定的可能补语),等学生基本掌握了可能补语的基本式后,我们再教可能补语的肯定形式(当然,还是在初级阶段,而且时间不要间隔太长),即:V＋得＋C(结果补语或趋向补语)。

中级阶段,我们可以教给学生可能补语"了(liǎo)",即"动词+不/得+了"。

到了高级阶段,我们还可以教给学生可能补语"得",即"动词/形容词+不+得"。

在学习上述可能补语的同时,我们还要随遇随教一些惯用语性质的可能补语。即某些结合得比较紧密、比较固定的可能补语。比如:对不/得起、买得/不起、看不/得起、合得/不来、来不/得及、顾不/得上、靠得/不住、划得/不来、说得/不来、犯得/不着等。

这些惯用语性质的可能补语的用法有一些共同的特点:

一是用于口语,肯定式和否定式都比较常见,但肯定式也多用于疑问句和应答句中,或者表示委婉的否定。如:

① 为了那几个小钱,我犯得着吗?
② 你看看,我顾得上吗?

二是一般没有相应的动结式和动趋式。如:

看得起　　＊看起
划不来　　＊划来

这些惯用语性质的可能补语都有其特定的意义,应该一一介绍,但不能集中一次告诉学生。这也是语法词汇化的一个很好的范例。

五、程度补语及其教学

1. 什么是程度补语?其结构有何特点?

程度补语就是用在形容词或心理动词之后,表示某种性质或心理状态的程度的补语。汉语中程度补语并不多,常见的有以下两种。

(1)"极了、死了、透了、多了、远"等,可以直接放在形容词、心理动词之后,而不用"得"连接。如:

① 你唱得好极了。
② 那个房间脏死了。
③ 最近我倒霉透了。
④ 这本便宜多了。
⑤ 我跟您比可是差远了。

(2)"很、慌、不得了、要命、要死、不行、厉害、够呛"等,需要用"得"和述语相连。如:

① 夏天北京热得很。
② 一个人在家待着闷得慌。
③ 那个玩具,孩子喜欢得不得了。
④ 我累得要死。

程度补语不管是哪一类,都是强调程度之深。

注意:像"热死了"有时会有歧义。如果把它看做是带结果补语的述补结构,那么它说明某个有生命的事物因为太热而死亡了;如果把它看做是带程度补语的述补结构,那么它表示"特别热"的意思。

2. 能带程度补语的词语:留学生为何常说"她病得很"?

汉语中可以带程度补语的词语是有限制的,一是形容词,二是心理动词,一般动词和状态词都不能带程度补语。而留学生经常出现如下偏误:

① *山西的空气污染得很。(山西的空气污染得很严重/厉害。)
② *她病得很,不能来上课了。(她病得很严重/厉害……)
③ *我知道她得很。(我很了解她。)
④ *他钻研得很。(他很喜欢钻研。)

在教学过程中应该通过实例让学生明白只有有程度差别的词语才可以带程度补语。

3. 述语和程度补语的搭配:为何不说"我开心得慌"?

不同的程度补语所能搭配的形容词和心理动词并不相同,在这方面它们各有特点。

"……得慌":一般用在表达消极意义的心理感觉的词语之后,而且常常是单音节的词语。如:累得慌、饿得慌、吵得慌、闷得慌、憋得慌、闹得慌、堵得慌、挤得慌、想得慌、闲得慌、撑得慌。如:

① 外边吵得慌。
② 我觉得累得慌。
③ *里面安静得慌。
④ *我觉得轻松得慌。

"……透了"：常用在诸如"糟糕、糟、坏、倒霉、烦"等消极词语之后。如：

① 最近我真是倒霉透了！
② 这个人简直是坏透了。

"……极了、得很"：对前面的词语要求不多，积极、消极的都可以。如：

① 那个女孩漂亮极了。
② 北京烤鸭好吃得很。
③ 那个女孩难看极了。
④ 今天的饭难吃得很。

"要命""要死"：表示程度高，一般用于口语中，正式场合一般用"极了"、"得很"更合适。如：

① 哎，真是热死了。
② 快挤死了，别再挤了。
③ 您的表演精彩极了。
④ 北京的夜景美极了。

在教学过程中我们应该通过大量的实例让学生明白这种搭配条件。不然，学生就容易出现上述偏误。

在程度补语的教学中，我们应注意向学生强调并非每一个形容词或心理动词都可以带程度补语，能带程度补语的词语是有限的。

另外，我们还应该向学生说明一些程度补语对前面词语的特殊要求，如"……得慌"不仅要求是消极的词语，还要求是单音节的词语。

六、状态补语及其教学

1. 何谓状态补语？

位于"动词/形容词＋得"之后，用来说明已经发生或正在发生的动作所呈现或达到的状态的补语就是状态补语。如：

① 他激动得直流眼泪。
② 弟弟兴奋得手舞足蹈。

状态补语通常是用于对动作的状态作出描写、评价或判断。一般说来，状态补语不会省略，但有时动词、形容词后只用"得"，后面再无其他成分。如：

① 看把你急得！

② 瞧你吓得！

其实，这类句子是省略了状态补语，常能补出"这个样子"、"那个样子"等，多用于口语中。

状态补语有时不用"得"字相连，而用"个"字相连。如：

① 我们昨天玩了个痛快。

② 他们淋了个落汤鸡。

③ 他说个没完没了。

2. 哪些词语可以充当状态补语？

充当状态补语的有以下几类：

(1) 形容词、形容词词组、形容词重叠形式、状态词等。如：

① 他看得特别快。

② 他说得流利极了。

③ 别看是男孩子，他的房间永远是收拾得整整齐齐的。

④ 他的小手冻得冰凉。

(2) 动词或主谓短语。如：

① 他高兴得大叫起来。

② 她急得哇哇大哭。

③ 他气得眼睛都瞪大了。

(3) 一些固定结构、成语或熟语也经常充当状态补语。如：

① 他激动得语无伦次。

② 她急得像热锅上的蚂蚁。

③ 他说得天花乱坠。

3. 为何不说"她打扫打扫得干干净净"？

状态补语一般就是一个句子的表达重心，而动词、形容词的重叠形式

也是句子的表达重心。一般说来,一个句子只有一个表达重心。所以一般说来,动词、形容词重叠之后不再带状态补语。如:

① *她每天都打扮打扮得漂漂亮亮的。(她每天都打扮得漂漂亮亮的。)

② *她打打扫扫得干干净净。(她打扫得干干净净。)

同理,一个句子中一般也不会既出现一个状态补语又出现一个描写性状语。如:

① *他异常激动地说得语无伦次。(他异常激动。/他说得语无伦次。)

② *哥哥非常气得乱扔东西。(哥哥非常生气。/哥哥气得乱扔东西。)

这是因为状语通常是句子的表达重心,状态补语也是句子的表达重心。一个句子一般不能有两个表达重心。

4. 状态补语和宾语共现时的语序:为何不说"他打球得特别棒"?

状态补语如果和不带宾语的单个动词同现,自然不会产生语序的问题,补语紧跟动词,可表示为:

(1) 动词+状态补语。如:

① 他睡得特别早。

② 他吃得像个圆球。

但如果状态补语和带宾语的动词同现一句就会产生"宾补争动"的问题,也就是说宾语要求紧跟动词,补语也想紧跟动词。那么汉语解决这个问题办法有以下几种:

(2) 施事主语+受事主语+动+得+状态补语。如:

| 他 | 篮球 | 打 | 得 | 棒极了。 |
| 我哥哥 | 英语 | 说 | 得 | 像英国人似的。|

(3) 受事主语+施事主语+动词+得+状态补语。如:

| 篮球 | 他 | 打 | 得 | 特别棒。|
| 汉语 | 他 | 说 | 得 | 非常流利。|

(4) 主语＋动词＋宾语＋动词＋得＋状态补语。如：

他　打　篮球　打　得　特别棒。
他　说　英语　说　得　非常流利。

当然，这几种语序各有自己的使用条件。第 4 种语序的使用频率并不是很高，但当状态补语语义指向施事主语时，即语义上说明施事主语时，一般要使用这种语序。如：

① 妈妈洗衣服洗得腰酸背疼。
② 她看书看得眼冒金星。

有时候，在一定的语境或上下文环境中，我们也可以省略宾语。如：

① 他从小就会骑摩托车，而且骑得很快。
② 他学了八年的法语，说得非常流利。

无论是哪种语序，都要满足状态补语紧跟动词的要求。所以像"打球得特别棒"的句子是错误的。

5. 为何不说"你要学习得很认真"？

状态补语一般用来说明和评价动作的常态、进行态或者完成后的持续态。但无论是什么态，一般是先有动作发生，我们看到了某种状态才可以使用状态补语。如：

① 他总是走得这么快。
② 他把作业放在腿上，检查得非常认真。
③ 她昨天打扮得简直判若两人。
④ 他把女儿打扮得像个天使。

所以如果是用来警告、劝告、提醒的祈使句或者表示将来发生的动作，一般情况下不能用状态补语。如：

① *到人家那儿，你一定要工作得非常认真。
② *你明天应该起床得很早。
③ *你要学习得很认真。

如果表达这种意思时，应该用状语。如：

① 认真看书！
② 仔细检查一遍！

6. 留学生习得状态补语时会出现哪些偏误？

留学生在学习和使用状态补语时经常出现如下几种偏误：
(1) 状态补语位置有误。如：

① *他说法语得很流利。（他法语说得很流利。/他说法语说得很流利。）
② *他骑摩托车得很快。（他摩托车骑得很快。/他骑摩托车骑得很快。）
③ *阿姨打扫房间得不干净。（阿姨打扫得不干净。/阿姨打扫房间打扫得不干净）

这是因为留学生已经知道汉语的宾语应该放在动词之后，而宾语紧跟动词也是多数语言的习惯，而且这种规则是学习补语之前就已经习得的规则，在出现补语和宾语共同争夺动词的时候，留学生最常用的办法就是先照顾宾语，让补语再跟在宾语之后。我们知道，汉语中补语特别是带"得"的补语一定要放在述语（动词、形容词）之后，而不能放在宾语之后，当出现"宾补争动"的情况时，汉语的解决办法有上文谈到的三种。（详见本节问题4）这种偏误最容易出现在句中动词是离合词时。如：

① *我吃饭得很晚。（我吃饭吃得很晚。/我吃得很晚。）
② *我跑步得很累。（我跑步跑得很累。/我跑得很累。）
③ *我们聊天得很高兴。（我们聊天聊得很高兴。/我们聊得很高兴。）

(2) 该用状语而误用成状态补语。如：

① *你一定要工作得很刻苦。（你一定要刻苦工作。）
② *希望你能接待他们很热情。（希望你能热情接待他们。）
③ *老师开始点名了，你要来得很快。（你要快来）

我们前面分析过，一般是先有动作发生了，看到了某种状态，我们才会使用状态补语。如果是用来警告、劝告、提醒的祈使句或者表示将来发生的动作,则不能使用状态补语,而应该用状语。

(3) 该用状态补语而误用成状语。如:

① *她漂亮地打扮了。(她打扮得很漂亮。)

② *他快快地跑,差点儿摔倒。(他跑得很快。)

③ *老师很慢地说,所以我听得懂。(老师说得很慢。)

如果动作已经发生,动作造成的某种结果已经表现出来,我们要使用状态补语,而不会使用状语。

(4) "得"误用成"着"或"了"。如:

① *他学习着很认真。(他学得很认真。)

② *他总是走着很快。(他总是走得很慢。)

③ *我这个学期学了不太认真。(我这个学期学得不太认真。)

④ *那儿的空气污染了很厉害。(那儿的空气污染得很厉害。)

⑤ *北京变化了很快。(北京变化得很快。)

以上几例都是把应该用"得"的地方误用成了"了"或者"着"。留学生通常认为只要是已经出现的状态就要用"了",只要是进行着的状态就用"着"。

七、数量补语及其教学

用在谓语动词、形容词后面,表示动作持续的时间、次数以及数量上的差异,这样的数量词语就叫数量补语。汉语中的数量补语可以分为两小类:

时量补语,如:我学习了<u>一年</u>。

动量补语,如:我们去过<u>一次</u>。

(一) 时量补语及其教学

1. 时量补语及其意义:"睡了三天了"和"来了三天了"中"三天"一样吗?

时量补语是用在动词后表示动作或状态持续多长时间的补语。时量补语所表示的语法意义根据前面的动词不同可以分为两类。

(1) 用在持续性动词之后,表示动作持续多长时间。如:

① 她睡了三天了,还没清醒。

② 会议开了两个多小时了,还没结束。

③ 我们等了半天了。

④ 我们坐了半天了。

表示在一段时间内一直持续在做某一动作,可图示为:

(2) 用在非持续性动词之后,表示从动作发生到某一时间点(或说话时)之间的一段时间。如:

① 她来了三天了,还没露面。

② 哥哥结婚已经十年了。

③ 我来北京才四个月。

④ 他死了十年了。

表示动作完成后状态持续的时间,可图示为:

有时到底表示第一种语法意义还是第二种语法意义,要取决于上下文。如:

① 那幅画挂了三天了,还没人注意。(动作结束后,动作造成的状态持续的时间)

那幅画都挂了半个小时了,还没挂好。(动作持续的时间)

② 墙上的标语写了半个月了。(动作结束后,动作造成的状态持续的时间)

墙上的标语写了半天了,还没写完。(动作持续的时间)

③ 那盆花摆了一个多星期,你怎么才看见?(动作结束后,造成的状态持续的时间)

那些花摆了一天了,还没摆完。(动作持续的时间)

这种不同归根到底还是动词的持续性和非持续性造成的。(详见第二章第三节"动词")

2. 时量补语和宾语的位置：为何能说"看了一天书"，却不能说"教了一年我"？

我们说时量补语位于动词或形容词之后，但这只是一个笼统的说法。实际上时量补语在句中的位置比较复杂，大致有以下几种情况：

(1) 动词、形容词＋时量补语。如：

① 我学三年了。

② 他们已经休息半个小时了。

(2) 动词＋时量补语＋(的)＋名词宾语。如：

① 你已经玩了 40 分钟游戏了。

② 她教了 30 年舞蹈。

③ 昨天我看了三个小时(的)电视。

④ 我学习了半年(的)汉语。

(3) 动词＋代词宾语＋时量补语。如：

① 我等你一个小时了。

② 他会爱你一生一世吗？

可见，时量补语和宾语谁前谁后主要取决于宾语的词类：如果是名词宾语，则放在时量补语后，如"看一天书"；如果是代词宾语，则放在时量补语前，如"教了我一年"。

当然，无论是哪种宾语，都还可采用下面(4)的语序。

(4) 动词＋宾语＋重复动词＋时量补语。如：

① 她教智障儿童教了一辈子，真的很了不起。

② 我昨天打球打了两个小时。

③ 我昨天等你等了一个多小时。

④ 妈妈洗衣服洗了两个小时，当然很累。

以上都是表示动作持续的时间，如果是表示动作结束后到目前所经历的时间，补语的位置会有所不同。如果没有宾语，时量补语自然置于动词之后，但如果有宾语，时量补语则需要置于宾语之后。如：

① 奶奶走了十多年了。

② 他们结婚三年多了。
③ 妈妈去上海已经半年了。
④ 她离开北京十来天了。
⑤ 哥哥入伍三年了。

以上我们所举的例子宾语多是不确定的,受宾语无定性的影响,如果是确定的某一事物,一般不作宾语,而是置于句首作主语。如:

① 那件衣服我试了半个小时,最后还是放弃了。
  *我试了半个小时那件衣服,最后还是放弃了。
② 你问我的那个问题我想了两天,终于想出来了。
  *我想了两天你问我的那个问题,终于想出来了。

3. 时量补语的教学应注意些什么?

(1) 分阶段教学

根据我们在教学中的观察,留学生学习时量补语句最容易出现的偏误就是宾语位置的问题。如:

① *我们看电影了两个小时。(我们看了两个小时电影/我们看电影看了两个小时)
② *我做作业差不多一个小时。(我做作业做了差不多一个小时)

学生之所以出现这样的错误,和时量补语句的复杂自然有一定的关系,和我们的教学安排也不能说没有关系,在基础阶段把太多的东西都塞给了学生,效果自然不会太好。针对学生的难点,我们有必要简化基础阶段的学习内容,同时按等级递进,逐步扩展和加深教学内容。下面我们来分析一下时量补语的分阶段教学。

初级阶段:我们应该先教给学生表示动作持续多长时间的时量补语。如:

① 他想了一会儿就答应了。
② 爸爸病了半年了。
③ 我看了一会儿电视就睡了。
④ 我们每天要上四个小时(的)汉语。

在初级阶段,我们应该选择最基本最常用的语法项目和格式,所以只需教给学生一种宾语的位置,即在时量补语之后,而不需要再介绍重复动词的句式,因为这种句式的使用频率是很低的。当然,代词宾语的位置在时量补语前,还是应该告诉学生的。

在学生掌握了表示动作持续多长时间的时量补语后,我们可以再讲表示动作结束后所经历的时间长短的时量补语。如:

① 我大学毕业十年了。

② 他回韩国已经半年了,一个电话也没打。

中级阶段:讲动作造成的状态的持续时间。如:

① 这张画都挂了二十年了,妈妈还不舍得扔。

② 饭菜放在桌子上半天了,也没人来吃。

这种句子表示动作结束后,状态持续的时间,是静态句。

高级阶段:可以适当安排一些带有时量补语的同义句式的辨析。如:

a. 我们打了三十分钟的球。

b. 我们打球打了三十分钟。

这样的一组同义句,在表达方面有几点不同:

a 句的自然重音在表示时间的词语上,b 句的自然重音在述宾结构上。

a 句强调动作持续时间的长短,b 句强调 V+O 提出的话题。

b 句在语义和语气上都是自足的;而 a 句在语气上需要后续句与之相承,否则给人的感觉是语义未完;所以 a 句在篇章中常充当起始句,后接表示结果等的关系的句子。如:

① 当了几十年的老师,连封信也写不好。

② 我看了半小时的电视,就睡觉了。

(2) 重视时量补语和宾语同现时的顺序。详见上文,这里不再赘述。

(二) 动量补语及其教学

1. 什么是动量补语?

动量补语就是用在动词或形容词之后,表示动作进行的次数的补语。如:

① 我们去了三趟了,都没见到老王。
② 我们商量了几次,可还是没有结论。
③ 他认真思考了一番。
④ 他又被老师批评了一顿。

从上面的例句我们可以看出动词和补语存在一个互相选择的问题。(详见第二章第九节"量词")

2. 动量补语和宾语的位置:为何能说"听了两次京剧",却不能说"帮了两次她"?

这一问题主要涉及宾语和动量补语同现时的位置问题。动词不带宾语时,补语自然紧跟动词,即

(1) 动词+动量补语。如:

① 她去过一回。
② 我检查过两次。

但当动词带有宾语时,问题就稍微复杂些。此时补语的位置主要取决于宾语的性质,主要有两种情况。我们先来看两组例句:

A 组	B 组
去了三趟书店。	看了她一次。
听过两次京剧。	帮了她两次。
上了五次汉语课。	打了他三回。

通过对比,我们发现当宾语是名词时,动量补语一般位于宾语之前;而当宾语是代词时,动量补语一般位于宾语之后。我们可以格式化为:

(2) 动词+动量补语+名词宾语。
(3) 动词+代词宾语+动量补语。

如果宾语是人名、地名,放在补语前后都可以。如:

① 我去过两次上海。　　我去过上海两次。
② 我等一会儿小张吧。　　我等小张一会儿吧。

以上三种语序是一般的常规语序,自然也有例外,比如列举动作的次数,或者有后续小句时,名词宾语也可以放在动量补语的后面。如:

① 上学期我们参观学校三次,参观企业五次。

② 我曾去过琉璃厂一次,但什么也没买。

另外,如果宾语是确指的对象时,受宾语无定性、主语有定性的限制,常常位于句首。如:

① 那个地方我去过若干次了,没发现什么好玩的。
② 那种音乐我只听过一回。

3. 留学生习得动量补语时常出现哪些偏误?

留学生在习得动量补语时常出现的偏误主要有三种。

(1) 动量补语的误加。如:

① *上课的时候你不要说话一下。(……上课的时候你不要说话。)
② *老师说,考试的时候我们不要聊天一下。(……不要聊天。)
③ *我看看一下你的书好吗?(我看看你的书/我看一下你的书好吗?)
④ *我只尝尝了一下,真受不了。(我只尝了一下/我只尝了尝……)

要表达禁止某行为时,动词后不能用动量补语,如例①②;动词重叠本身表示动作持续的时间短,不再需要动量补语,如例③、④。

(2) 动量补语位置有误。如:

① *到北京后我看过京剧好几次了。(到北京后我看过好几次京剧了。)
② *我学太极拳三次了。(我学过三次太极拳了。)
③ *我去过五道口一次吃饭。(我去五道口吃过一次饭。)
④ *我们上网过一次聊天。(我们上网聊过一次天。)

例③、④ 是连动句,动量补语应该放在第二个动词的后面,第二个动词如果是离合词,那么动量补语应该放在离合词的中间。

(3) 不同动量补语误用。如:

① *这本书我看了三趟了,真有意思。(这本书我看了三遍了……)
② *老师又表扬了她一顿。(老师又表扬了她一番。)

我们知道,动词和动量词之间存在着一定的选择关系,比如"趟"常用在行走类动词"去、跑、来、飞"等后,而"顿"常用在"打、骂、批评、训、吃"等动词后(详见第二章第九节"量词")。留学生常常因为不了解这种选择关系而出现偏误。

八、介宾补语及其教学

1. 什么是介宾补语?

介宾补语是指用在动词、形容词后面由介词"于"、"自"、"到"和"向"组成的介宾短语充当的补语。介宾补语一般出现在书面语中,口语中使用频率不高。介宾补语可以表示时间、处所、方向、原因、对象、来源等。如:由"于"组成的介宾补语可以表示处所、时间、对象、来源、原因、比较等;由"向"组成的介宾补语可以表示方向;而由"自"组成的介宾补语多表示来源。如:

① 毛泽东生于湖南。(表示处所)
② 鲁迅生于1881年。(表示时间)
③ 她一直苦于找不到合适的地方。(表示原因)
④ 他一生献身于革命事业。(表示对象)
⑤ 次品率高于合格率。(表示比较)
⑥ 他住在天津。(表示处所)
⑦ 这列火车开往广州。(表示方向)
⑧ 我看到晚上十一点钟。(表示时间)
⑨ 药品终于送到了灾区。(表示处所)
⑩ 看着它们自由自在地飞向蓝天,我心里有种说不出的喜悦。(表示方向)

2. 在对外汉语教学中"走向胜利"怎么处理更好?

汉语中有些结构,如:

| 走向胜利 | 走向辉煌 | 苦于没有机会 | 来自欧洲 |
| 生于1881年 | 忠于人民 | 开往上海 | 献给革命事业 |

从理论上说,这些结构都是介宾结构作动词的补语,但因为其中的动词和介词结合比较密切,从实际教学效果来看,如果把这种"动词+介词"如"苦于、生于"等看做一个动词来处理,整个结构看做述宾短语,效果会更好些。

思考与练习二十三

一、简答题：

1. "看"和"看见"有何不同？
2. 举例说明什么是结果补语及其作用。
3. 举例说明趋向补语基本用法和引申用法的相关性。
4. 举例说明趋向补语和宾语同现时的语序问题。
5. 分析下列各例 A、B 组的趋向补语表示的意义有什么不同。

   (1) A. 举起来　　　　B. 笑起来

   (2) A. 流下去　　　　B. 说下去

   (3) A. 爬上（山坡）　　B. 吃上（大米饭了）

   (4) A. 飞来　　　　　B. 看来

6. "买不得"、"买不到"和"买不起"有什么区别？

二、指出下列句中的补语属于哪种类型（结果、趋向、可能、程度、状态、数量、介宾）。

1. 妈妈一不小心打破了一个碗。
2. 他把头发染红了。
3. 爸爸一听就气坏了。
4. 我们都累极了。
5. 孩子刚跑出去。
6. 你跑得出去吗？
7. 我看你跑不出去了。
8. 这架飞机飞往北京。
9. 这本书写于 1980 年。
10. 这孩子吓得话都说不出来了。
11. 手绢洗得雪白。
12. 天气热死了。
13. 他写清楚了吗？

14. 这件事你写得很清楚吗?

15. 放心吧,他写得好。

16. 这么复杂,我可写不清楚。

17. 他从上面走下来。

18. 他来自青海。

19. 姐姐比我大三岁。

20. 把房间打扫得干干净净。

三、选择正确答案,并根据这些例句说明二者的不同。

1. 警察说,喝酒以后_____。
   （A．不能开车　　　　B．开不了车）

2. 这篇课文生词太多,我_____。
   （A．不能看懂　　　　B．看不懂）

3. 这是同屋的词典,我_____你。
   （A．不能借　　　　　B．借不了）

4. 教室里正在上课呢,你_____。
   （A．不能进去　　　　B．进不去）

5. 我没带门卡,现在宿舍_____。
   （A．不能进去　　　　B．进不去）

6. 东西太多了,我一个人_____。
   （A．不能拿　　　　　B．拿不了）

7. 这是同屋的钱,我_____。
   （A．不能拿　　　　　B．拿不了）

四、判断下列句子是否正确,如不正确请进行改正并说明理由。

1. 小静不做完作业就出去了。

2. 她洗衣服干净了。

3. 我走着忽然看一个小偷。

4. 妈妈把衣服干净了。

5. 请你们认真看见。

6. 他们不让我进去电影院。

7. 他刚一走上台,掌声就响下去。

8. 他一面走一面看见路边的花。

9. 手机一响她就跑出了。

10. 时间飞快地过,我很后悔我没好好学习。

11. 他一看见我,就把论文给我拿了过去。

12. 你怎么又和他聊天起来了。

13. 我见过他,但他的名字我想不出来。

14. 请不去的同学把手举上来。

15. 电影快开始了,你快进去电影院。

16. 虽然工作很难,但我要坚持下来。

17. 别打断他,让他说起来。

18. 他从沙发上站上来。

19. 她又生气起来了。

20. 他说的是上海话,我不能听懂。

21. 因为买不了飞机票,今天我回不去。

22. 这些菜你吃得完吃得不完?

23. LV的包太贵了,我买不到。

24. 那儿很危险,你们去不了。

25. 这块手表坏了,你能修得好吗?

26. 他病了,明天来不了上课了。

27. 我不喜欢这个菜,但是有点儿吃得了。

28. 这么多菜,我们吃得了不了?

29. 他害怕了连一句话也说不出来。

30. 他讲非常清楚,我懂了。

31. 他骑车得很快。

32. 妈妈说:"出国后,你要学习得很放心,别担心家里。"

33. 老师跟我握手了一下。

34. 我们聊天过两次。

35. 我找了好几次他。

36. 他比我三岁大。
37. 他站在讲台上就不说出来话。
38. 他非常认真地问答得很好。
39. 他很慢地骑摩托车，因为路上很滑。
40. 中国成立在1949年10月1日。
41. 他游泳了一个小时。
42. 我们来从上海。
43. 我跑来跑去了半天，还是找不到。
44. 她有点儿慢慢地说，所以我能听懂。
45. 请你把名字在书上写吧。

第四节 定 语

一、定语及其与中心语的关系
  1. 能否说"定语就是名词前的修饰成分"？
  2. 哪些词语可以充当定语？
  3. 定语和中心语的关系：定语可以表示哪些意义？
  4. 什么是限制性定语和描写性定语？

二、定语的位置

三、定语和"的"的使用

四、多项定语的顺序
  1. 什么是多项定语？多项定语有哪些类型？
  2. 多项定语的顺序："一件我的衣服"还是"我的一件衣服"？
  3. 为何不说"县、省、市的领导"？
  4. 为何不说"我参观了一个中国有历史意义的地方"？
  5. 为何不说"我的新的朋友的妈妈来了"？

五、定语的偏误分析

六、定语的教学

一、定语及其与中心语的关系

1. 能否说"定语就是名词前的修饰成分"？

汉语的主语和宾语通常不是由一个单词充当，而是由一个体词性词组充当，那么定语就是体词性词组中的修饰语，主要是由形容词、名词、代词及其词组充当，用在中心语前面对中心语进行限制说明的成分。

有时我们会听到"定语就是名词前的修饰成分"。这种说法到底正确吗？前面我们说过，汉语中名词经常受定语的修饰限制。例如：

我们学校的规定很严格。

但除了名词外，动词、形容词也能受定语的修饰限制。例如：

① 这是一段甜蜜的回忆。
② 她的到来让我们团里活力倍增。
③ 表面的冷漠掩盖不住内心的狂热。
④ 我的痛苦你无论如何是无法真正理解的。

"五四"以后，由于受西方语言的影响，人称代词也开始受定语的修饰，不过定语后需用"的"。例如：

① 火车最终还是走了，泪眼模糊中，我向站在月台上的她挥着手。
② 比他年轻了将近十岁的她，看起来却分明像他的姐姐。
③ 身为主办国的我们，应全力以赴，办好这次亚运会。
④ 童心未泯的我们也跟孩子们一起唱起儿歌，做起老鹰捉小鸡的游戏。
⑤ 他气冲冲地走了，留下气冲冲的我。

人称代词受定语的修饰限制，这是一种欧化的说法，只见于书面语，口语中使用频率很低。

综上所述，在教学中我们不能简单地说"定语就是名词前的修饰成分"。

2. 哪些词语可以充当定语？

现代汉语中，名词、形容词、状态词、区别词、代词常常充当定语。例如：

① 她只喜欢看爱情小说。（名词）
② 衣服的款式是最重要的。（名词）

③ 文章中提出了很多新颖的观点。（形容词）
④ 那边站着一位时髦的姑娘。（形容词）
⑤ 碧绿的树叶很是招人喜爱。（状态词）
⑥ 热乎乎的烤白薯很诱人。（状态词）
⑦ 她买了一条金项链。（区别词）
⑧ 中式服装现在很走俏。（区别词）
⑨ 我们的老师很热情。（代词）
⑩ 她是什么样的性格？（代词）

拟声词也可以作定语。如：

① 刚走进大厅我就听到她哈哈的笑声。
② 那边站着一个叽叽喳喳的姑娘。

动词也能作定语。例如：

① 刚购买的设备就坏了。
② 调查报告还没写好。

在汉语里，基本上各种词组都能作定语。例如：

① 她是一位聪明美丽的姑娘。（形容词联合词组）
② 学生宿舍的电灯坏了。（定中式偏正词组）
③ 研究语法的学者往往都很严谨。（述宾词组）
④ 她穿了一件洗得发白了的衬衫。（述补词组）
⑤ 生活水平高的国家也应该意识到自己的责任。（主谓词组）
⑥ 临出国前妈妈给她买了十双鞋，就担心她不会自己刷鞋。（数量词组）
⑦ 关于房改的问题我们会尽快解决的。（介宾词组）

3. 定语和中心语的关系：定语可以表示哪些意义？

概而言之，定语和中心语之间是限制与被限制、描写与被描写的关系。但定语表示的语法意义其实是很复杂的。主要有以下几种：

（1）表示数量：① 我们订了两份外卖。
② 很多学生都不愿意。

(2) 表示质料：① 在马来西亚有不少木头房子,很漂亮。
② 她穿了一件皮大衣,手里拎着一个塑料袋。

(3) 表示范围：① 全国人民永远怀念您。
② 一切事情都是他决定。

(4) 表示时间：① 以前的上海可不是这个样子。
② 今年的计划还没出来。

(5) 表示处所：① 教室里的学生全都坐不住了。
② 外边的空气比较新鲜,我们去外边谈吧。

(6) 表示领属：① 孩子的书包越来越重了。
② 客人的要求一点也不过分啊！

(7) 表示性质：① 正确的意见你还是要听的吧？
② 幸福的生活才刚刚开始。

(8) 表示用途：① 洗衣服的水还可以拖地啊！
② 美容产品越来越多,女人越来越累。

(9) 表示事物的状态：① 她长着一张圆圆的脸,给人一种长不大的感觉。
② 乱哄哄的楼道里站满了看热闹的人。

4. 什么是限制性定语和描写性定语？

定语和中心语之间的语义关系是多种多样的,但总的来说,可以分为限制性定语和描写性定语。所谓"限制性定语",主要是指以上 1—8 类,其作用是区别,重在说明后面的中心语所表示事物的外部联系,给事物分类或划定范围,它指明在一些事物中是"这个"而不是"那个",一般回答"哪一种或哪一类"的问题。多由名词性词语、动词性词语和区别词来充当,说明事物的领有者、时间、处所、环境、范围、数量等。例如：

① 他的儿子非常出色。（表领属）
② 桌子上的地图是我刚买的。（表处所）
③ 你昨天说的那件事,老师知道了。（限定范围）
④ 那几本词典都是老师推荐的。（表数量）

所谓"描写性定语",主要是指以上第 9 类,其作用是描写,重在说明所描写的事物本身,突出人或事物的本体特征,回答"什么样"的问题,使语言表达更加准确、形象、生动。多由形容词性词语等来充当,说明人或事物的性质、状态或特点等。例如:

① <u>金黄色</u>的麦浪在我们眼前翻滚。(表示事物的状态)

② 我们的老师在学术上是个<u>一丝不苟</u>的人,而在生活上则是个<u>丢三落四</u>的人。(表人的特点)

③ 那个<u>高高大大</u>的小伙子是谁呀?(表示事物的状态)

二、定语的位置

汉语中无论是什么类型的定语都应该位于中心语之前。如:

① 她是<u>一个非常漂亮的</u>女孩子。

② 这是<u>一本毛泽东写的</u>书。

③ 这是<u>一本关于世界历史的</u>杂志。

④ <u>学校周围</u>有很多饭店。

而这一点和英语等其他语言是不同的。对比如下:

the books on the shelf　　　　　　书架上的书
a man who came from France　　　一个来自法国的男人
a student of Peking University　　　北京大学的一个学生
the restaurant in front of our school　我们学校前边的餐厅

在遇到这样的定语时,留学生很容易受母语的影响(如英语),把这种定语置于被修饰的名词之后。特别是比较复杂的定语,如由主谓词组充当的定语、介宾词组充当的定语、修饰方位词的定语、动宾词组充当的定语。例如:

① *那件衣服姐姐昨天买的很漂亮。(姐姐昨天买的那件衣服很漂亮。)

② *那本书毛泽东写的很有意思。(毛泽东写的那本书很有意思。)

③ *她想穿那双鞋子姐姐送的。(她想穿姐姐送的那双鞋子。)

④*我们讨论了很多问题关于中国计划生育。(我们讨论了很多关于中国计划生育的问题。)

⑤*我翻译了一本书关于中国和俄罗斯的关系。(我翻译了一本关于中国和俄罗斯关系的书。)

⑥*我姐姐写了一篇文章关于中国陶瓷。(我姐姐写了一篇关于中国陶瓷的文章。)

⑦*奶奶是妈妈的爸爸。(奶奶是爸爸的妈妈。)

⑧*我是学生的北京大学。(我是北京大学的学生。)

⑨*外边的窗户有很多树。(窗户的外边有很多树。)

⑩*在伊万诺沃没有大学可以学中文。(在伊万诺沃没有可以学中文的大学。)

在汉语教学中,我们应该用格式化的办法让学生明白,在汉语中无论定语是什么类型,都要放到中心词之前,即"定语+中心语",而在英语中并不是这样,所以母语为英语的留学生更应该注意。否则就会出现下面的错误:

①*这是裙子我昨天买的。(这是我昨天买的裙子。)

②*我买了一本书介绍中国文化。(我买了一本介绍中国文化的书。)

三、定语和"的"的使用

这个问题主要涉及定语后要不要用结构助词"的"的问题。我们知道,"的"是定语的标志。但是定语和中心语之间加不加"的",似乎是很灵活的,有的一定要用"的",有的不能用"的",而有的可用可不用"的"。这些都让留学生很伤脑筋。他们经常说出下面的句子:

①*这是我新买书,你看吗?

②*我们是好的朋友。

③*他是我最好朋友。

④*这三本的书我全看了。

⑤*一眼望去是一片绿油油麦田。

汉语中定语后"的"的使用到底有没有规律呢?下面分不同的情况来介绍。

(1) 必须用"的"的情况

有些定语和中心语之间必须用"的",如果不用,那么这个语言片段就不通。必须用"的"的主要有以下几种情况:

主谓词组作名词的定语,如:

① 这是一个瓜果飘香的季节。　　＊这是一个瓜果飘香季节。
② 那个老师问的问题都不难。　　＊那个老师问问题都不难。

连动词组、兼语词组作名词的定语,如:

① 进来参观的客人都很吃惊。　　＊进来参观客人都很吃惊。
② 让他发言的时刻到了。　　　　＊让他发言时刻到了。

介词词组作名词的定语,如:

① 关于中国历史的文章很多。　　＊关于中国历史文章很多。
② 关于房改的提案非常多。　　　＊关于房改提案非常多。

形容词词组或形容词重叠形式作定语,如:

① 他是个非常认真的学生。　　　＊他是个非常认真学生。
② 她留着一条长长的辫子。　　　＊她留着一条长长辫子。

状态词作定语,如:

① 那是一双冰凉的双手。　　　　＊那是一双冰凉双手。
② 那是一个漆黑的夜晚。　　　　＊那是一个漆黑夜晚。

指示代词"这样""那样"作定语,如:

① 这样的学生无论如何都不能再留了。
② 那样的减压公司在美国很走俏。

(2) 一定不能用"的"的情况

有些定语和中心语之间一定不能用"的",常见的如数量词、指量词作名词的定语。如:

① 来了三个人。　　　　　　　　＊来了三个的人。
② 这本书不错。　　　　　　　　＊这本的书不错。
③ 这种减肥方法在西方很流行。　＊这种的减肥方法在西方很流行。

（3）可用可不用"的"的情况

除了上面一定用"的"和一定不用"的"的两种情况外，还有大量可用可不用"的"的情况。从语法上说，用与不用并不影响句子的成立，只是强调的重点不同，用"的"后往往会增加前面词语的修饰性、领属性或描写性。主要有以下几种情况：

单音节形容词作定语，一般不用"的"，但表示强调时可用"的"。如：

① 这是一本<u>新</u>书。　　　<u>新</u>的书送人，旧的书留下。
② <u>红</u>花配绿叶。　　　　<u>红</u>的花好看。
③ <u>大</u>苹果好吃。　　　　<u>大</u>的苹果好吃，别买小的。

双音节形容词作定语一般要加"的"，但有些常用的形容词作定语，"的"可加可不加。如：

① 那是一座<u>雄伟</u>的建筑。
② 她终于穿上了<u>漂亮</u>的婚纱。
③ <u>幸福（的）</u>生活才刚刚开始。
④ <u>聪明（的）</u>孩子都知道该学的时候学该玩的时候玩。

有时候，名词作定语加不加"的"意思不同，试比较：

中国历史　　　中国的历史
牛脾气　　　　牛的脾气
日本朋友　　　日本的朋友
十斤西瓜　　　十斤的西瓜

定语是人称代词，而中心语又是表示亲属称谓或者表示单位机构的一些词语，如"爸爸、妈妈、姐姐、哥哥、同学、朋友"/"学校、工厂、单位、国家"等，中间可以用"的"，但这个"的"常常不说；如果中心语不是表示亲属称谓而是表示事物的词语，这个"的"则一般不能省略。如：

① 这是我的朋友。　　　　　　　这是我朋友。
② 我们的学校规定可多了。　　　我们学校规定可多了。
③ 这是我的书。　　　　　　　　＊这是我书。
④ 他的爸爸已经退休了。　　　　他爸爸已经退休了。

⑤ 他们的单位已经放假了。　　　他们单位已经放假了。
⑥ 他的行李比我的重。　　　　＊他行李比我重。
⑦ 你的哥哥研究生毕业了吗？　你哥哥研究生毕业了吗？
⑧ 你们的工厂效益怎么样？　　你们工厂效益怎么样？
⑨ 他的故事让我们都非常感动。＊他故事让我们都非常感动。

从上面的分析可以看出，定语和中心语之间用不用"的"的情况比较复杂，上述介绍也只是一个大概的情况。

四、多项定语的顺序

1. 什么是多项定语？多项定语有哪些类型？

在一个偏正词组中，有时会包含两个或两个以上的定语。如：

① 一双 崭新的 耐克牌 运动鞋摆在他的桌子上。
② 老师、家长和朋友的关心让她重新找回了自己。

这几个定语都分别跟中心语有修饰和被修饰的关系，而各定语之间不存在修饰与被修饰的关系，这样的定语就叫做多项定语。例如：

```
干净  明亮的  房间            运动员的  健康  状况
       1  （ ）  2                 1      2
   3      4                            3    4
```

1—2　"定—中"偏正关系　　　1—2　"定—中"偏正关系
3—4　并列关系　　　　　　　3—4　"定—中"偏正关系

"中国运动员的水平"虽然比较复杂，但只有一个定语，不包含多项定语；只是定语"中国运动员"又是个定中偏正词组。

```
中国  运动员的  水平
        1  （ ）  2
   3       4
```

1—2　"定—中"偏正关系
3—4　"定—中"偏正关系

多项定语一般有三种类型：

（1）并列关系的多项定语，这几个定语之间没有主次之分，并列地修饰一个中心语。如：

① <u>老师和学生</u>的健康都很重要。
② 这本书大概介绍了<u>工业、农业和服务业</u>的情况。
③ 他们进行了<u>紧张而激烈</u>的比赛。

（2）递加关系的多项定语，指几个定语彼此不互相修饰，依次修饰后边的中心语。如：

① <u>我需要</u><u>新的</u>汉语课本
② <u>我想找的</u><u>那个</u>年轻人

（3）交错关系的多项定语，指既包含并列关系又包含递加关系的多项定语。例如：

① 我想念<u>办公室</u><u>那张</u><u>既淡雅又舒适的</u>沙发

2. 多项定语的顺序："一件我的衣服"还是"我的一件衣服"？

如果中心语前面的定语不止一项，也就是说一个中心语前面有多个定语，这些定语并不是随便叠加在一起的，那么这层层叠加的定语就存在一个排列顺序的问题。多项定语的顺序是一个比较复杂的问题。一般来说，最基本的规则是限制性定语在描写性定语的前面。例如：

① <u>姐姐的</u><u>那条</u><u>漂亮</u>长裙非常贵。（领属＋指量＋性状）
　＊漂亮的姐姐的那条长裙非常贵。（性状＋领属）
② <u>那所校园里的</u><u>高大的</u>树木都是他亲手培育的。（处所＋性状）
　＊高大的那所校园里的树木都是他亲手培育的。（性状＋处所）

关于多项定语的顺序，除了上述基本规则外，还有以下几条细则：

（1）如果多个定语都是限制性定语，按照距中心语由远到近的顺序依次是：

领属性定语＋表处所或时间的定语＋指示代词或数量短语。如：

① <u>我</u><u>在南京的</u><u>那位</u>同学明天要来北京。（领属＋处所＋指量）

(2) 如果多个定语都是限制性定语，一般来说，它们的顺序是：

指量＋主谓短语＋形容词或形容词性短语＋不带"的"的表属性、质料等的形容词、名词。如：

① 那个个子高高的漂亮的藏族姑娘。
② 那些经济发达的沿海地区早就实行了这种制度。

(3) 作定语时，表示领属的词语总是放在最前面。如：

① 她的那条红裙子。
② 爸爸的那个远房亲戚又来了。

(4) 带"的"的定语放在不带"的"的定语前面。如：

① 漂亮的丝绸衬衫。
② 金黄的银杏树叶在秋风中飞舞。
③ 又香又甜的大锅贴。

综合起来，多项定语的顺序是：

领属定语＋时间处所词语＋指量短语＋动词性短语＋形容词性短语＋不带"的"的表质料、属性的形容词、名词。例如：

① 哥哥的那件新买的羊皮大衣丢了。（领属＋指量＋动词＋质料）
② 山脚下那条碧玉般清澈的小河是我儿时的天堂。（处所＋指量＋形容词＋不带"的"的形容词）

从逻辑上讲，跟中心语关系越密切的定语就越靠近中心语。但是，有些词语比如指量词短语就比较灵活，位置可前可后。例如：

① 哥哥新买的那件羊皮大衣丢了。（领属＋动词＋指量＋质料）

以上只是对多项定语的顺序作了一个大概的说明。应该说，在具体的语言运用中，由于说话者语言表达的各种需求，情况要远比这复杂得多，需要我们细心地去体会、把握。

3. 为何不说"县、省、市的领导"？

从理论上说，并列关系的多项定语之间没有主次之分，其顺序应该是自由的，例如：

① 美国和英国的先进技术　　英国和美国的先进技术
② 又大又圆的苹果　　又圆又大的苹果

但实际上,并列关系的多项定语常常要受到习惯、认识规律、语用等因素的影响,不能自由地排列顺序。例如:

③ 我们一定要处理好国家、集体与个人的关系(从大到小)
④ 省、市、县的领导都到了。(从高到低)
⑤ 男女青年谈恋爱是天经地义的事情。(从男到女)
⑥ 亲人、朋友和邻居的意见她都听不进去。(从亲到疏)
⑦ 教学科研工作都不能放松。(从主到次)
⑧ 你要做出一份调查研究计划。(时间先后)
⑨ 她向我们介绍了发展壮大的历史。(按事物的发展规律)

4. 为何不说"我参观了一个中国有历史意义的地方"?

递加关系的多项定语,其顺序必须遵循一定的排序规则,大体如下:
(1) 带"的"的定语一般放在不带"的"的定语前边。例如:

① 红色的旧毛衣　　＊旧红色的毛衣
② 有经验的汉语教师　　＊汉语有经验的教师
③ 站在门口的小姑娘　　＊小站在门口的姑娘

不过有两点例外:

第一,数量词组和指示代词加量词构成的词组,作定语时虽然不带"的",但既可以放在带"的"的定语之后,也可以放在带"的"的定语之前。下面两种说法都是可以的。

① 刚买的一件衣服　　一件刚买的衣服
② 站在门口的那位姑娘　　那位站在门口的姑娘

第二,领属性定语不带"的"时要前置。例如:

① 她最大的女儿　　＊最大的她女儿

"我参观了一个中国有历史意义的地方"这个错句就是违反了第二个规则,宜改成:

我参观了中国一个有历史意义的地方。

5. 为何不说"我的新的朋友的妈妈来了"?

汉语中如果多项定语后面都用"的",句子就会显得臃肿不堪,听起来就觉得别扭。如:

① *我的姐姐的新的包丢了。(我姐姐的新包丢了。)

② *我的朋友的最小的儿子参军了。(我朋友最小的儿子参军了。)

③ *我在远处就听到了他们的愉快的笑声。(我在远处就听到了他们愉快的笑声。)

为了表达的简洁,在不影响正确理解的情况下,如果其中有些定语带不带"的"都可以,那就应该用不带"的"的格式。再如:

① *我的新的同屋叫张明。(我的新同屋叫张明。)

② *这个乡的每年的平均亩产是多少?(这个乡每年的平均亩产是多少?)

五、定语的偏误分析

留学生在学习定语的过程中所出现的偏误比起状语和补语来,要少一些。主要有以下三种:

1. 错序

① *我买了一本书毛泽东写的。(我买了一本毛泽东写的书。)

② *明天这儿要举行一个会议关于环境保护的。(举行一个关于环境保护的会议。)

③ *歌迷的周杰伦都来了。(周杰伦的歌迷都来了。)

④ *她是一个女孩很聪明很善良。(她是一个很聪明很善良的女孩。)

⑤ *这是火车去广州。(这是去广州的火车。)

⑥ *画在墙上是一张风景画。(墙上的画是一张风景画。)

⑦ *南边的教学楼是车库。(教学楼的南边是车库。)

以上都是留学生由于受母语的影响而出现的把定语置于中心语之后的偏误。关于多项定语顺序的偏误也不少。如:

①＊那家工厂生产了塑料的优质的很多产品。(那家工厂生产了很多优质的塑料产品。)

②＊我很喜欢精美的那本我的汉语词典。(我很喜欢我那本精美的汉语词典。)

③＊一辆刚买来的我的自行车被偷走了。(我刚买来的一辆自行车被偷走了。)

④＊她一连跑了几天，无非是想找到新款那台笔记本电脑。(……无非是想找到那台新款笔记本电脑。)

2."的"的遗漏

汉语中有些词语作定语时后面一定要加"的"。如：

①＊这样学生能学好。(这样的学生能学好。)

②＊她是我们班最好学生。(她是我们班最好的学生。)

③＊高中时候她很漂亮。(高中时候的她很漂亮。)

3."的"的误加

汉语中有些词语作定语时一定不加"的"，如"这种、那种"、"很多"等。但留学生经常在这些词语之后也加"的"。如：

①＊这种的运动项目太激烈了。(这种运动项目太激烈了。)

②＊我有很多的朋友。(我有很多朋友。)

③＊上课的时她总是说话。(上课时她总是说话。)

④＊吃饭的时她哭了。(吃饭时她哭了。)

⑤＊这种的视觉污染物在泰山随处可见。(这种视觉污染物在泰山随处可见。)

前面我们说过，汉语的定语一般不能太长，除了书面语追求严密，可在中心语之前用几个"的"之外，在口语表达中很少有定语中包含多个"的"的情况。但留学生经常在每个定语后都用"的"。如：

①＊我的姐姐的朋友是一个医生。(我姐姐的朋友是一个医生。)

②＊她的朋友的丈夫的车子坏了。(她朋友的丈夫的车子坏了。)

六、定语的教学

留学生在定语方面的偏误主要表现为以上三种,其中"的"的遗漏、误加都可以通过格式化的办法来逐步强化。如:"这种、那种+名词、很多+名词、动词+时""这样、那样+的+名词、动词词组、名词词组+的+名词、动词+的+时候"。

但最难的还是多项定语的顺序。目前有些教材把这一教学内容放在初级阶段学习,我们认为,由于受词汇量的限制,学生在初级阶段接触到多项定语句的可能性还比较小,结合较多含有多项定语的实例进行教学的可能性也比较小,所以我们认为这一语法现象应该放在中级阶段。到了中级阶段,可以设计一些改写句子的练习。如:

这是一张照片。
这是黑白照片。
这是姐姐拍的照片。
——> 这是我姐姐拍的一张黑白照片。

画线句子是要求学生改写的句子。

思考与练习二十四

一、简答题:

1. "芒果的味儿"和"芒果味儿"有何区别?请再举出一些类似的例子。
2. 请举例说明什么是多项定语以及多项定语排序的大致规律。
3. 请举例说明定语后"的"的大致使用情况。

二、判断下列句子是否正确,如果不正确请进行改正并说明理由。

1. 在威尼斯的几年,我认识了很多的意大利的朋友。
2. 我吃过两次的烤鸭。
3. 我们吃饭地方在哪儿?
4. 当医生的她的哥哥突然去世了。
5. 她在我心目中是最漂亮女孩。

6. 那条蛇她画的飞了。

7. 那个城市有意思，上面房子有很多树和花。

8. 中国的人民的生活的水平越来越高。

9. 飞机去美国的已经起飞了。

10. 她是妻子的我的哥哥。

11. 我认识了很多朋友在西方国家留学过。

12. 她是第一个人看完这本书。

13. 那双我的运动鞋很贵。

14. 那杯水在桌子上的不能喝了。

15. 那个外表英俊小伙子是她哥哥。

16. 这种的情况在韩国没有。

17. 上高中学时候我们就认识了。

18. 这样人不是朋友。

19. 我买了很多的水果。

20. 我的那个的朋友的喜欢生气。

第五节 状 语

一、状语及其类型

1. 什么是状语？哪些词语可以充当状语？
2. 状语可以修饰哪些词语？
3. 状语和中心语之间有哪些语义关系？
4. 状语的分类：什么是"限制性状语"和"描写性状语"？
5. 状语和定语的区别："充分 de 准备"中"充分"是定语还是状语？

二、状语和"地"的使用

第四章 句子成分

> 三、状语的位置和多项状语的顺序
> 　　1. 状语的位置：为何不说"我到北京六点""我学习汉语在首师大"？
> 　　2. 状语跟主语在位置上有何关系？
> 　　3. 多项状语："已经昨天看过了"还是"昨天已经看过了"？
> 　　4. 多项状语的顺序：为何不说"对个人对国家有利""我们在咖啡馆明天见面"？
> 四、状语的偏误分析
> 五、状语和补语的区别
> 六、状语的教学

一、状语及其类型

1. 什么是状语？哪些词语可以充当状语？

状语是谓词性偏正词组中的修饰成分。例如：

① 听了经理的话，大家<u>都</u><u>特别</u>高兴。
② 我们<u>都</u><u>纷纷</u>举手发言。
③ 我今年<u>不</u>参加。
④ 她<u>才</u>六岁。

汉语中有很多成分可以充当状语，简单列举如下：
（1）副词都能作状语。例如：

① 我们<u>刚</u>来到上海。
② 你的作业<u>得</u><u>重新</u>做。
③ 他女朋友<u>很</u>漂亮。
④ 外边<u>格外</u>热闹。

不过，在汉语里，作状语的不限于副词。
（2）一部分形容词性词语也能作状语。例如：

① 请快离开。

② 您慢走。

③ 我们认真研究后告诉你吧。

④ 你到那儿要刻苦学习。

⑤ 老师很耐心地给我们讲了一遍。

⑥ 他非常生气地敲了下桌子。

(3) 有些状态词或形容词的重叠形式也能作状语。例如：

① 他傻乎乎地站在那儿一动不动。

② 他把手里的杯子轻轻地放下了。

③ 他舒舒服服地躺在沙滩上看书。

(4) 拟声词常常作状语。例如：

① 窗外的小鸟叽叽喳喳叫个不停。

② 她的眼泪吧嗒吧嗒地往下掉。

(5) 某些表示时间、处所的名词也能作状语。例如：

① 明天见！

② 屋里坐！

(6) 介词结构都能作状语。例如：

① 他对客人很热情。

② 那儿比北京冷。

③ 弟弟被她打了。

④ 我们按小时付费。

(7) 汉语里表示动量和时量的数量词组也能作状语，不过其中数词大多为"一"。例如：

① 他一口吞下一个包子。

② 病中的奶奶一把拉住我的手。

③ 他们两年盖好了一座大楼。

(8) 少数由动词"有"组成的述宾词组也能作状语，不过一定得带"地"。

例如:

① 彩灯有规律地变化着。
② 我们要有步骤地实现四个现代化。
③ 本学期我们有计划地开展了如下几项活动。

(9) 口语中也存在某些普通名词作状语的现象,例如:

① 我们手机联系吧。
② 他们正在网络聊天。

这些名词充任的状语都表示行为动作凭借的工具,我们都可以在那些名词前面加上"用"或"通过"等介词。如"手机联系"也可以说成"用手机联系","网络聊天"也可以说成"通过网络聊天"。(参见第二章第二节"名词")

2. 状语可以修饰哪些词语?

在汉语里,能受状语修饰的词语很多。大体情况如下:

(1) 状语主要用来修饰动词性词语。例如:

① 他刚毕业就结婚了。(修饰单个动词)
② 你最好冷静思考以后再决定。(修饰单个动词)
③ 她高兴地对我说。(修饰状中词组)
④ 我的确不喜欢。(修饰状中词组)
⑤ 他很有意见。(修饰述宾词组)
⑥ 张爷爷常常帮助他们。(修饰述宾词组)
⑦ 孩子开心地跳了起来。(修饰述补词组)
⑧ 我们一直住在北京。(修饰述补词组)

(2) 状语修饰形容词性词语。例如:

① 哈尔滨很冷。(修饰单个形容词)
② 班长最漂亮。(修饰单个形容词)
③ 那儿确实非常热闹。(修饰单个形容词)
④ 老人对她不热情。(修饰单个形容词)
⑤ 爸爸已经气得直跺脚了。(修饰述补词组)
⑥ 我们在姥姥家舒服极了。(修饰述补词组)

(3) 状语很少修饰状态词。但文艺作品中偶尔会出现状语修饰状态词的例子。例如：

① 她的脸也红红的。
② 四周都静悄悄的。

(4) 汉语里状语也可以修饰名词，这也可以说是汉语语法的一个特点，但多见于口语。例如：

① 我上海人，我太太也上海人。
② 几年不见，都大姑娘了！
③ 他已经大学生了。
④ 你才傻瓜！

修饰名词的状语都是由副词充任。

(5) 状语还可以修饰数量词。例如：

① 你那时才三岁。
② 她等了足足五个小时。
③ 我已经十七岁了。
④ 这些东西一共五十块。

修饰数量词的状语一般也由副词充任。

(6) 状语也可以修饰整个句子。例如：

① 刚好，我去的时候，他们都在邻居家聊天。
② 忽然他从口袋里掏出了一个小荷包。
③ 在操场上，很多孩子在做游戏。
④ 关于这个问题，大家可以畅所欲言。

3. 状语和中心语之间有哪些语义关系？

正如前面介绍的，能充任状语的词语是多种多样的，状语所表示的语法意义也是多种多样的。也就是说，状语可以从时间、范围、目的等很多方面对中心语进行限制、描写。状语的语法意义主要有以下类型：

(1) 表示时间、频度：上午开门　以前住北京　常常去
(2) 表示处所、方向：在教室上课　屋里坐　往左拐

(3) 表示对象：<u>为群众</u>着想　<u>替孩子</u>考虑　<u>对他</u>很热情
(4) 表示目的、依据：<u>为健康</u>干杯　<u>为了学费</u>打工　<u>按照法律</u>办事
(5) 表示数量：<u>一把</u>抓住她　<u>多次</u>自杀　<u>少</u>去酒吧
(6) 表示范围：<u>都</u>来　<u>一律</u>取消　<u>只</u>喝红酒
(7) 表示重复：<u>再</u>说一遍　<u>又</u>哭了　<u>重新</u>调查
(8) 表示程度：<u>非常</u>喜欢　<u>特别</u>高兴　<u>有点儿</u>难过　<u>更加</u>聪慧
(9) 表示肯定、否定：<u>一定</u>来　<u>当然</u>好玩儿　<u>必定</u>成功　<u>不</u>努力
　　　　　　　　　<u>没</u>吃午饭　<u>别</u>动
(10) 表示比较、比拟：<u>比她</u>高　<u>跟北京一样</u>冷　<u>像花儿一样</u>漂亮
(11) 表示语气：<u>竟然</u>答应了　<u>偏偏</u>遇上大雪　<u>居然</u>停电
(12) 表示估计：<u>大概</u>没来　<u>未必</u>如此　<u>可能</u>不行
(13) 表示情态、方式：<u>慢慢</u>走　<u>彻底</u>消失　<u>笑嘻嘻地</u>说

4. 状语的分类：什么是"限制性状语"和"描写性状语"？

留学生在学习汉语的状语时最容易犯的错误就是状语的位置、"地"的使用和多项状语的顺序等。而这些问题要在明确了状语的分类的基础上才容易说明，所以我们先来看看状语的分类。

汉语中能充当状语的词语是多种多样的，状语所表示的意义也是多种多样的。根据状语的功能，我们可以把状语分成两大类：

(1) 描写性状语

描写性状语又分为两小类：在语义上对动作者进行描写和对动作进行描写。

描写动作者的状语主要作用在于描写动作者在做出动作时的表情、姿态以及心理活动。主要由以下几类词语充当：

形容词，如：

① 他<u>兴奋地</u>跑出去了。
② 她<u>激动地</u>跑过来。
③ 她<u>非常幸福地</u>笑了笑。

状态词，如：

① 班长<u>美滋滋地</u>拿出了成绩单。
② 他<u>懒洋洋地</u>躺在沙发上。

③ 他<u>大大方方</u>地站到了台上。

动词性成分,如:

① 他<u>怀疑</u>地看着自己的老婆。
② 他<u>踉踉跄跄</u>地进来了。
③ 他<u>很有把握</u>地说包在他身上了。
④ 他<u>又蹦又跳</u>地出去了。

固定短语,如:

① 他<u>热情洋溢</u>地讲了两个小时。
② 我们<u>兴高采烈</u>地玩了一天。
③ 孩子<u>目不转睛</u>地盯着电视。
④ 哥哥<u>大摇大摆</u>地走了进来。

副词,如:

他<u>私自</u>决定把这批货降价处理。

主谓短语,如:

① 他<u>脸色阴沉</u>地批评了我们一顿。
② 他<u>声音很小</u>地问:可以吗?

描写动作的状语主要作用是对动作的方式等进行修饰描写。主要由以下几类词语充当:

形容词性成分,如:

① 你<u>快</u>走,要不就来不及了。
② 我想<u>彻底</u>了结。
③ 他<u>仔细</u>地检查了一遍。
④ 他们就这样<u>草草</u>地办完了婚事。

拟声词,如:

① 雨<u>哗哗</u>地下了一整天。
② 她<u>呜呜</u>地哭了很长时间。
③ 她的心<u>怦怦</u>跳个不停。

动词性成分,如:

① 她来回逛了几遍,也没看见那种款式。
② 雨滴不停地敲打着那扇她不敢看的窗户。

数量词组,如:

① 她一把抓住了那个让她吃不下饭睡不着觉的孩子。
② 她一趟一趟地往这儿跑。

名词性成分,如:

① 她大声地喊:"快走!"
② 我们要历史地看待这个问题。

固定短语,如:

① 爸爸斩钉截铁地说:"不行!"
② 他滔滔不绝地讲了一个上午。

情态副词,如:

① 她断然回绝了他的要求。
② 现在仍有不少地区在大肆捕杀野生动物。

把描写动作者和描写动作的状语区分开来是很重要的,这不仅对用不用"地"有影响,而且对多项状语的顺序也有很大的影响。

(2)限制性状语

限制性状语主要是从时间、处所、范围、对象、目的等方面对句子、谓语成分加以限制,它没有描写作用。限制性状语主要分为以下几个小类:

表示时间的:主要由时间词、副词和介词短语充当。如:今天、已经、终于、在……、自……起。

表示语气的:主要由副词充当。如:明明、果然、根本、干脆、显然、毕竟、居然。

表示目的、依据、关涉、协同的:主要由介词短语充当。如:为……、按……、据……、关于……、和……。

表示处所、方向的:主要由处所词语和介词短语充当。如:……上、在……、朝、向、往。

表示对象的：主要由介词短语充当。如：对……、给……、跟……、为……、替……、同……。

表示否定、程度、重复、范围的：主要由副词充当。如：不、没、很、非常、又、再、都。

5. 状语和定语的区别："充分 de 准备"中"充分"是定语还是状语？

定语和状语都是用在中心语前面对中心语进行修饰限制或描写的成分。那么它们的区别表现在哪些方面呢？

定语和状语的区分应该综合考虑中心语、修饰语和整个偏正词组的性质。

（1）从中心语来看，体词性中心语前面的修饰语一般是定语；谓词性中心语（动词或形容词）前面的修饰语一般是状语。对比如下：

A组	B组
他穿了一件<u>黑</u>大衣。	我们应该<u>认真</u>学习。
这是一张<u>木头</u>桌子。	我<u>马上</u>出发。
他儿子是<u>大</u>夫。	孩子<u>高高兴兴</u>地出去了。
<u>东边</u>的建筑是银行。	他女朋友<u>很</u>漂亮。
<u>他买</u>的菜都坏了。	我<u>非常</u>喜欢我们的汉语老师。
她是一个<u>大大方方</u>的女孩。	那儿<u>简直</u>漂亮极了。

上面A组的中心语都是名词，那么它们前面的修饰语都是定语；而上面B组的中心语都是动词或形容词，那么它们前面的修饰语都是状语。

（2）就修饰语来说，人称代词、名词充任表示领属的修饰语无论其中心语是体词还是谓词，一般都是定语，如下面A组；而副词充任的修饰语无论其修饰语是体词还是谓词，一般都是状语，如下面B组。对比如下：

A组	B组
<u>我</u>的词典借给小王了。	他<u>忽然</u>明白了。
<u>张舒雅</u>的帮助使他度过了难关。	八点了，<u>才</u>三个学生。
<u>他们</u>的研究取得了很大的进展。	这支笔<u>就</u>一块钱。
我要感谢<u>父母</u>的支持。	现在<u>已经</u>四月了。
<u>科技</u>的创新与突破对经济的发展影响深远。	

（3）有时候单独看前面的修饰语或后面的中心语仍然无法分出定语和状语，如"善意 de 批评、周密 de 计划"等中的"善意"和"周密"到底是定语还是状语？这时必须考察整个偏正词组的性质和语法功能。也就是说，如果整个偏正词组在句中作主语或宾语，体现为体词性，那么其中的修饰语是定语；如果整个偏正词组在句中作谓语或补语，体现为动词或形容词性，那么其中的修饰语是状语。例如：

① <u>周密的</u>计划和<u>有效的</u>执行是迈向成功的阶梯。
② 身在海外的我向你们致以<u>真诚的</u>问候和<u>衷心的</u>祝福。
③ 你应该虚心接受<u>善意的</u>批评。
④ 大家都要做好<u>充分的</u>心理准备。
⑤ 开放两岸股市是对现有法律<u>极大的</u>突破。

上面画线的偏正词组，中心语"计划、执行、问候、祝福、批评、准备、突破"都是动词或形容词，但整个偏正词组，在句子中充当主语或宾语，因而是体词性词组。上面例①—⑤的修饰语都是定语，不是状语。

① 我们应该<u>周密地</u>计划一下这次的行程。
② 我<u>衷心地</u>祝福你们！
③ 老人<u>善意地</u>批评了她几句。
④ 你们要<u>充分地</u>准备好应聘材料。
⑤ 这<u>极大地</u>突破了传统家电卖场的格局。

以上几例的中心语"计划、祝福、批评、准备、突破"同样都是动词或形容词，整个偏正结构在句中充当谓语，是谓词性结构，前面的修饰语都是状语。

对于汉语里的定语和状语，大致可以这样定义：
体词性偏正词组里的修饰语是定语。
谓词性偏正词组里的修饰语是状语。

二、状语和"地"的使用

这一问题涉及"地"的使用问题。结构助词"地"是状语的标志，但是有的状语后一定要用"地"，有的不能用"地"，而有的可用可不用。状语和中

心语之间加不加"地",似乎是很灵活的。这些都让留学生很伤脑筋,出现的偏误如:

　　＊她病了,老师亲自地给她做饭。

下面我们分不同的情况来介绍。

从状语的性质来看:

(1) 限制性状语后一般不用"地"。如:

　　① 我已经习惯了这儿的生活。(时间)
　　② 我们对这本书都很感兴趣。(对象、范围、程度)
　　③ ＊周末我常常地去爷爷家。
　　④ ＊她的确地学过法语。

双音节程度副词后一般不用"地",但强调修饰作用时可用。如:

　　今天爸爸格外地高兴。

(2) 描写动作者的状语后面一般要用"地"。如:

　　① 她激动地抓住我的手说:"太感谢你了!"
　　② 她吃惊地问:"真的是你吗?"
　　③ 他骄傲地看着自己的孩子。

但单音节形容词作状语时一般不用"地"。如:

　　你别傻站着。

(3) 描写动作、变化的状语,用不用"地"情况比较复杂,一般来说不用"地",强调描写作用时才用"地"。如:

　　妈妈把信仔细(地)看了一遍。

从充当状语的词语来看:

(1) 单音节形容词后一般不用"地"。如:

　　① 快走几步,行吗?
　　② 大家慢吃,恕不奉陪。

双音节形容词作状语用不用"地"比较自由,一般不用,但表示强调时可用。如果是表示已经发生的动作常常要用"地"。如：

① 你再仔细看一遍！
② 你再认真地找一遍！
③ 他把文件仔细地看了一遍。
④ 他又认真地找了一遍。

多音节形容词、形容词重叠式、状态词作状语一般要用"地"。如：

① 她<u>手舞足蹈</u>地向我们讲述了自己的光辉历程。
② 孩子<u>孤零零</u>地待在家里，怪可怜的。

（2）副词作状语一般不加"地"，但双音节副词如果位于句首，则一般要加"地"。如：

① 他<u>才</u>来。
② 他们<u>忽然</u>冒了出来。
③ 她<u>渐渐</u>明白了父母的苦心。
④ <u>渐渐地</u>，她变了。

（3）数量短语作状语一般不用"地"，数量短语重叠作状语一般用"地"，但也可不用。如：

① <u>一下子</u>来了好几百人。
② 她<u>一把</u>抓住了他。
③ 人家<u>一趟一趟</u>（地）跑，能办就给办吧。
④ 书要<u>一本一本</u>地看，饭要<u>一口一口</u>地吃。

（4）单音节拟声词作状语时一般用"地"，多音节拟声词用不用"地"比较自由。如：

① 杯子<u>砰</u>地掉在地上。
② 脑子<u>轰</u>地乱了。
③ 有短信来了，手机<u>滴滴</u>（地）响。
④ 鞭炮<u>噼里啪啦</u>（地）放了起来。

(5) 词组作状语一般要用"地"。如：

① 政府打算有计划地发展西部经济。
② 我们非常激动地向冠军表示祝贺。
③ 他异常兴奋地说："……"

不过"很少、很难、不难、很容易、不容易"等后边不能用"地"。如：

① 我很少见到那种情况。
② 这个问题不难回答。
③ 春天人们很容易感冒。

三、状语的位置和多项状语的顺序

1. 状语的位置：为何不说"我到北京六点""我学习汉语在首师大"？

在现代汉语里，无论是什么状语，通常都要放在中心语的前边（包括主语前面）。如：

① 我六点起床。
② 我在首师大学习汉语。
③ 你别这么说。
④ 我想跟中国人说话。

这种语序跟有些语言（如英语）不同。由于受母语的影响，很多留学生常常把汉语的状语放在中心语的后边。如：

① ＊我起床六点。
② ＊我学习汉语在首师大。
③ ＊你别说这么。
④ ＊我想说话跟中国人。

在特殊的情况下，汉语的状语可以出现在中心语的后边。例如：

① 我不喜欢他们的为人，真的。
② 她来找过你，刚才。
③ 于是我们只好等待着黄昏的到来，抑郁地。

这种现象一般出现在口语中，不过很少见。

2. 状语跟主语在位置上有何关系?

在现代汉语中,状语一般出现在动词、形容词的前边。具体来说,在中心语前边的状语有两种位置:主语前和主语后。大部分状语只能出现在主语后边,少数状语只能出现在主语前边,其他状语既可以出现在主语的后边,也可以出现在主语的前边。决定状语位置的因素主要是充当状语的词语的功能和词性。下面分别说明:

(1) 只能出现在主语前的状语,主要是由"关于、至于"构成的介词结构。例如:

① 我只知道要出去,至于去哪儿,我可不知道。
② 关于考试,我们还没有作出安排。

(2) 只能出现在主语后的状语,主要有这么几类:

第一类:除语气副词和部分时间副词之外的副词。例如:

① 我们已经明白怎么回事了。
② 他们都明白了是怎么回事,但都不敢说出来。
③ 十年不见,我简直认不出你了。
④ 今天非常热。

第二类:由"把、被、叫、给、替、为、往、离"等介词构成的介词结构。例如:

① 你把词典借给我用用好吗?
② 那孩子被车撞倒了。
③ 我替你买了一份礼物。
④ 我们往左拐。
⑤ 这儿离天安门不远。

第三类:时间名词和处所名词。例如:

① 我们屋里谈。
② 大家春节见!

(3) 既可以出现在主语前边又可以出现在主语后边的状语,主要有这么几种情况:

第一类：表示时间和语气的副词，如"忽然、原先、起初、马上、一时；的确、确实、幸亏、难道"等。例如：

① 忽然她停住了脚步。　　　　她忽然停住了脚步。
② 原先我们打算去法国留学。　我们原先打算去法国留学。
③ 确实你为这个家付出了很多。你确实为这个家付出了很多。
④ 难道你们都没有意见吗？　　你们难道都没有意见吗？

第二类：大多数介词结构。例如：

① 不到六点，大家就到齐了。　大家不到六点就到齐了。
② 在树下，大家一边乘凉一边聊天。大家在树下一边乘凉一边聊天。

这些状语主要是限制性的，一般还是出现在主语后边。放在主语前边一般是因为：

A：强调状语。例如：

① 突然，房间里一片寂静。
② 在家里，我根本没有时间看书。

B：状语修饰不止一个分句。例如：

① 大学毕业后，她留在了北京，找到了一份好工作，结了婚，生了孩子。
② 进城后，他入了党，提了干，为革命做了很多工作。
③ 在乡下，孩子可以上山摘果子，可以下河捉鱼。

C：状语承接上文，起连接作用。例如：

① ……在这些事实面前，我不得不不承认自己又错了。
② 那天他很晚才睡。第二天他起晚了。
③ 学生每天上午上四节课。除了上课以外，他们有时也会参加社会实践活动。

D：状语结构比较复杂或音节很多，以位于主语前为主。例如：

① 对每一个来寻求帮助的人，我们都要热情接待。
② 当她跑过去开门时，邮递员已经离开了。
③ 听取每个教师和学生的意见之后，我们制定了今年的实习方案。

E：对比或列举不同时间或不同条件下发生的事情。例如：

① 在工作上，他是一丝不苟,可在生活上他真的是个马大哈。

3. 多项状语："已经昨天看过了"还是"昨天已经看过了"？

这一问题涉及多项状语先后顺序的问题。那么什么是多项状语？多项状语有哪些类型呢？

多项状语是指一个中心语前边同时包含两项或两项以上的状语。例如"正在努力学习"中就包含"正在"和"努力"两个状语，"勇敢机智地跟对方斡旋"包含"勇敢、机智、跟对方"三个状语。

```
正在    努力   工作         勇敢   机智地   跟对方   周旋
  1      2                  1     （ ）            2
         3     4             3     4        5       6
```

1—2 "状—中"偏正关系　　　　1—2 "状—中"偏正关系
3—4 "状—中"偏正关系　　　　3—4 并列关系
　　　　　　　　　　　　　　　5—6 "状—中"偏正关系

但是，比如"很努力地工作"，不属于含多项状语的词组,因为它只有一个状语"很努力"，尽管其状语"很努力"中也是状中偏正词组，包含状语"很"。

跟多项定语一样,多项状语也可以分为并列关系、递加关系和交错关系三种类型。

（1）并列关系的多项状语：指几个状语之间没有主次之分,平等地修饰中心语，前后顺序比较自由。如果需要用"地"，一般来说只在最后一个状语后用"地"，例如：

① 他们认真仔细地检查着自己的作业。
② 他坚定、沉着地回答了那个问题。
③ 这些项目我们要有计划、有步骤地来完成。
④ 这件事对国家对社会对个人都有利。

（2）递加关系的多项状语。指几个状语彼此不互相修饰，按一定的顺序依次修饰后边的中心语，每项状语在语义上都有修饰关系。例如：

① 我已经把书看完了。

② 这孩子从来不乱扔东西。

③ 我们以前曾经一起旅游过。

(3) 交错关系的多项状语。指既包含并列关系又包含递加关系的多项状语。例如：

① 这个制度对国家对个人都很有好处。

② 爷爷亲切温和地给我讲清了其中的道理。

4. 多项状语的顺序：为何不说"对个人对国家有利""我们在咖啡馆明天见面"？

从理论上说，并列关系的多项状语之间没有主次之分，其顺序应该是自由的。不过受习惯、逻辑关系等的影响，有些多项状语必须按照一定的顺序排列。例如：

① 对个人对学校对国家都有利（从小到大）

② 对国家对学校对个人都有好处（从大到小）

③ 认真负责地管理公司（从态度到工作）

留学生在习得多项状语的顺序时，最容易出现的偏误是递加关系的多项状语。在有些语言（如英语）中，处所状语和时间状语共现的顺序是"处所状语＋时间状语"，留学生在初学汉语时就很容易出现错序的偏误。例如：

① *我们在咖啡馆明天见面。（我们明天在咖啡馆见面。）

② *他们在北京饭店五月八号举行婚礼。（他们五月八号在北京饭店举行婚礼。）

当然，上述例子也可以把时间状语放在主语的前边。例如：

① 明天，我们在咖啡馆见面。

② 五月八号，他们在北京饭店举行婚礼。

递加关系的多项状语对外国学生来说是一大难点。他们使用多项状语时出现偏误的频率非常高，我们再举一些例子：

① *主席一进来,大家都就站起来了。(……大家就都站起来了。)
② *妈妈嘱咐我要一定注意身体。(妈妈嘱咐我一定要注意安全。)
③ *我们在公园常常看书。(我们常常在公园看书。)
④ *那个人朝我们马上走来。(那个人马上朝我们走来。)
⑤ *我对妈妈很高兴地说:"我们北京见。"(我很高兴地对妈妈说……)

根据卢福波(1996)、刘月华等(2001)、陆庆和(2006),我们把出现在主语后的递加关系多项状语的排序规律概括如下:
① 表示时间的状语
② 表示语气、关联的状语
③ 描写动作者的状语
④ 表示目的、依据、原因、协同、方式等的状语
⑤ 表示频率、范围等的状语
⑥ 表示处所、空间、方向、路线的状语(一般为介词结构)
⑦ 表示对象的状语(一般为介词结构)
⑧ 描写动作的状语

线性排列如下:
　　　①　　　　②　　　　③　　　　　　④
时间——语气/关联——描写动作者——目的/依据/关涉/协同
　　⑤　　　　⑥　　　　　　⑦　　　⑧
——频率、范围——处所/空间/方向/路线——对象——描写动作。如:

她 刚才 气呼呼地 把那个孩子 狠狠地 批评了一顿。
　　①　　　③　　　　⑦　　　　⑧

他们 刚才 都 在教室里 认真地 讨论着。
　　　①　　⑤　　⑥　　　　⑧

她 兴奋地 从信箱里 把信 拿出来。
　　③　　　⑥　　　⑦

你们 过去 究竟 在一起 秘密生活过了多长时间?
　　　①　　②　　④　　　⑧

他 立刻 激动地 走上前去握住了经理的手。
　　①　　③

111

当然,汉语中多项状语的顺序有时是很灵活的,比如表示处所的"在……"、"从……"和表示时间的副词有时可以互为先后。如:

① 他<u>在国内</u><u>已经</u>结婚了。
  她<u>已经</u><u>在国内</u>结婚。
② 听了这话,奶奶<u>从床上</u><u>忽然</u>坐了起来。
  听了这话,奶奶<u>忽然</u><u>从床上</u>坐了起来。

另外,还有几点需要注意:

(1) 一个句子里如果同时出现了几个表示时间的状语,顺序应该是:时间名词——介词短语——副词。如:

① 她<u>昨天</u><u>从下午四点</u><u>一直</u>睡到天亮。
② 我<u>昨天</u><u>已经</u>说过了。

(2) 一个句子里如果同时出现两个描写动作的状语,音节多的在前,音节少的在后。如:

① 他<u>慢慢地</u><u>紧</u>逼过来。
② 他<u>一件一件地</u><u>重新</u>检查了一遍。

(3) 表示否定、重复、程度的副词,其顺序和句子的结构有关。这一类状语在语义上不一定和中心语直接发生关系。如果是修饰中心语的,就紧靠中心语。如:

① 演播室里一直<u>十分</u>热闹。

如果是修饰一个短语,就位于短语之前。如:

② 他<u>又</u>一夜没睡。
③ 别<u>再</u>给他添麻烦了。

(4) 表示范围的副词"都"、"全"等要位于所总括的成分之后。如:

① 我们<u>都</u>非常喜欢他。
② 他们<u>全</u>举手投降了。

(5) 汉语中时间、地点状语的顺序都是从大到小、整体先于部分。如:

① 我星期六下午四点在公园门口等你。

② 我哥哥在北京市海淀区西三环北路67号买了一套房子。

这一点留学生也应该特别注意,因为在有的语言如英语中刚好相反。如果不注意,就会出现这样的偏误:

③ *我们26日2月2008年从意大利来到北京。

(6) 语气副词一般应放在比较靠前的位置。如:

① 他竟然半夜从窗户上爬出来了。

② 你到底已经买了没有?

③ 他当然也不想就此罢休,可有什么办法呢?

(7) 副词"也"一般应放在"都、不、没"之前。如:

① 我走了,他们也都跟着走了。

② 你不去,我们也不去了。

③ 他们没有上当受骗,我们也没相信那个人。

四、状语的偏误分析

留学生在使用状语的时候最常出现的偏误有以下几类:

1. 错序

留学生在状语位置方面的偏误主要有以下三类。

第一类:状语后置。如:

① *我学习汉语在首师大。(我在首师大学习汉语。)

② *你不应该说话这样对妈妈。(你不应该这样对妈妈说话。)

③ *我每天起床7点。(我每天7点起床。)

④ *我们到上海去从北京。(我们从北京到上海去。)

⑤ *他告诉了我高兴地。(他高兴地告诉了我。)

⑥ *我买了一件衣服在那家商场。(我在那家商场买了一件衣服。)

这些偏误多来自母语为英语的学习者。英语中状语的位置可前可后,但汉语的状语无论是时间状语、地点状语还是方式状语,都要放在中心语的前面。即"状语＋中心语"。因此按照英语的习惯把状语放在句尾就会出现上述错误。

第二类：时间、处所副词误置句首。如：

① *曾经他帮助过我。（他曾经帮助过我。）
② *常常老师帮助我们。（老师常常帮助我们。）
③ *到处北京都是自行车。（北京到处都是自行车。）

这种偏误来自母语为韩语的学生。韩语中时间副词、处所副词的位置比较自由，可以出现在句首、句中也可出现在句末。

第三类：否定副词位置有误。如：

① *我<u>不</u>想他会来。（我想他不会来。）
② *我们从大门<u>没有</u>出发。（我们没有从大门出发。）

汉语中否定副词"不"、"没有"应该放在它们所否定的词语前面，如"我想他不会来"中"不"否定的是"会来"，并不是否定"想"，所以应该放在充当宾语的小句中。而英语中谓语动词用 think 时，句中否定词位于 think 之前。"我们没有从大门出发"中"没有"否定的是"从大门"，而不是否定"出发"，所以应该放在"从大门"前。否定副词位置有误的，再如：

① *你应该<u>不</u>走得那么快。（你不应该走得这么快。）
② *我跟他们一起<u>没</u>参观，我和同屋一起去的。（我没跟他们一起参观……）

第四类：多项状语顺序有误。

由于汉语中多项状语的顺序比较复杂又灵活，所以留学生掌握起来非常困难，出现的问题很多。如：

① *我<u>每天</u>吃早饭<u>在食堂</u>。（我每天在食堂吃早饭。）
② *他们<u>从上海昨天</u>刚赶来。（他们昨天刚从上海赶来。）

这类偏误多出自母语为英语的学生。汉语中当时间状语和地点状语共同出现时，地点状语要放在动词或动词短语之前，时间状语之后。而英语是地点状语在动词或动词短语之后，时间状语在前或者在句尾。所以学生受英语语序的影响，造出上述偏误句。再如：

①＊我看到他们向公园兴高采烈地跑去刚才。(他们刚才兴高采烈地向公园跑去。)

②＊姐姐对儿子激动地忽然说：太好了！(姐姐忽然激动地对儿子说：太好了！)

这类偏误是对汉语描写动作者的状语和描写动作的状语的位置掌握不好造成的：汉语中应该把描写动作者的状语置于描写动作的状语之前。

2."地"的遗漏。如：

①＊他高高兴兴跑出去了。(他高高兴兴地跑出来。)

②＊她非常激动告诉我……(她非常激动地告诉我……)

③＊班长兴奋说"我们班赢了！"(班长兴奋地说……)

我们前面分析过，有些状语后必须加"地"，特别是描写动作者的状语和多音节状语后面要加"地"，而留学生经常忽略这些。

3."地"的误加。如：

①＊我觉得游泳很难地学会。(我觉得游泳很难学会。)

②＊他考试的时候很少地出错。(他考试的时候很少出错。)

汉语中有几个不能加"地"的状语，如"很少"、"很容易"、"很难"等，而留学生有时也会在这些状语后面加上"地"。

五、状语和补语的区别

在对外汉语教学中我们经常会听到留学生问这样的问题。也就是说学生不明白同一个词在充当状语和补语时所表达的意义有何不同。给留学生造成困扰的主要是形容词和处所词语。下面我们分别举例说明：

（1）有些形容词作状语时描写动作者在进行某动作的情况，而作补语时描写动作者在动作之后的情况，该情况和动作之间存在因果关系。如：

① 他激动地说。　　　　　　　　他说得很激动。

② 她兴奋地说……　　　　　　　她说得很兴奋。

③ 奶奶伤心地讲完了她的童年。　奶奶讲得很伤心。

作状语时这个动作可以是没有发生的,也可以是已经发生的,作补语则是对已经进行的动作的评价或描述。需要注意的是,这种带情态补语的动作一定是已经发生了的,如果动作还没有发生,则一般不能用这种补语的形式表示(祈使句除外)。

另外形容词作状语时,全句的语义重心在动词,而作补语时语义重心在补语。再如:

① 孩子们响亮地回答:"可以!"
② 孩子们回答得很响亮。

有些单音节形容词作状语时表示祈使、命令、劝告等,而作补语时一定加"一点儿",而且意思不同。如果直接作补语,表示超乎某标准,不合格。如:

快走!　　走快点儿!　　走快了。
快写!　　写快点儿!　　写快了。
多吃点儿!　?吃多点儿!　吃多了。

当然有很多形容词,不能同时作同一动词的状语和补语。如:

① 他睡眼惺忪地看着我。
② *他看得睡眼惺忪。

(2) 处所词语(如"在+名词"):作状语时表示动作进行的处所,动作者常在该处所,有时也可能不在该处所。如:

① 他在墙上画画。
② 她在心里记着这件事。

所以如果某处所只是动作进行之后的处所,不表示动作进行时的处所,就只能作补语,不能作状语。如:

① 孩子把书包扔在了床上。
② *孩子在床上扔书包。

同样,如果某处所只是动作进行的处所,而不是进行之后的处所,就只能用状语,而不能用补语。如:

① 他在心里暗暗地想。
② *他暗暗地想在心里。

总之,一般情况下,补语所表示的状态和动作之间有因果关系,而状语和动作之间没有这种因果关系。

六、状语的教学

关于状语的教学,应该注意以下几点:

(1) 用格式化的办法强化状语的位置,如:"主语+时间+做什么、主语+在某地+做什么、主语+时间+在某地+做什么"……

(2) 分阶段教学,专门讲练多项状语的顺序:先从单个时间状语开始,再到处所状语、范围状语等,到了中级阶段专门讲练多项状语的顺序。如前所述,多项状语的顺序对留学生来说是一大难点,偏误率很高,但目前的教材很少专门把它作为一个重要的语法项目来讲练。所以我们认为,到了中级,我们可以分几个语言点来专门讲练多项状语的顺序。我们可以采用扩展对话的办法来练习多项状语的顺序。多项状语结构复杂,学生既难上口,又很难记忆。我们可以在讲解清楚的基础上进行扩展对话练习。例如:

老师:颜温助,周末你要去哪儿?
学生:我去天安门。(周末我要去天安门。)
老师:你和谁一起去?
学生:我和吴善荣一起去(天安门)。
老师:你们怎么去?
学生:我和他一起打的去(天安门)。
老师:你们几点去?
学生:我们早上八点去(天安门)。

再和别的同学或学生之间进行同样的扩展练习,不再赘述。

为避免啰嗦或不真实的感觉,如上例括号中的内容,可以不说出来,以增加学生说话的机会,也可以更接近真实对话。另外,我们还可以用改写练习加强训练。如:

他去广州了。
他昨天上午去的。
他坐火车去的。
他和经理一起去的。
——→ 他昨天上午和经理一起坐火车去广州了。

画线句子是要求学生改写的句子。

思考与练习二十五

一、简答题：

1. 举例说明什么叫定语？什么叫状语？怎么区别定语和状语？
2. 举例说明什么是多项状语以及多项状语排列顺序的大致规律。
3. 举例说明状语后"地"的使用情况。

二、判断下列句子是否正确，如果不正确请进行改正并说明原因。

1. 临上车，妈妈大声说："到那儿学习得很努力。"
2. 这个语法她不清楚地解释。
3. 这篇文章好极了地写。
4. 你快地跑，干什么去？
5. 妈妈非常失望放下电话。
6. 他一年说只一句话。
7. 我彻底已经明白了。
8. 我们学校在大礼堂星期六举行晚会。
9. 我们很都想参加。
10. 他是我们班最好的学生，很少地迟到。
11. 他骑自行车没有去，打的去了。
12. 你千万别说话这样。
13. 爸爸刚晚上昨天回来从上海。

14. 妈妈希望我一步一个脚印走好。
15. 经常他吃早饭在小摊儿。

第六节　插入语

1. 什么是插入语？插入语有何作用？
2. 常用插入语有哪些小类？

1. 什么是插入语？插入语有何作用？

有时一个句子中除了我们前面讲到的六大句法成分之外,还有一些插入语。插入语是句中比较特殊的成分。"在句子中插入语不充当句子成分,也不跟句子中其他成分发生结构上的关系。它在句中位置也比较自由,或全句之前,或句末,或谓语之前。而从表达上看,插入语却是整个句子必不可少的表义成分。"(邢红兵 2005)

插入语不是句法结构所必需的,但在篇章及语义表达上有其特殊作用,主要表现在两个方面:表义作用和篇章连接作用。

2. 常用插入语有哪些小类？

前人对插入语进行了多种分类,我们根据其表义作用把插入语分为七类(刘月华 2004):

(1) 表示说话人的主观看法、想法、意见或态度等。常见的有"我看、说实在的、说实话、不瞒你说、依我看、依我之见"等。如:

① <u>不瞒你说</u>,我也已经快崩溃了。
② 这个人,<u>我看</u>,不行。
③ <u>依我看</u>,我们的讨论根本就没必要。
④ <u>说实在的</u>,我不太喜欢这种做事风格。

(2) 表示对情况的推测、估计。常见的有"看起来、看来、看样子、充其量、说不定、少说"等。如:

① 看起来,一场战争又要爆发了。
② 看来,她也不相信你啊!
③ 看样子,笨蛋也不是我一个。
④ 说不定,过一个晚上他就会同意的。
⑤ 我们啊,充其量只是一个教书匠。

(3) 表示出乎意料。常见的有"谁知道、谁曾想、不料、哪想到"等。如:

① 本来我还觉得特别贵,谁曾想半年后几乎翻番。
② 离婚后的她本想回家和父母同住,不料被父母轰了出来。
③ 到那儿一看,谁知道竟是个骗子。
④ 本来约好一个月后再见面的,谁想到这竟是最后一面。

(4) 表示引起对方的注意。常用的有"你看、你听、你想、你想想、请看、你说"等。如:

① 你想啊,她请客谁不去?谁敢不去?
② 你看,这像一个正常的女人的所作所为吗?
③ 你听,这叫什么话啊!
④ 你想想,是谁一直在默默地支持你?

(5) 表示消息的来源。常用的有"据说、听说、传说、相传、据报道、据调查、据……V、说是"等。如:

① 据说,她三天前已经回国了。
② 听说,那儿的东西特别便宜,是吗?
③ 据调查,现在有9成人不看好下半年的楼市。
④ 据历史档案记载,清朝康熙皇帝在80天内曾亲手射杀猛虎37只。

(6) 表示举例补充说明。常用的有"例如、比如、也就是说、换言之、换句话说、即、具体地说、或者说"等。如:

① 今天我有点不舒服,也就是说我不能和你们一起去了。
② 汉语中有不少字母外来词,比如"WTO、UFO"等
③ 何谓失眠?换句话说失眠有几种形式?
④ "三三制",即每班分成三个战斗小组,每个战斗小组三人。

（7）表示总括。总括上文所说的内容，做一个简单的总结。常用的有"总之、总而言之、总的说来"等。如：

① 种子在十一个省内发芽、长叶、开花、结果，将来是会有收获的。<u>总而言之</u>，长征是以我们的胜利，敌人失败的结果而结束。

② <u>总的说来</u>，这届政府在着力树立新形象——亲民、实干、阳光。

③ <u>总之</u>，我们都是因热爱文艺才背井离乡的。

思考与练习二十六

简答题：

1. 举例说明什么是插入语？
2. 举例说明插入语可分为哪些小类？
3. 举例说明插入语在句法结构上并不重要，但在语义表达和篇章连贯方面的重要性。

第五章　句型和句类

【内容简介】　本章主要介绍现代汉语句型和句类的基本情况,各种句型(主要包括动词谓语句、形容词谓语句、名词谓语句和主谓谓语句)、句类(主要是疑问句、祈使句和感叹句)的特点以及在对外汉语教学过程中可能遇到的问题及其解决方法。

第一节　句型和句类概说

> 1. 什么是句型?现代汉语的句型主要有哪些?
> 2. 什么是句类?现代汉语的句类主要有哪些?

1. 什么是句型?现代汉语的句型主要有哪些?

句子可以根据不同的标准进行分类,根据句子的结构特点分出来的类叫句型。现代汉语的句型大致如下页图。

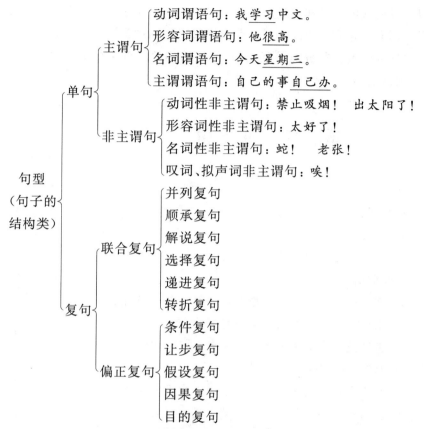

2. 什么是句类？现代汉语的句类主要有哪些？

我们说话的目的是为了交际、交流感情。我们可以根据句子的语气或者说交际功能为句子分类，这样分出来的类叫句类。汉语的句类有两种分类方法，一是根据语气，主要分为四类，即陈述句、疑问句、感叹句和祈使句；二是根据内容，主要分为叙述句、描写句和判断句。（王了一 1953）

说到句类，我们现在多是指前一种角度分类。

句类
（句子的语气类）
- 陈述句：他是我的好朋友。
- 疑问句：你是我们的汉语老师吗？
- 祈使句：快走吧！
- 感叹句：多聪明的孩子啊！

这四大句类各有特点，在对外汉语教学中，难点在于疑问句、感叹句。所以我们从实用性的角度出发，问题多的则详谈，问题少的则略谈。

以上我们谈的句型和句类是根据不同的标准对句子进行的分类,同一个句子从不同的角度或标准进行分类则可属于不同的类。例如"你去上课吗?"从语气的角度进行分类是疑问句,但从结构的角度来分又是单句、主谓句、动词谓语句。

第二节 单 句

一、基本概念
  1. 什么是单句?什么是复句?
  2. 什么是主谓句?什么是非主谓句?
二、名词谓语句
  1. 什么是名词谓语句?每个名词都可以充当谓语吗?
  2. 主语是名词的名词谓语句有何特点?
  3. 主语是主谓短语的名词谓语句有何特点?
三、动词谓语句
  1. 什么是动词谓语句?动词谓语句有哪些小类?
  2. 留学生习得动词谓语句时常出现哪些偏误?
四、形容词谓语句
  1. 什么是形容词谓语句?
  2. 留学生习得形容词谓语句时常出现哪些偏误?
五、主谓谓语句
  1. 什么是主谓谓语句?主谓谓语句有哪些类型?
  2. 主谓谓语句的偏误很少,能说明留学生对此掌握得好吗?

一、基本概念

1. 什么是单句?什么是复句?

从结构上可以把句子分成两大类,即单句和复句。所谓"单句",指的就是只包含一个主谓短语或谓语的句子。所谓"复句",指的就是由两个或两个以上意义上有联系但结构上互不包含的单句组成的句子。互不包含的意思是指一个分句不是另一个分句的组成成分。如:"我一直希望,你能早点到北京。"是单句,而不是复句。因为其中的"你能早点到北京"虽然是一个主谓结构,但整体上作"希望"的宾语。

2. 什么是主谓句?什么是非主谓句?

根据结构,单句可以分为主谓句和非主谓句。

所谓"主谓句",就是由主语和谓语两部分构成的单句。根据谓语的性质,我们可以把主谓句分为四类:名词谓语句、动词谓语句、形容词谓语句、主谓谓语句。主谓句的主语和谓语在一定的上下文或语境中可以省略。如:

① A:你去哪儿了?
　B:(　)去上海了。(答句虽然没有主语,但仍是主谓句,因为我们可以补出主语"我")
② A:这是谁给你的礼物?
　B:妈妈(　)。(答句虽然没有谓语,但仍是主谓句,因为我们可以补出谓语"给的")

所谓"非主谓句",就是不是由主语和谓语两部分构成的单句。非主谓句并不是省略了主语或谓语,也补不出确定的主语或谓语。所以非主谓句是完整的句子,不是省略句,只不过它是由主谓短语以外的短语或单词加上句调而构成的句子。如"禁止吸烟!""下雨了!""蛇!"

二、名词谓语句

1. 什么是名词谓语句?每个名词都可以充当谓语吗?

所谓"名词谓语句",指的就是谓语由名词或名词性短语来充当的句子。我们说汉语中有名词谓语句,但并非每一个名词都可以充当名词谓语句的谓语。这一点在对外汉语教学中如果不注意,留学生就会误以为所有的名词都可以作谓语,从而产生偏误。比如:

① * 昨天很好的天气。(昨天的天气很好。)

② *北京很大的城市。(北京是很大的城市。)

在教学过程中,应该告诉学生名词谓语句对其谓语名词有些特殊的要求,我们可以通过主语的不同来看主语对谓语的要求,下文主要谈谈主语是名词和主谓短语两种情况。

2. 主语是名词的名词谓语句有何特点?

主语是名词的名词谓语句,其特点是主语和谓语都是体词性成分,主语表示确定的事物,谓语对主语所表示的事物进行判断、说明或描写。这一句型要受到一定的限制,也就是说主语和谓语之间存在一定的选择性。

(1) 主语是一般的时间名词,谓语是表示日期、节令、天气等的时间名词,或者主语和谓语都是处所名词。如:

① 今天星期三。

② 明天晴天。

③ 门前一条小河。

(2) 主语是人的名称或代词,谓语表示人名以及职务、性格、籍贯、单位等。如:

① 张芳已经教授了。

② 王军上海人吧?

此类名词谓语句需要注意两点:

第一,普通名词直接作谓语在语义和句法上都有特殊的要求,有的只有在对举的情况下才可以说。如:

林妙婵班长,文清副班长。

第二,当名词性谓语表示身份、职务、学历、职称等时,其前一般要用"都"、"已经"、"才"、"刚"等表示时间的副词,或者句末要有语气词"了"。也可以既用副词又用语气词"了",加强说话人的认识和态度。如:

① 陈新都师长了。

② 你看人家,刚毕业两年就教授了。

(3) 谓语是对主语的注释的词语。如:

① 郑州河南的省会。

② 他经济学博士,这种课应该没有问题。

(4) 谓语是描写性的形名组合。如:

① 她大眼睛黄头发。

② 现在的前门一派繁荣景象。

(5) 谓语是数量词短语。如:

① 他35岁了。

② 这个学期一共18周。

③ 一个人一间房。

(6) 谓语是"的"字结构。如:

① 他从上海来的。

② 这辆自行车新买的。

(7) 谓语是并列的名词或名词短语。如:

① 他女朋友高高的个子,长长的头发,大大的眼睛,标致之极。

② 马克俄罗斯人,23岁,语言学研究生。

3. 主语是主谓短语的名词谓语句有何特点?

能够充当这种句子谓语的主要是由时量词形成的数量短语,其前常常要用表示时间的副词,如"已经"、"都"、"才"、"快"、"刚"等。如:

① 他当医生已经30多年了。

② 院长出差才4天。

如果主语是表示处所的词语,谓语含有表示处所、距离的数量短语。如:

③ 北京到天津才200公里。

三、动词谓语句

1. 什么是动词谓语句? 动词谓语句有哪些小类?

所谓"动词谓语句",指的就是谓语由动词或动词性短语充当的句子,主要是用来叙述人或事物的动作、行为、心理、发展变化等。在现代汉语中,动词谓语句占绝对的优势,其结构类型极其复杂。其中,充当谓语的可以是单个动词,也可以是动词性短语。根据充当谓语的动词性短语的结构可以把动词谓语句分为下面几种:

单个不及物动词充当谓语:明天他休息。
单个及物动词充当谓语:他的文章发表了。
"动词＋名宾"结构充当谓语:我买了这本书。
"动词＋动宾"结构充当谓语:我这个朋友喜欢打网球。
双宾结构充当谓语:我送他一本词典。
"状语＋动词＋名宾"充当谓语:我不喜欢这本书。
动补结构充当谓语:我做完了。
"状语＋动词＋补语"充当谓语:他已经说完了。
连动结构充当谓语:我去看看小王。
兼语结构充当谓语:他请我吃饭。

2. 留学生习得动词谓语句时常出现哪些偏误?

在对外汉语教学中,我们经常发现,留学生在学习和使用动词谓语句的过程中经常会出现如下几种偏误:

第一种:形容词误作动词。如:

① *我们很快就干净了教室。(我们很快就扫干净了教室。)
② *等你好身体后再去吧。(等你养好身体后再去吧。)
③ *我干净了房间,你再进来。(我打扫好房间,你再进来。)
④ *他坏了我的笔。(他弄坏了我的笔。)
⑤ *休息了一个月,他终于健康了身体。(他终于恢复了健康。)

第二种:不及物动词误作及物动词。如:

① *我迟到了听力课,所以不知道这件事。(听力课我迟到了,所以不知道这件事。)
② *我很担心不及格这次考试。(我很担心这次考试不及格。)
③ *他很满意现在的生活。(他对现在的生活很满意。)
④ *我爸爸很感兴趣中国历史。(我爸爸对中国历史很感兴趣。)

第三种:宾语置于动词之前。如:

第五章 句型和句类

① *我们应该环境保护。(我们应该保护环境。)
② *他从来不纪律遵守。(她从来不遵守纪律。)
③ *你快点饭吃吧。(你快点吃饭吧。)

汉语中宾语一般要放在动词的后边,这和日语、韩语正好相反,所以日本和韩国学生经常受母语负迁移的影响,把宾语放在动词的前面。而俄语语序比较灵活,宾语也可以置于谓语动词之前,俄国学生也容易出现类似的偏误。所以在对外汉语教学的过程中,要根据学生母语的情况,采取有针对性的讲练。

第四种:必须带宾语的动词省略了宾语。如:

A:你姓张吗?
B:*姓(张)。

同样是动词谓语句,为什么"我们老师姓王"必须带宾语,而"他买书了。"可以不带宾语?这是因为汉语中有些动词如"姓、叫、等于、属于"等必须带宾语,否则句子不成立,而别的动词在句中出现时则可带可不带宾语。这种必须带宾语的动词在对外汉语教学中,我们必须特别注意。最好用格式化的形式如"A 等于 B""A 属于 B"加强学生的记忆。

第五种:不能受程度副词修饰的动词前出现了程度副词。如:

① *他的汉语最近很进步了。(他的汉语最近进步很大。)
② *中国人的生活水平非常提高。(中国人的生活水平提高了很多。)
③ *现在中国的出生率很降低了。(现在中国的出生率降低了很多。)

现代汉语中能受程度副词修饰的动词仅限于心理动词和能愿动词,其他动词则不能受程度副词的修饰。在对外汉语教学中应该注意,每学习一个心理动词,就用格式化的办法告诉留学生该心理动词是可以受程度副词修饰的,如"很+心理动词(很喜欢、习惯)"等。

第六种:状语置于动词之后。如:

① *我学习汉语在首师大。(我在首师大学习汉语。)
② *妈妈起床每天6点。(妈妈每天6点起床。)

③ *经理去上海了坐飞机。(经理坐飞机去上海了。)
④ *你不应该说话这样。(你不应该这样说话。)
⑤ *我每天吃早饭在学校食堂。
　*我吃早饭在学校食堂每天。(我每天在学校食堂吃饭。)

这些偏误句多出自母语为英语的留学生。现代汉语的动词谓语中,状语一般都应该放在谓语动词的前面,有时可以放在句首。尤其是时间状语和地点状语同时出现时,地点状语一定要放在动词或动词短语之前,时间状语之后,而在别的语言(如英语和泰语)中,状语一般放在谓语动词的后边。这种母语的负迁移使得留学生在学习和使用动词谓语句的过程中经常出现状语后置的现象,况且这种偏误的现象相当普遍,因此在讲解动词谓语句的语序时,教师应针对留学生的特点,在说明基本规则之外,有目的地设计一些练习,使之尽可能快地掌握汉语的这一特点。(详见第四章第五节"状语")

第七种:谓宾动词误作体宾动词。如:

① *我小的时候不能觉得妈妈的爱。(我小的时候感觉不到妈妈的爱。)
② *高中的时候,我就开始汉语了。(高中的时候,我就开始学汉语了。)

① 句中"觉得"是一个谓宾动词,即只能带形容词宾语或小句宾语,而"妈妈的爱"是一个名词性成分,所以应该换成能带名词性宾语的"感觉不到"。② 中的"开始"也是个谓宾动词,而"汉语"是名词,加上动词性的"学习"即可。在教学过程中遇到这种谓宾动词,如果我们用格式化的形式直接告诉学生,"觉得+形容词/小句""开始+动词+(O)",那么出现上述偏误的概率可能会小很多。

动词谓语句偏误虽然形式多样、种类繁多,但我们仍可以归结为留学生对充当谓语的动词和形容词掌握得不好,归根结底,问题仍出在对动词、形容词的理解和使用上。所以在学习可以充当谓语的动词和形容词的时候,我们应该结合它们在句中充当谓语时的特点进行教学,同时对那些容易混淆的近义词的用法也要进行适当的辨析。

四、形容词谓语句

1. 什么是形容词谓语句？

所谓"形容词谓语句"，指的就是由形容词或形容词性短语充当谓语的句子。如：

① 我姐姐能干极了。
② 现在北京非常现代。
③ 小王胖了。
④ 小赵谦虚谨慎。
⑤ 哥哥高，弟弟矮。
⑥ 哪本书好？这本好。

从上面的例句，我们可以发现，汉语中单个形容词充当谓语是不自由的，一般要求前面有状语或者后面有补语，或者有对举句（有比较意味）或者有前后句或者用在问答句中。

2. 留学生习得形容词谓语句时常出现哪些偏误？

对外汉语教学中，我们经常发现，留学生在学习和使用形容词谓语句的过程中经常会出现如下几种偏误：

第一种：形容词前误加"是"。如：

① *上个星期我们去杭州了，杭州是很漂亮。（……杭州很漂亮。）
② *他哥哥是高。（他哥哥很高。）
③ *这本词典是贵极了。（这本词典贵极了。）
④ *虽然是年轻，但他很有能力。（虽然很年轻……）

现代汉语中形容词可以直接作谓语，不需要加"是（be 动词）"，而英语中形容词作谓语时要用系动词 be，所以母语为英语的留学生很容易受母语负迁移之影响，而在形容词之前加上"是"。这在对外汉语教学过程中应该特别注意。

第二种：谓语形容词前缺少必要的程度副词。如：

① *最近我奶奶身体好。（最近我奶奶身体很好。）

② *她男朋友聪明。(她男朋友很聪明。)

现代汉语形容词作谓语时,前面一般要用"很"等程度副词才能使句子成立。这种用法的"很"并不需要重读,也并非表达程度非常高,而只是成句的要求,如果不用"很",给人的感觉是句子表意未完。这是因为现代汉语中,形容词单独作谓语不用"很"时,有表示比较的意味。比如说"他聪明",则意味着有个和他比较的人不聪明。

而在英语、日语和韩语中,形容词前不必带"很"等程度副词。所以留学生在使用形容词谓语句时不敢使用"很",从而产生偏误。

第三种:在表示疑问的形容词谓语句中,形容词位于句首。如:

① *漂亮他的女朋友吗?(他的女朋友漂亮吗?)

② *是好他的成绩吗?(他的成绩好吗?)

现代汉语中形容词谓语句的疑问句语序不变,但形容词前不用加程度副词"很"。

第四种:表示过去的状态时,形容词后误加"了"。如:

① *他去年非常胖了。(他去年非常胖。)

② *昨天的生词很多了。(昨天的生词很多。)

表示过去的状态时,形容词谓语句句尾也不加"了"。形容词谓语句句尾加"了"不是表示过去的状态,而是表示变化。如:他高了。

第五种:形容词重叠形式作谓语时,句尾"的"遗漏。如:

① *她男朋友的个子高高,眼睛大大。(她男朋友的个子高高的,眼睛大大的。)

② *我们的教室干干净净。(我们的教室干干净净的。)

五、主谓谓语句

1. 什么是主谓谓语句?主谓谓语句有哪些类型?

所谓"主谓谓语句",指的就是由主谓短语充当谓语的句子。结构形式为"大主语+(小主语+小谓语)"。如:

① 我奶奶身体很好。

② 他儿子<u>学习非常棒</u>。

主谓谓语句有多种类型。为了介绍的方便,我们把整个句子的主语称为"大主语",把充任谓语的那个主谓词组的主语和谓语分别叫做"小主语"和"小谓语"。因此可以把主谓谓语句的结构形式写作:大主语+(小主语+小谓语)。根据它们之间的关系,可以分为以下几种类型:

(1) 大主语和小主语之间在意义上是隶属关系。具体来说,小主语是隶属于大主语的,小谓语一般由形容词性词语充任。例如:

① 她性格很好。
② 那孩子眼睛大大的。

这类主谓谓语句都是通过说明事物某一方面的性质来对该事物加以描写说明。

(2) 充当谓语的主谓词组表达大主语在某方面的能力或技能。例如:

① 小王英语说得很流利。
② 她篮球打得特别棒。

(3) 大小主语之间存在着受事和施事的关系,小谓语由动词性词语充任。如:

① 这本书我看完了。
② 礼物我们已经买来了。

相对于一般的主动宾句,这种语序更能突出说明受事。

(4) 小主语是数量词,小谓语包含有数量词,或者本身就是个数量词。例如:

① 他一瓶酒喝了半个月。
② 苹果十块钱三斤。

这类主谓谓语句往往是强调说明大主语的能力或价值。

(5) 小主语是复指大主语的。例如:

① 那群人里个子最高的小伙子,他是中国人。
② 祖国,这不是一个普通的词儿。

例①的小主语"他"复指"那群人里个子最高的小伙子";例②的小主语"这"复指大主语"祖国"。这类主谓谓语句突出了大主语,使句子有变化,有更好的表达效果。

2. 主谓谓语句的偏误很少,能说明留学生对此掌握得好吗?

主谓谓语句从结构和意义上来说并不难,留学生在学习和使用主谓谓语句时不是结构上有问题,也不是意义出错,在留学生的中介语语料库中,我们很难发现留学生在主谓谓语句方面的偏误。可这并不意味着他们学习主谓谓语句时没有困难。这是因为留学生除了"他头疼、肚子疼"之类最简单的主谓谓语句之外,一般不会在别的场合再使用主谓谓语句,特别是不会主动使用两个以上的主谓短语从不同的侧面对某个对象进行描写和说明,而这种用法恰恰是主谓谓语句中使用频率最高的用法。据张旺熹(1993)统计,这种用法的主谓谓语句占全部主谓谓语句的 57.8%。这种现象一方面说明学生实际上并没有真正掌握这种句型,另一方面说明我们的教学只停留在单句的范围内。

在对外汉语教材中出现较多的是以单句形式出现的主谓谓语句。但张旺熹(1993)在调查大量语料的基础上,指出汉语中以单句形式出现的主谓谓语句在实际运用中只占各种主谓谓语句的 2.1%。他还指出,主谓谓语结构一般不是只有一个主谓结构作谓语,而是常常两个、三个甚至更多同时作谓语的。这样的多个主谓结构往往从多个角度、不同方面对前面的大主语分别加以描述和说明,即大主语为一个总话题,多个主谓谓语则是对总话题的分述。如:

① 现在的中关村再也不是以前的"中官村"了,这里<u>经济发达</u>,<u>交通便利</u>,<u>环境优美</u>,所以吸引了很多国内外的投资者。

② 她<u>个子高高的</u>,<u>眼睛大大的</u>,<u>身材非常标致</u>。

鉴于这种情况,在教学过程中,建议在学生基本上学会了主谓谓语句的基本结构后,将这种句型的教学扩大到语段。张旺熹(1993)还提出了这一句型的教学思路,我们转引如下:

形象直观地引入、展示主谓谓语结构的基本结构形式和语义模式。具体做法是:第一步展示图片(如拿出北京的图片),引出话题(北京);第二步针对图片提问题,引导分述(北京人多不多?马路宽不宽?

公共汽车挤不挤?东西贵不贵?你喜欢北京吗?);第三步回答问题构成语段(北京人很多,马路很宽,公共汽车很挤,东西很便宜,我很喜欢北京)。也可以拿出某个人的照片,就某个人的头发、眼睛、个子、身材等发问,然后将回答的内容用几个主谓谓语句串联起来,就构成了对某人分述的一组由主谓谓语句构成的语段。

思考与练习二十七

一、找出下列句子(分句)的谓语,并说明是哪一类型的谓语句。

1. 五月的洛阳太美了,比画还漂亮。
2. 我们的经理刚刚30多岁,山东人。
3. 秋天到了,天气渐渐凉起来了,树叶也都变黄了。
4. 这个箱子长90厘米,宽70厘米,高50厘米。
5. 他高高的个子,大大的眼睛。
6. 他个子高高的,眼睛大大的。
7. 我的这个中国朋友经常帮助我,我非常感激他。
8. 这是我们当地很有名的特产。
9. 我们为准备这场晚会花了三四天的时间了。
10. 北京人对外国朋友非常热情。
11. 他对工作非常认真,对生活却马马虎虎。
12. 突然,一辆皇冠从我身边飞驰而过。
13. 他身材魁梧,眼睛大大的。
14. 请你通知大家会议改在星期五下午三点了。
15. 听了我的话,她的脸通红通红的。

二、判断下列句子是否正确,如果不正确,请说明理由并进行改正。

1. 在北京三年,我经验了很多事情。
2. 他很兴趣中国历史。
3. 他们对我们很热情很友谊。
4. 晚上我电话你吧。
5. 北京人非常友好留学生。

6. 他的汉语非常进步了。
7. 我明天去机场送行朋友。
8. 我哥哥是帅。
9. 我的这个新朋友是很聪明。
10. 明天我请客你吧。
11. 那你汉语学习吧。
12. 他经常说话这样。
13. 我爸爸上班坐公共汽车每天。
14. 今天我们一起饭吃吧。
15. 秋天的银杏树金黄金黄。

三、简答题：

1. 什么是主谓谓语句？举例说明主谓谓语句的主要类型。
2. "这个房间干净"和"这个房间很干净"在意义、结构和用法上有什么不同？并说说汉语中形容词作谓语的特点。
3. 英语"He is smart"和"He is very smart"在汉语里都可以翻译成"他很聪明"。请问"他很聪明"在表示这两种意思时在语音上有什么不同？
4. 名词一般不作谓语，但"今天中秋、昨天阴天、明天国庆节"的谓语都是由名词充当的。
   请总结一下这类结构在意义上的特点。

第三节 句 类

一、句类概说

二、疑问句

（一）现代汉语疑问句可以分为几种类型？

（二）各种疑问句有何特点？

1. 什么是是非疑问句？

2. 什么是特指疑问句？

3. "特指疑问词+呢"："你怎么走"和"你怎么走呢"有何不同？

4. 什么是正反疑问句？

5. 什么是选择疑问句？

6. 什么是反问句？

7. 什么是用"呢"的省略疑问句？

（三）留学生习得疑问句时容易出现哪些偏误？

（四）是非问的回答：对"他不去吗?"怎么回答？

三、祈使句

1. 什么是祈使句？祈使句有哪些类型？

2. 祈使句的结构特点：为什么能说"请看"，但不能说"请看见"？

3. 为什么能说"认真点儿！""谦虚点儿！"，但不能说"漂亮点儿！""骄傲点儿！"？

4. 祈使句对动词和形容词有何选择与要求？

5. 肯定祈使句与否定祈使句为何出现不对称现象？

四、感叹句

1. 什么是感叹句？感叹句在对外汉语教学中的地位怎么样？

2. "太""真""好"和"可"字感叹句的语法差异：为何不说"她是一个真好的老师！"？

3. "太""真""好"和"可"字感叹句的语用差异："太冷了！"和"可冷了！"一样吗？

一、句类概说

每种语言的句子都是无限的，但按语气或者说功能来分，都可以分为四类，汉语也不例外。

陈述句：用来陈述一个事实，这个事实可以是肯定的也可以是否定的，句尾用"。"。如：

① 北京是中国的首都。
② 我不打算去上海。

疑问句：用来发问的句子就是疑问句，句尾用"？"。如：

① 这是你的书包吗？
② 你什么时候出发？

祈使句：用来表示命令、请求的句子，句尾常用"！"，有时也可用"。"。如：

① 快走！
② 你们谈吧。

感叹句：用来表达一种强烈浓厚的感情的句子，句尾常用"！"。如：

① 太好了！
② 多么感人啊！

二、疑问句

（一）现代汉语疑问句可以分为几种类型？

对疑问句进行分类，可以从不同的角度入手。

按照疑问信息的有无，我们可以把疑问句分为三类：

有疑而问：问话人确实有疑问，期待被问者进行回答，以获得新的信息。如：你明天有时间吗？

半信半疑：问话人对某一问题已有自己大致的看法，但又不能确定，提问的目的是期待对方给以证实，即测度句。如：他是小张的哥哥吧？

无疑而问：说话人对某一问题已有确定的看法，用疑问的方式表达出来，是为了增加表达效果，而不期待对方回答，即反问句。如：你何必去呢？

按照疑问句的结构形式，一般的理论语法著作把疑问句分为四种：

⎡ 是非疑问句
⎢ 特指疑问句
⎢ 正反疑问句
⎣ 选择疑问句

如果我们像理论语法那样,只讲解四种疑问句,从对外汉语教学的实用性考虑,显然是不能满足教学的需要的。随着对外汉语教材的口语化、生活化,教材中出现的提问方式也日趋丰富。对 22 万字语料中 1015 个疑问句进行统计,各类疑问句的出现频率分别如下:(黄南松 1992)

① 特指疑问句　　　　　370 个　　36.3%
② 是非疑问句　　　　　251 个　　25.0%
③ 特指疑问句＋呢　　　125 个　　12.0%
④ 疑问语气表疑问　　　104 个　　10.0%
⑤ 正反疑问句　　　　　31 个　　3.0%
⑥ 选择疑问句　　　　　24 个　　2.4%
⑦ "是不是"提问　　　　18 个　　1.7%
⑧ 用"呢"的省略疑问句　13 个　　1.2%

从上面的数字可以看出,"特指疑问句＋呢"和"疑问语气表疑问"这两种疑问方式的使用频率还是比较高的,但目前我们的教材都没有列举这两种疑问。所以我们认为有必要从实用性的角度出发,根据形式特点把出现在教材中的疑问句列举出来,进行一个大致的说明。尤其是"疑问代词＋呢"的疑问句在生活中使用频率是非常高的,甚至超过正反疑问句和选择疑问句,所以我们觉得应该作为提问的基本形式进入教材。

对外汉语教材对疑问句的介绍主要是形式方面。如:疑问语气词"吗"加在陈述句句尾构成疑问句;疑问代词"谁"、"什么"、"哪儿"等放在提问部分的位置上构成疑问句。对疑问句的语义内涵和语用功能则很少涉及。其实,在实际的语言表达中,每种疑问句都有自己特定的表达功能,有不同的使用背景,表达了不同的语气和感情色彩。否则就没必要存在这么多疑问句。例如"这是谁的?"是询问以求回答;而"这是谁的呢?"是追究,问话人有奇怪、困惑的成分。因此对缺乏语感的留学生进行教学,不仅要向学生展示疑问句的结构形式,更需要向学生揭示各种疑问句在交际中的不同表达功能。下面主要根据吕文华(1994)选择几种疑问句分别介绍其功能。

(二) 各种疑问句有何特点？

1. 什么是是非疑问句？

是非疑问句主要询问事件的"是"或者"不是"，以求听话人针对整个句子询问的事件作出肯定或否定的回答。如：

① 明天你去长城吗？——去。/不去。
② 你是北京人吗？——我是北京人。/我不是北京人。
③ 你爸爸退休了吗？——对，他退休了。/不，他还没退休。

是非疑问句句尾一般要用疑问语气词"吗"，留学生受母语的影响，经常忽略"吗"。如：

① ？这个本子不太好，可以换别的本子？
② ？你去成都？

是非疑问句还有一些特殊的小类。如：

用疑问语气的疑问句：这种疑问句的询问功能很弱，问话人一般从上文或语境中获得的信息，从而引起某种推测，希望得到证实或表示问候，一般表达对上文获得的信息的惊讶、怀疑，问话人并不想要得到答案，而是重复上文的内容表示自己的疑惑、不信或不满等情绪。例如：

① 接孩子去？（从语境中获得信息）
② A：昨天她和丈夫又吵了一架。
　　B：什么，又吵了？（从上文获得信息）

这种疑问形式主要出现在口语中，句末若带有明显的升调，可以不带语气词"吗"。但不带"吗"时必须用升调；带"吗"时升调、降调都可以。

用"好吗"、"行吗"、"可以吗"等的疑问句：用于问话人已经有了自己的看法、意见，用问句的形式征求对方的意见。是一种商量、请求的口气。例如：

① 我们明天再谈，行吗？
② 我今天先用你的，可以吗？
③ 你们明天去，好吗？

用"吧"的推测疑问句:问话人根据一定的情境、对某情况有所揣测,但不能十分肯定,于是用自己的推测来试探性的发问,以求证实,问话人对答案已有明显的倾向性,所以这种疑问句还叫做"推测疑问句"。例如:

① 你是从韩国来的吧?
② 他刚才来过了吧?
③ 我们明天是去天安门吧?

2. 什么是特指疑问句?

特指疑问句是指用疑问代词"谁"、"什么"、"哪儿"、"怎么""多少"、"几"等构成的疑问句。主要是针对事件的时间、地点、性质、方式、原因等进行询问。要求听话人对疑问部分作出回答,问话人对答案没有倾向性的意向。如:

① 你明天去机场接谁?——接我妈妈。
② 你哥哥去哪儿出差了?——上海。
③ 你打算怎么去广州?——我想坐火车去。

汉语中用"几、多少、多"等构成的疑问句也应该算是特指疑问句,但用法比较特殊。其特殊性表现在"几、多少、多"一般无法单独完成疑问,总要和名量词、动量词、形容词等一起完成疑问。

表示疑问时,"几"和"多少"有同有异。在询问动量时,二者相同,都必须带上动量词。(陆俭明 1990)如:

① 你一共去了几次?　　＊你一共去了几?
② 你一共去了多少次?　＊你一共去了多少?

但在询问物量时二者就表现出了不同,当我们对物量成分进行提问时,"多少"后可带上名量词,也可以不带;而"几"的后面必须带上名量词。对比如下:

① 你买了多少斤苹果?　　你买了多少苹果?
② 你买了几斤苹果?　　＊你买了几苹果?

另外,"几"一般提问"十"以下的数目,"多少"一般提问"十"以上的数

目。但如果是问序数,如日期、楼层等,无论是否超过"十",一般用"几"。例如:

① 一星期有几天?
② 中国人有多少人口?
③ 你坐几路车回去?——269路。

"几"可放在各个数位前,而"多少"只能用在"亿"和"万"前。例如:

① 你们公司有几百人?　　　＊你们公司有多少百人?
② 你们学校有几千老师?　　＊你们学校有多少千老师?
③ 这部小说有几万字?　　　这部小说有多少万字?
④ 华北地区总共有几亿人?　华北地区总共有多少亿人?

"多+形容词"表示疑问。如:

① 从北京到海南有多远?
② 这孩子多大了?
③ 你们家的西瓜多重了?

这里要特别说明一下:对小孩儿问年龄一般用"几岁了",也可用"多大",而对成人问年龄一般用"多大了",不用"几岁了"。如:

① (问小孩)你几岁了?/你多大了?
② (问老师)您多大了?
? (问老师)你几岁了?

从上面的例句可以看出,用"多"提问是问程度,后面一般是正向形容词,如问厚度用"多厚",问宽度用"多宽",问高度用"多高",问长度用"多长"等,这和我们只说"厚度、宽度、深度、高度、长度",而不说"薄度、窄度、浅度、低度、短度"等是同一道理。除非说话人对某程度已有定性的认识,只是要问该程度的具体数字,可用负向形容词。对比如下:

① 你先生多高?
　　你说他先生很矮,到底有多矮?
② 你新买的房子多大?
　　听说那个画家的房子小得不可思议,到底有多小?

③ 你儿子现在多重了？我闺女都100斤了。

昨天小张说你儿子出生时非常轻，她说看上去有点吓人，能有多轻？

对这种疑问句进行回答时，一半只需要说出数量，不必再重复形容词。如：

A：从北京到洛阳有多远？

B：大概800多公里。

3. "特指疑问词＋呢"："你怎么走"和"你怎么走呢"有何不同？

汉语中还可以用特指疑问词加"呢"表示疑问句，这种疑问句除了询问由疑问代词表示的疑问所在外，还含有深究、奇怪、困惑的语气。例如：

① 你也不能去，到底谁能去呢？

② 什么时候去合适呢？

③ 怎么说好呢？

4. 什么是正反疑问句？

把谓语的肯定和否定形式并列起来而构成的疑问句就是正反疑问句。问话人要求对方对并列的肯定和否定作出一个选择。和是非疑问句相比，正反疑问句询问功能更强，多用来表达问话人急切得到答案的迫切心情。可格式化为"V/Adj 不 V/Adj？"或"V/Adj 没 V/Adj？"如：

① 把孩子送到奶奶那儿去，你同意不同意？

② 你是不是韩国留学生？

③ 你的房间大不大？

表示动作完成的动词谓语句的正反疑问式有两种：

(1) 在"了"后加"没有"。如：你给他打电话了没有？

(2) 动词的肯定和否定式并列，句尾不加"了"。如：你吃没吃饭？

5. 什么是选择疑问句？

问话人用连词"还是"提出可供选择的项目要求对方作出选择，构成疑问句，这种疑问句就是选择疑问句。问话人对答案一般也没有倾向性的意向。可格式化为"A还是B？"如：

① 你喜欢这本还是那本?

② 你想报考北大还是清华?

③ 你想坐火车去还是坐飞机去?

6. 什么是反问句?

汉语中为了表达一个比较强烈的语气,往往用疑问的形式表达肯定或否定的意思,这种疑问句就叫反问句。用反问句时,说话人并没有疑问,而且说话人和听话人都明确地知道答案。用否定形式表达的反问句强调肯定的意思,相反,用肯定的形式表达的反问句强调否定的意思。

根据问句的不同,大致可以把反问句分为两类。

第一种:带疑问词的反问句。

① 这种事情他怎么能不知道?(他当然知道)

② 好学生谁不喜欢?(谁都喜欢)

③ 你这么欺骗顾客,以后谁还会再来买你的东西?(谁都不会来买)

④ A:快点,要不来不及了。

　　B:急什么?还有一个多小时呢!(不要着急)

⑤ A:这次的考题挺难的。

　　B:难什么呀!我半小时就交卷了。(不难)

⑥ A:你干什么呢?

　　B:睡觉呢。

　　A:睡什么觉啊?这么好的天儿。(表示不满,不应该睡觉)

第二种:用"不是……吗?"的反问句。这种问句表达强烈的肯定之意,强调的内容放在"不是……吗?"的中间。如:

① 你不是韩国人吗?怎么会不知道金泽洙呢?(你是韩国人,应该知道金泽洙。)

② A:明天的运动会我不参加了。

　　B:为什么?你不是我们班的体育健将吗?(你是我们班的体育健将。)

③ 我不是已经告诉你了吗?(我已经告诉你了。)

其他表示反问的常用格式:

难道……吗？　什么都管我，难道你是我妈妈吗？
何必……呢？　这么近，我们何必打车呢？
何苦……呢？　你父母又不是不给你学费，你何苦去干这活儿？

这种能用来作为固定格式的反问句我们最好作为固定格式教给学生，避免学生出现"她住院了你还不知道，难道你不是他的好朋友呢？"这样的偏误。

7. 什么是用"呢"的省略疑问句？

在一定的语言环境下，在名词、代词、动词或词组后面直接加上语气词"呢"也可以构成疑问句。这种句子所问的内容根据上下文来决定。这种疑问句都省略了某个成分，所以也叫省略式疑问句。这种疑问句在实际生活中使用频率很高。例如：

① 爸爸，妈妈呢？（省略了"在哪儿"）
② 我们都不去了，你呢？（省略了"你去吗？"）
③ 我去广州，你呢？（省略了"你去哪儿？"）
④ 我们都骑自行车去，你呢？（省略了"你怎么去？"）

如果没有上下文，作为起始句，这种句子总是问地点。如：你的书呢？

（三）留学生习得疑问句时容易出现哪些偏误？

留学生在学习和使用疑问句的过程中经常出现以下几个问题：

第一：疑问代词误置

初级阶段的留学生很容易说出如下偏误句。如：

① ＊什么你要买？（你要买什么？）
② ＊什么时候你回国？（你什么时候回来？）
③ ＊哪儿你明天去？（你明天去哪儿？）
④ ＊怎么你去上海？（你怎么去上海？）

这是母语为英语的学习者的偏误。在用汉语表达疑问时，学习者受母语负迁移的影响，将要表达的内容按照英语的语序表达出来，于是产生偏误。当然，这种偏误一般出现在汉语水平比较低的学生的表达中，随着汉语水平的提高，这种偏误会逐渐减少。

英语中无论是哪个疑问代词都要放在句首,而汉语则不同,无论是哪个疑问代词,句中位置都和同句法成分的非疑问代词是一样的,即如作主语则在句首,如作谓语则在主语后,如作状语则在动词前,如作定语则在名词前等等。如:

① 谁去参加会议?(疑问代词作主语)
② 这本书怎么样?(疑问代词作谓语)
③ 你买什么?(疑问代词作宾语)
④ 这是谁的书?(疑问代词作定语)
⑤ 你什么时候出发?(疑问代词作状语)
⑥ 她唱得怎么样?(疑问代词作补语)

为了避免上述偏误的发生,我们在学生最初接触汉语的特指疑问句时就应该把汉语的这一特点以格式化的形式告诉学生,常见的格式有"谁+动词?""……是谁的+名词?""某人+动词+什么?""某人+动词+哪儿?""某人+怎么+动词""某人+在哪儿+动词?"等。

当然,用疑问代词表示提问,由于词序与英语完全不同,又是在学习的最初阶段出现的语法项目,这么多提问方式无法放在一课之内完成,应该分散在不同课中学习,这样既分散了难点,又使学生在重复中得到练习和巩固。在每学习一种提问方式时,我们都可以通过大量的接龙练习、问答、对话、猜猜看等方法来操练。

第二种:疑问语气词混用

一般认为汉语中表示疑问的疑问语气词主要有"吗"、"呢"、"吧"等。留学生在学习汉语疑问句时还有一个容易犯的错误,就是这几个疑问语气词混淆。如:

① *这是谁的书吧?(这是谁的书?/这是谁的书呢?)
② *他去旅游呢?(你去游泳吗?)
③ *你在那儿干什么吗?(你在那儿干什么?/你在那儿干什么呢?)

上述偏误主要是疑问语气词的混用。疑问语气词就是用在句尾表达疑问语气的语气词。一般认为汉语的疑问语气词主要有"吗"、"呢"、"吧"等。它们的使用是不同的,在疑问句中是有明确分工的。"吗"主要用在是非疑问句中,即要求回答"是"或"不是"的疑问句中;"呢"主要用在特指疑问句、选择疑问句和正反疑问句中,带有深究的意味。"吧"可以说是半个疑问语气词,常常表示猜度,介于疑信之间。对比如下:

① 他去参加跑步比赛了吗?(是非疑问句)
② 你是二年班的学生吗?(是非疑问句)
③ 明天我们去哪儿呢?(特指疑问句)
④ 我们应该怎么去呢?(特指疑问句)
⑤ 他大概去买东西了吧?(推测疑问句)
⑥ 你是王继祖的同屋吧?(推测疑问句)

第三种:误加疑问语气词"吗"

在对外汉语教学中,我们要特别注意一点,就是一般特指疑问句、正反疑问句和选择疑问句是排斥疑问语气词"吗"的。但留学生常常不分什么疑问句,只要是表示疑问就用"吗",尤其是特指疑问句加"吗"的偏误非常普遍。如:

① *你是哪国人吗?(特指疑问句:你是哪国人?)
② *你昨天去哪儿了吗?(特指疑问句:你昨天去哪儿了?)
③ *你什么时候去吗?(特指疑问句:你什么时候去?)
④ *谁是你的同屋吗?(特指疑问句:谁是你的同屋?)
⑤ *哪一个是你的行李吗?(特指疑问句:哪一个是你的行李?)
⑥ *你明天去不去长城吗?(正反疑问句:你明天去不去长城?)
⑦ *你是不是泰国班的学生吗?(正反疑问句:你是不是泰国班的学生?)
⑧ *你去上海还是广州吗?(选择疑问句:你去上海还是广州?)
⑨ *你喜欢京剧还是杂技吗?(选择疑问句:你喜欢京剧还是杂技?)

这一点我们要特别告诉学生并及时给以纠正。当然,如果谓语动词是"知道、想、有"等,常用疑问代词和"吗"共现构成双重性疑问。例如:

① 你有什么困难吗?
② 你知道谁有这本书吗?

③ 你还有哪儿不舒服吗？

问话人虽然有疑问，但不想直接追问，用"吗"后可以使听话人有两种选择，既可以对疑问点进行回答，也可以针对"吗"构成的是非疑问进行回答，而对疑问点进行回避。例如：

① A：你知道谁告诉他的吗？
  B：不知道。／小王。

② A：你想去买什么东西吗？
  B：不想去。／我想去买点儿水果。

可以这样说，对这种疑问句的回答，如果是肯定的，就是针对疑问点进行的回答；如果是否定的，则是对"吗"构成的是非疑问句进行的回答。

（四）是非问的回答：对"他不去吗？"怎么回答？

这一问题涉及对是非疑问句的回答。回答是非疑问句时，如果要用"是"或"不"回答，到底什么时候用"是"，什么时候用"不"，母语为英语的学生常常会被搞糊涂，偏误率极高，而且带有普遍性。例如让学生做下面这个练习。（转引陆俭明2002）

请用"是"或"不"填空，完成下列问句的答话：
这个苹果不好吃吗？
（　），这个苹果好吃。／（　）这个苹果不好吃。
你昨天没有看电影吗？
（　），我昨天看电影了。／（　），我昨天没看电影。
这个苹果很好吃，是吗？
（　），这个苹果很好吃。／（　），这个苹果不好吃。
这个苹果不好吃，是吗？
（　），这个苹果好吃。／（　），这个苹果不好吃。

结果是乱七八糟，很少有学生完全正确。究其原因，是因为汉语和英语在这方面差别很大。汉语母语者与英语母语者在考虑回答是非问时，心理和视角有所不同。母语为英语的人，回答是非问使用"yes"或者"no"，着眼点和中国人不同，他们只考虑自己回答的意见是肯定还是否定的，根本不管问话人主要疑问点采用什么样的疑问形式。不管问话人是采用肯定的是非问句形式还是采用否定的是非问句形式,只要自己表达的是肯定的意见,就一律用"yes";相反,只要自己表达的是否定的意见,就一律用"no"。而中国人回答这样的问题时,既要看问话人是采用的肯定的问话形式还是否定的问话形式,还要看自己要表达的意见是肯定的还是否定的。如果问话人采用的是肯定形式,回答的人如要表达肯定的意见就用"是",表达否定的意见就用"不";如果问话人采用的是否定的问话形式,回答的人如要表达肯定的意见就要用"不",表达否定的意见用"是"。当然,自己的意见,在回答完"是"或"不"以后还可以补充说明。也就是说中国人在回答这类问题时,前一部分是先回答自己的意见是否和问话人相同,相同就用"是",不同就用"不"。后面一部分才是自己的具体观点。例如对上面4句的回答应该是:

这个苹果不好吃吗?
(不),这个苹果好吃。/(对)这个苹果不好吃。
你昨天没有看电影吗?
(不),我昨天看电影了。/(是),我昨天没看电影。
这个苹果很好吃,是吗?
(是),这个苹果很好吃。/(不),这个苹果不好吃。
这个苹果不好吃,是吗?
(不),这个苹果好吃。/(对),这个苹果不好吃。

这种回答对母语为英语的留学生来说,非常难,在对外汉语教学中是必须要讲清楚的。陆俭明(2002)曾指出,对是非疑问句的回答问题是需要着重教的汉语语法现象之一。

三、祈使句

1. 什么是祈使句?祈使句有哪些类型?

所谓"祈使句"就是表示向听话人提出要求或请求,发出命令,希望他做什么或者不做什么的句子,句末常用"!"。其主语一般是第二人称"你、你们",有时也可以包括说话人自己,但主语常常省略;其谓语大多是表示行为动作的动词或动词性成分,有时也可以是表示性质的形容词,无论是动词还是形容词,该动作或性质都是未然的。

祈使句可以从意义和形式两个角度进行分类。

从形式上看,祈使句可以分为肯定式和否定式两种。肯定祈使句如:

① 快点藏起来!
② 请坐!
③ 冷静点儿!

否定祈使句如:

① 别胡说!
② 别着急!
③ 甭太高兴了!

从意义上来看,祈使句可以分为以下几种:

(1) 表示命令的祈使句,这种祈使句要求听话人必须服从,语气一般较强,多言辞简单,句末很少用语气词。如:

① 坐下!
② 出去!
③ 快吃!

(2) 表示禁止的祈使句,这种祈使句要求听话人不能做什么,动词前常用"别"、"不准"、"严禁"、"不要"、"不许"、"禁止"等表示禁止的词语,因口气比较强硬,所以句末不能再使用语气词"吧"。如:

① 别进去!	*别进去吧!
② 不准说话!	*不准说话吧!
③ 禁止吸烟!	*禁止吸烟吧!

(3) 表示请求的祈使句,这种祈使句语气比较委婉、客气,句首常用"请"、"麻烦"、"劳驾"等词语,谓语动词常用重叠形式或者加"一下"等,句末常用语气词"吧"。如:

① 请您帮帮我吧!
② 请您看一下!

③ 麻烦您让一下!

（4）表示劝说的祈使句,这种祈使句语气更加缓和、委婉,句末一般用语气词"吧"。如:

① 你休息一下吧!
② 诸位心平气和地谈谈吧!

（5）表示建议的祈使句,这种祈使句语气委婉客气,句末常用语气词"吧"。如:

① 我们一起去爬香山吧!
② 快下雨了,你就在这儿住下吧!

（6）表示提醒、警告、威胁的祈使句,这种祈使句主要是提醒听话人防备什么事情,警告对方不该做什么事情或者威胁对方。如:

① 你别忘了接孩子!
② 你再这样下去,后果自负!
③ 你等着瞧吧!

2. 祈使句的结构特点：为什么能说"请看"，但不能说"请看见"？[①]

肯定祈使句表示命令、请求,这一功能决定了其结构上必须具有特点。这是因为肯定祈使句是命令请求别人进行某种动作的,所以只有表示人想做就做,不想做就不做的动作的动词才可以构成祈使句。也就是说只有自主动词(详见第二章第三节"动词")才可以构成祈使句,而非自主动词不能构成祈使句。"请看、快睡吧"中的"看、睡"都是自主动词,所以是合乎语法的祈使句,而"请看见、快睡着吧"中的"看见、睡着"因为带上了结果补语变成了非自主的而无法构成祈使句。当然,有些非自主动词如"打哈欠、打颤、死、咳嗽"等,在特特殊情况下,如在演戏、拍照、或给人暗号时可以构成祈使句。如演戏时导演常告诉演员"快咳嗽!"

另外,像系动词"是/成/像"、存在动词"有/在"、状态动词"知道/懂/相似"等也不能出现在祈使句中。

---

① 2-5 的内容参见袁毓林(1993)。

3. 为什么能说"认真点儿!""谦虚点儿!",但不能说"漂亮点儿!""骄傲点儿!"?

留学生在学习"形容词+一点儿!"构成的形容词祈使句时,可能生成正确的句子,也可能说出错误的句子。如:

  认真点儿!   大方点儿!   大胆点儿!
  *漂亮点儿!   *帅点儿!   *聪明点儿!

同样是形容词,为什么"认真"、"大方"、"大胆"就可以,而"漂亮"、"帅"和"聪明"就不可以呢?这主要涉及祈使句的表达功能。祈使句既然是表示命令、请求别人做什么或不做什么,这一功能决定了能构成祈使句的形容词也应该是自主性形容词,即表示人们可以自己控制的某种性质的形容词(如:认真、仔细、大方等),而非自主形容词(如:漂亮、帅、聪明)是无法构成祈使句的。

同样都是自主形容词,有的能形成祈使句有的却不能,如:

  ① 谦虚一点儿!   ④ *骄傲一点儿!
  ② 大胆一点儿!   ⑤ *胆怯一点儿!
  ③ 大方一点儿!   ⑥ *小气一点儿!

"谦虚"和"骄傲"都是自主性形容词,为什么"谦虚点儿!"是正确的,而"骄傲点儿"就不可以说呢?这是因为形容词构成的祈使句是表示命令或请求别人表现出某种性质来,在正常情况下,我们不会公开叫人去做坏事,表现出不被社会接受的某种性质来,所以只有褒义形容词或中性形容词可以构成肯定祈使句,而贬义形容词则不可以构成肯定祈使句。相反,否定祈使句中则一般不出现褒义形容词,而多出现贬义或中性形容词,这是因为在一般情况下我们只会去阻止别人干坏事不会去阻止别人做好事。如:

  ① 别这么骄傲!
  ② 别这么小气!

因此,在讲解这种格式时,必须说明肯定祈使句是表达说话人希望听话人在某方面做得好一些,所以只有褒义形容词才能进入肯定祈使句,而贬义形容词则不可以进入肯定祈使句,相反,只有贬义形容词才可以进入

否定祈使句。当然,中性形容词既可以进入肯定祈使句也可以进入否定祈使句。如:

① 远一点儿!　　　　⑤ 别这么远!
② 近一点儿!　　　　⑥ 别那么近!
③ 大一点儿!　　　　⑦ 别那么大!
④ 小一点儿!　　　　⑧ 别这么小!

4. 祈使句对动词和形容词有何选择与要求?

综合上面几个问题,我们发现,祈使句的表意功能决定了无论是动词还是形容词,能否构成祈使句主要与其意义有关:动词或形容词是否表示人的动作或性质,无论是命令还是请求,都应该是在人与人之间进行的,所以能构成祈使句的动词或形容词应该都是表示人的动作或性质。但并不是说所有表示人的动作或性质的动词或形容词都可以单独构成祈使句,有时有一定的选择和要求:

(1) 有些动词需要重复或加"一下"等才能构成祈使句。如"醒"、"表示"、"说明"、"观察"、"打听"、"打扮"等,有的可以单独构成否定祈使句。如:

醒醒!　　　　醒一下!　　　*醒!　　　*别醒!
快来表示表示!　来表示一下!　*表示!　　*别表示!
打听打听!　　打听一下!　　*打听!　　别打听!

(2) 要求动词后加"着"或者说加"着"是其构成祈使句的条件之一。如"站"、"躺"、"跪"、"趴"、"扶"、"呆"等。

站着!　躺着!　跪着!　趴着!　扶着!　呆着!
*站下!　躺下!　跪下!　趴下!　*扶下!　呆下!

(3) 有些动词构成祈使句时需要加补语,如"闭"、"关"、"盖"、"藏"、"住"、"出"、"回"、"起"等。如:

闭上!　关上!　盖上!　藏起来!　住下吧!　出去!　回来!　起来!
*闭!　*关!　*盖!　*藏!　*住!　*出!　*回!　*起!

(4) 有些动词要求宾语同时出现才可以构成祈使句,如"救"、"禁止"

等。如：

  救火！　　救命！　　禁止吸烟！
  *救！　　　　　　*禁止！

5. 肯定祈使句与否定祈使句为何出现不对称现象？

有些动词或形容词构成的祈使句既有肯定形式又有否定形式，而有些动词或形容词构成的祈使句只有肯定形式而没有否定形式，或者只有否定形式而没有肯定形式。我们把这种现象叫做肯定祈使句和否定祈使句的不对称现象。如：

  快走！　　　　别走！
  保护环境！　　*别保护环境！
  *你忘了！　　　你别忘了！
  *你感冒！　　　你别感冒了！

出现这种现象的主要原因是，祈使句的功能和谓语动词或形容词的褒贬色彩、语义特征是否吻合是否和谐。它们可以出现以下匹配现象：

（1）具有褒义色彩的自主动词或形容词可以构成肯定祈使句，不能构成否定祈使句。因为一般说来人们只会公开告诉别人做社会道德认可的事情，而不会公开"制止"别人做这种事情。这种词语如"尊重"、"尊敬"、"爱护"、"保护"、"团结"、"赡养"等。

  尊重老师！　　*别尊重老师！
  爱护公物！　　*别爱护公物！
  赡养父母！　　*别赡养父母！
  大方点儿！　　*别大方！
  谦虚点儿！　　*别谦虚！
  　　　　　　　别这么谦虚！（听话人过于谦虚，说话人认为不好）

（2）具有贬义色彩的自主动词或形容词只能构成否定祈使句，不能构成肯定祈使句。原因同上，我们只会公开阻止别人做有悖社会道德的事情，而不会公开"教唆"别人做社会公德不允许的事情。如"欺骗"、"骗"、"捣乱"、"抱怨"、"埋怨"、"淘气"、"小气"等。

＊捣乱！　　　别捣乱！
　　　＊要抱怨！　　别抱怨！
　　　＊骗我！　　　别骗我！

（3）中性色彩的词语则无限制。如：

　　　快出来！　　　别出来！
　　　请尝尝！　　　别尝！
　　　休息一下吧！　别休息！

当然,有些形容词在正常语境下多是贬义的,但在特殊场合说话人不把它看做贬义,如"马虎"本身是贬义的,但特殊情况下,我们可以说"马虎点儿！",意思是不必太认真。

（4）非自主动词或形容词只能构成否定祈使句,不能构成肯定祈使句。如"病"、"忘"、"忘记"、"丢"、"害怕"、"愁"、"长"、"死"等。如：

　　　＊害怕！　　　别害怕！
　　　＊伤心！　　　别伤心！
　　　＊忘记！　　　别忘记了！

四、感叹句

1. 什么是感叹句？感叹句在对外汉语教学中的地位怎么样？

表示快乐、惊讶、悲哀、愤怒、厌恶、恐惧等浓厚的感情色彩的句子就是感叹句。感叹句句末一般用降调。

有的感叹句只由叹词构成。如：哦！（表示醒悟）　呸！（表示鄙视）

有的感叹句由名词或名词短语加上"啊"构成。如：天哪！他竟然干这种事！（表示惊讶）

有的感叹句只是一个口号,有的是祝词。如：中华人民共和国万岁！

更多的感叹句是由程度副词"多、多么、好、真"等加上形容词构成。如：你看,多漂亮啊！

在对汉语教学中我们应加强感叹句的教学,这是因为对外汉语教学的最终目的是培养留学生的语言交际能力,而语言交际能力好坏的评价标准除用词准确与否、语法正确与否以外,语气也是一个重要的因素。和陈述、疑问、祈使、反问等语气一样，感叹语气也是留学生应该掌握的重要表达方式。但是，长期以来，感叹句在对外汉语教学中一直未被放在应有的位置上。它们在对外汉语教学中的出现是随意的、不成系统的；在课堂教学和测试中也未得到应有的重视。在这种情况下，留学生出现如下偏误就不足为怪了。如：

① ＊你好工作认真啊！（你工作好认真啊！）

② ＊这个教室真干干净净啊！（这个教室真干净啊！）

③ ＊虽然天气多么冷啊！可是他还是用冷水洗澡。（虽然天气这么冷……）

④ ＊这是一本真好的书！（这本书真好！）

⑤ ＊她是一个可认真的老师！（她是一个多么认真的老师啊！）

⑥ ＊如果是这样，真好！（如果是这样，太好了！）

⑦ ＊你家乡可美了！（你家乡太美了！）

⑧ ？哇！你多高啊！（你真高啊！）

这种状况与对外汉语教学的最终目的是不相符的。之所以会出现这种情况，与本体研究领域对感叹句的认识不足有很大关系。一般现代汉语教材对感叹句的处理往往是举几个例子，一笔带过。目前对感叹句进行深入、细致描述的研究很少，对带"可、真、好、多（多么）"的感叹句之不同更是少有论述。当然，教学上的轻视也会对研究产生负面的影响。这种研究现状，毫无疑问是和现代汉语研究的整体趋向有关：曾几何时学者们太热衷于语言的"结构"，忽略了语言的"功能"。而感叹句正是从表达功能而得名，在结构上并无太多可圈可点之处。我们认为，语言的"结构"和"功能"同等重要，真正有价值的语言研究不仅仅在于对语言结构的描述，而且应该也必须把对语言的功能研究作为自己的重要课题。另外，从实用的角度对感叹句进行研究，更是对外汉语教学给我们提出的一个迫切需要解决的课题。

2. "太""真""好"和"可"字感叹句的语法差异：为何不说"她是一个真好的老师！"？

乍看起来，"可、真、好、多（多么）"构成的感叹句似乎无甚区别，其实细分析起来，它们在语法、语义和语用上都呈现出不同。下面我们先来看其语法上的不同。

(1) 所带语气词不同

"可、真、好、多(多么)"用于感叹句中所带语气词不同。

"可"字感叹句句末一定有语气助词"了"或其变体"啦"。如：

① 你有时间去长白山看看吧，那儿的原始森林可美了！
② 那小子可坏啦！
③ 多穿点，外面可冷了！
④ 快尝尝吧，可甜啦！

"真"字感叹句句末以不用语气词为常，但也可加上"啊"及其变体"呀、哪、哇"。如：

① 他功课真棒！
② 演出真精彩！
③ 真痛快呀！
④ 真窝囊啊！

"多(多么)"、"好"字感叹句句末常有语气词"啊"及其变体"呀、哪、哇"。如：

① 他工作多专注哇！
② 这花多漂亮啊！
③ 这菜好辣！
④ 你起得好早啊！

(2) 在修饰形容词+"的"作定语构成感叹句方面不同

我们说程度副词修饰形容词+"的"作定语可构成感叹句，并不是说"可、真、好、多(多么)"都可以。只有"多(多么)"、"好"可以，而"可"、"真"则不可以。如：

① 多好的学生啊！
② 野外是一片迷迷蒙蒙的灰蓝色，"啊！多讨厌的天气！"
③ 多可怜的老人哪！
④ 好聪明的孩子！

⑤ "妈妈,你瞧呀,好大的乌龟!"孩子们一看见,就嚷起来。
⑥ 好大的山,好陡的坡啊,战士们爬着上,溜着下。
⑦ *真冷的天气!
⑧ *可嫩的黄瓜!

"多(多么)"、"好"修饰形容词作定语都可构成感叹句,但二者仍有不同:"好"修饰双音节形容词作定语时,可在"好"和形容词之间插入"个"或"一个";而"多(多么)"则无此用法。如:

① 好个英俊的小伙子啊！　　*多个英俊的小伙子！
② 好一个幽静的村庄！　　　*多一个幽静的村庄！

(3) 所构成的感叹句在现实性方面不同

我们说"可、真、好、太、多(多么)"修饰形容词都可以作谓语构成感叹句,指的是现实感叹句。而在非现实感叹句中,只能用"多",不能用"真、可、好"。所谓现实感叹句,是指说话人所评价、抒发的情状、行为是现实存在的,而非现实感叹句是指根据某种假设或已有事实推断出结论,多为假设复句。句中常有"该"。如:

① 我们家也像你们这儿清静该多好啊！
② 我要是男的该多好啊！
③ 家里人要是知道我还滞留在这里,该多着急！
④ 如果是这样,你心里该多惭愧啊！
⑤ 这么漂亮的美人,要是死了多可惜啊！
⑥ 要是将这些船都打捞上来,修一修,这该多好啊！

3. "太""真""好"和"可"字感叹句的语用差异:"太冷了!"和"可冷了!"一样吗？

虽然"可、真、好、多(多么)"修饰形容词作谓语和补语都可构成现实感叹句,都表示喜悦、赞美、兴奋、惊讶等感情,但它们各有自己独特的语用条件。

(1) "可"字感叹句——告知式感叹句。如:

① 我家乡可美了！ 欢迎你去玩。
② 你不知道,他可恶毒了！

第五章 句型和句类

③ 昨天她打扮得可怪啦!
④ 我们去湖边走走吧,那儿可安静啦!
⑤ 你跟他谈谈吧,他可聪明啦!
⑥ 你没见,他那样子可吓人了!

"可"字感叹句固然表达赞美、惊讶等感情,但它在表达这种感情的同时,重在强调所说千真万确,且程度很高。不同于其他感叹句的地方在于它所表达的这种情况对于听话人来说是新信息,即说话之前不知道。而对于说话人来说是旧信息,即说话之前已经知道。说话人用感叹句告诉听话人这一情况。当然,有时"可"字感叹句所表达的情况对听话人来说并非新信息,只是说话人以为对听话人来说是新信息。如:

A:北京烤鸭可好吃啦!去尝尝。
B:我早知道了,还是吃别的吧!

我们可以这样总结,"可"字感叹句在表达赞美、惊讶、兴奋等情感的同时,也在向不知情者介绍这种情况。如果仅仅表达赞美、惊讶、兴奋等情感,而不是向不知情者介绍这种情况,则不能用"可"字感叹句。如:

① *你家乡可美了!(你家乡真美!)
② *(B向A介绍自己的女朋友后,A说)你女朋友可漂亮啦!(你女朋友真漂亮!)
③ *你的眼睛可大了!(你的眼睛真大!)
④ *(A和B在未名湖畔散步,A突然说)未名湖边可安静了!(未名湖边真安静!)
⑤ *(A和B同时从屋里出来,A突然说)可冷了!(好冷!)

"你家乡很美"对"你"来说并不是新信息,除非"你"根本没去过自己的家乡或久在异乡不知自己家乡变得很美。同样,"你女朋友很漂亮"和"你眼睛很大"对"你"来说也不是信息。A和B身处同样的环境,A注意到的"未名湖边很安静"和"很冷",B也同样会注意到,对他来说也不是新信息。所以上面的例句都不能说。

从上面的分析可以看出,"可"字感叹句所表达的情形往往不在眼前,即使在眼前,也重在传达信息,我们称之为"告知式感叹句"。

(2) "真"、"好"字感叹句——评价式感叹句

如上所述,如仅仅表达赞美、惊叹、兴奋等感情,而无意向不知情者介绍这种情况,我们就不用"可"字感叹句,而是用"真"、"好"字感叹句。

"真"字感叹句,如:

① 汉语真难!
② 这么多桃花,真好看!
③ 哎呀,真香! 你们这儿的咖啡煮得真好。
④ 你这老汉真讨厌!
⑤ 那里的野菊花一朵一朵的真多啊!
⑥ 啊! 小露露,你真聪明,真会说话,世界上没有再像你这么聪明的人了。

"真"有"的确"的意思,既说明真实性也强调事物性质状态的程度很高,同时还表示说话人的感情。"真"字感叹句在口语中用得很广。可言及说话人、听话人自己,也可言及第三者;既可就眼前的场景,也可就非眼前的场景发表感慨。只要是对某一对象在某一方面程度之高作出评价并因之发出感叹,都可以使用"真"字感叹句。我们称之为"评价式感叹句",即只是单纯对某一对象在某方面程度之高直接作出评价并发出感慨。

"评价式感叹句"还有"好"字感叹句。如:

① 这箱子好沉啊!
② 妈! 您好糊涂!
③ 部队出发了,像往常一样,开头走动的时候好拥挤哟!
④ 这一觉睡得好舒服啊!
⑤ 他对我好凶啊!
⑥ 我好笨啊!

"好"字感叹句原带有方言色彩,以表示不愉快的性质为多。现在口语中用得越来越多,也不再限于不愉快的情况。和"真"字感叹句多可互换,只是"好"字感叹句语气稍强些。但有些表示不愉快的感情抒发仍以"好"字感叹句为多,甚至只能使用"好"字感叹句。如:

① 你让我找得好辛苦啊!

② 你害得俺娘俩好苦!
③ 我肚子好疼啊!
④ 你害得她好惨啊!

另外,一些带"好不"的感叹句也不能换成别的感叹句。如:

好不要脸!　　好不威风!　　好不热闹!

(3) "多(多么)"字感叹句——提醒式感叹句。

"多"字感叹句比较复杂,和"可"字感叹句、"真、好"字感叹句都有交叉,所以,上述例句只有部分可以换成"多"字感叹句。即使能换,语义也有不同。如:

① 天啊,在这个大森林里,冰雪铺地,前不见屯,后不见村,多可怕呀!
② 他这么个壮实的男子汉大丈夫,不出去做事赚钱,反在家里给老婆孩子烧饭,洗衣服,多古怪。
③ 高中毕业生拜在你的门下当徒弟,多光彩呀!
④ 你瞧,那儿多热闹啊!
⑤ 你看她多好看,……笑得多美! 她就是大少爷的母亲。
⑥ 你看这副珠子多大呀! 多圆啊!
⑦ 妈妈,妈妈,你看,这种相机多好啊!

从表达感情的强烈程度上看,"多"字感叹句强于"真"字感叹句,近于"好"字感叹句。除表达感情的强烈程度之外,"多"字感叹句和"评价式感叹句"最大的不同在于,"评价式感叹句"可以是自言自语似的感慨,即使有听话人在场,说话人也只是感慨而无提醒之义;而"多"字感叹句是说话人以感叹的方式提醒听话人注意某种情况,而不是自言自语似的发感慨,所以,使用"多"字感叹句时多有听话人在场(即使无人在场,说话人也把自己假想成听话者),提醒人注意的"你看、你瞧、你听……"在"多"字感叹句中出现的频率非常高也可以说明这一点。如:

① 师傅,你听,这雷声多大啊!
② 董院长,你看她们看见了庄政委多喜欢。
③ 唉,瞧你多性急!

④ 赵松筠抓起了一把泥土感叹地说："你看,多好的团粒结构啊!"

⑤ 格格,快起来,这青砖地上多凉啊!

⑥ 你看黄老邪多小气!

同样要求听话人在场的"可"字感叹句和"多"字感叹句也有不同:前者多就非眼前场景感慨;后者多就眼前场景发出感慨,说话人只是提醒听话人注意这一情况。试比较:

① 黄蓉:傻姑,告诉姑姑,那天谁去桃花岛了?

　　傻姑:……还有个姨姨,她说话可好听了。他们可好了! 还带好多好吃的给我吃。

② 郭靖:蓉儿,我们还是早点把他救出来吧。

　　黄蓉:靖哥哥,你看这海滩多好看啊!

"多"字感叹句直言说话人和听话人自己时,常有提醒人注意的"你瞧、你看"等.如:

① ＊我多笨!(你看,我多笨!)

② ＊我多傻!(你瞧,我多傻!)

③ ＊我多聪明!(你看,我多聪明啊!)

④ ＊你多聪明啊!(你看,你多聪明啊!)

⑤ ＊你多笨啊!(你瞧,你多笨!)

⑥ ＊你多糊涂啊!(你看,你多糊涂啊!)

⑦ ＊你多漂亮啊!(你看,你多漂亮啊!)

既然是提醒人注意,就常常有提醒的原因。有的原因非常明显,在这种情况下,不宜换成别的感叹句。如:

① 你先生多好啊! 别瞎折腾了。

② 你儿子多聪明啊! 还抱怨!

③ 老师对你们多关心啊! 别因为一点小事闹别扭了。

④ 现在衣服多贵啊! 哪敢多买?

这种感叹句多就事实发出感慨,而非突然发现。说话人提醒听话人注意这一事实并根据这一事实作出相应的反映。

上文我们一直把"多"和"多么"作为相同的词来考虑,其实二者仍有细微的区别:"多么"常修饰双音节的形容词,且常用于强烈抒情的书面语。如:

① 在这闷热得使人喘不过气来的时候,是多么需要水啊!大家多么盼望能洗个清凉的淡水澡啊!
② 风吹过来,乌黑的头发往后面飘,孩子的脸多么丰满好看啊!
③ 她那希望一切都尽善尽美的愿望,是多么苛刻,多么不现实,而又多么顽固啊!

如单就孤立的一个句子,上述很多感叹句都可以换成其他感叹句(除第三部分语法差别外),但如把它们放到稍大些的语境中,我们就会发现绝大多数是不可互换的(或互换后语义有变)。这是因为它们都有自己独特的语用环境和要求。

思考与练习二十八

一、判断下列句子是哪种疑问句。
1. 你昨天去博物馆了吧?
2. 这么重要的事情,你怎么能瞒着父母呢?
3. 明天你能来帮我一下吗?
4. 刚才那个老师是不是王老师?
5. 这件事你去还是她去?
6. 这个消息你是什么时候知道的?
7. 明天的辩论赛你到底参加不参加?
8. 我们都不去了,你呢?
9. 你们班谁都有这本词典吗?
10. 她那么聪明,又那么漂亮,谁不喜欢她?

二、简答题:
1. "谁不认识他呀?"和"谁想去?"中的"谁"一样吗?
2. "太漂亮了!"和"可漂亮了!"的使用条件有什么不同?

3. 为什么我们可以说"请看!"和"请看清楚!"却不可以说"请看见!"?

三、判断下列句子是否正确,如不正确请说明理由并加以改正。
1. 那个人有没有能力吗?
2. 这个周末你有没有时间吗?
3. 超明,你有几个孩子吗? 我有两个孩子。
4. 你的宿舍有没有电视空调吗?
5. 你有没有辅导吗?
6. 你一般几点睡觉吗?
7. 为什么你来北京吗?
8. 啊! 你找了一个太聪明的男朋友!
9. 什么时候你回来上课?
10. 哇! 你的裙子可漂亮啦!

第六章　汉语常用句式

【内容简介】　句式是句型上的特殊类,即一些在结构形式、语义和语用上较特殊的句子。句式是从句子的结构形式的角度对句子进行的类型描述。汉语中常用的句式数量很多,主要有"比"字句、"把"字句、"被"字句、"连"字句、"是……的"句等等。针对对外汉语教学的需要,本章主要分析现代汉语中几种常用的句式及其在对外汉语教学中应注意的问题及教学对策。

第一节　比较句

一、比较句式概说

二、"比"字句

　　1. "比"字句在结构上有何特点?

　　2. 留学生在学习"比"字句时常出现哪些偏误?

三、"比"字句的教学

四、其他比较句

　　1. 等比句"A 跟/和 B……一样":为何不说"她的头发跟我的头发一样颜色"?

　　2. 为何不说"他不如我笨"?

3. 为何不说"越来越很紧张""越来越学习中文"和"越来越出国旅游的人多了"?

4. 为何不说"老师越讲,越我糊涂"?

一、比较句式概说

汉语表达比较的句式很多,但从大的方面来看,可以分为两大类:
等比句:表示事物、性质的异同。
    肯定式为:A 跟/和/同/与 B 一样/相同/差不多。
    否定式为:A 跟/和/同/与 B 不一样/不相同。
差比句:比较性质、程度的差别、高低。格式为:A 比 B+Adj/V 心。
每一大类中又各包含一些不同的小类。主要有:
(1) A 跟/和/同/与 B+一样(Adj.)/不一样(Adj)/相同/不同等,如:我和他一样高。
(2) "比"字句,如:我们的学习环境比你们好一点。(下面专门讲解)
(3) A 不如 B/A 不如 B+Adj,如:我不如姐姐聪明。
(4) "有"字句,如:她有你高吗?(参见本章第七节"有"字句)
(5) 越来越+Adj/V,如:随着经济的发展,出国旅游的人越来越多。
(6) 越+谓词$_1$+越+谓词$_2$,如:他越说越生气。

二、"比"字句

1. "比"字句在结构上有何特点?

"比"字句是表达比较的常用句式,它是用来比较不同事物以及同一事物在不同时间不同情况下的差别。"比"字句是初级汉语教学的一个重点也是难点,留学生会出现各种各样的偏误。现代汉语"比"字句基本语序可以格式化为"A 比 B+怎么样",其结构特点可以从以下几个方面来考虑。

(1) "比"字句中程度副词的使用

在对外汉语教学中,我们发现"比"字句中程度副词使用的偏误在对外汉语教学中非常普遍。如：

① ＊班长比我很努力。
② ＊广州比武汉非常现代。
③ ＊他比我非常喜欢中国文化。
④ ＊我比你最了解他。

在"比"字句中如果需要在形容词前面或后面加上表示程度深的词语，那么前面只能加"更"或"还"等相对程度副词，不能加"很"、"挺"、"十分"、"太"、"格外"、"比较"、"非常"等绝对程度副词；后面只能加"多"、"一点儿"，不能加"极"、"很"或"不得了"等。（马真1988）如：

① 北京比西安更现代。
② 北京比西安还漂亮。
③ 北京比西安现代多了。
④ 北京比西安现代得多。
⑤ ＊北京比西安很现代。
⑥ ＊北京比西安非常现代。
⑦ ＊北京比西安挺现代。
⑧ ＊北京比西安十分现代。
⑨ ＊北京比西安现代极了。
⑩ ＊北京比西安现代得不得了。

（2）"比"字句的否定形式

"比"字句的否定也是偏误率较高的内容之一。其否定有两种形式：一种是"A 不比 B……"；另一种是"A 没有 B……"。但二者在表达意义上是不同的。如：

当我们问"你同屋比你高吗？"否定的回答可以是"我同屋不比我高。"也可以是"我同屋没有我高。"

"我同屋不比我高"可能表示"我同屋和我差不多高"，也可能表示"我同屋比我矮"，可见它并不是单纯否定相比较事物间的差别，而是具有辩驳语气的否定；而"我同屋没有我高"只表示"我同屋比我矮"。

另外，在形容词的选择方面，二者也存在不同："A 没有 B……"要求后

面的形容词是积极性的形容词,一般不接受消极意义的形容词。如:

① 我没有你聪明。　　＊我没有你笨。

② 她没有姐姐漂亮。　＊她没有姐姐丑。

"A 不比 B……"没有此限制。如:

① 我也不比你笨啊,为什么我总也学不会。

② 她不比姐姐丑。

2. 留学生在学习"比"字句时常出现哪些偏误?

留学生在学习和使用"比"字句经常出现多种偏误,主要有:

(1) 差比和等比混用。

留学生在使用比较句时经常把该用等比句"A 跟/和/同/与 B＋一样/不一样/相同/不同/差不多"的地方用成了差比句即"比"字句。如:

① ＊他的爱好比我相同。(他的爱好跟我相同。)

② ＊他的汉语水平比以前差不多。(他的汉语水平跟以前差不多。)

③ ＊我们国家的习惯比中国的不一样。(我们国家的习惯跟中国的不一样。)

④ ＊我们老师上课的方法比别的老师不同。(我们老师上课的方法和别的老师不同。)

⑤ ＊我的房间比妹妹的房间同样宽。(我的房间和妹妹的同样宽。)

⑥ ＊古时候中国女人比男人不平等。(古时候中国女人跟男人不平等。)

这些例句都是用来比较事物或性质的异同的,就是比较事物或性质的相同还是不相同,一样还是不一样。要表示这样的比较意义,汉语应该用等比句"A 跟/和/同/与 B＋一样/不一样/相同/不同/差不多",而不应该用"比"字句。

(2) "比"字句中被比较项置于句末。

有时,留学生即使知道应该用差比句即"比"字句,同样也还会出现偏误。如:

① ＊我们班的学生多比你们班。(我们班的学生比你们班多。)

② *他的汉语好比我。(他的汉语比我好。)

③ *姐姐大三岁比我。(姐姐比我大三岁。)

④ *我们班多三个学生比二班。(我们比二班多三个学生。)

留学生出现这种偏误多是母语的负迁移造成的。因为在英语、韩语、泰语等语言中,被比较项都是放在比较的结果,即形容词的后面。比如:

① He is taller than me.

② Her sister is more beautiful than her.

(3) 差额位置有误。如:

① *他比我两厘米高。(他比我高两厘米)

② *我的同屋比我二十岁大。(我的同屋比我大二十岁)

③ *姐姐三岁大比我。(姐姐比我大三岁)

正如前面所讲,汉语"比"字句中如果有具体差额,表示具体差额的数字应置于形容词之后,而不应该置于形容词之前。有时这个差额是确定的,如上例;但有时是不确定的,此时也应该把表示不确定差额的词语置于形容词之后。而留学生受母语负迁移的影响,如英语(my sister is three years older than me),常常把差额置于形容词之前。如果 A 和 B 程度差别不大,则使用"A 比 B+形容词+一点儿/一些";如果 A 和 B 程度差别很大,则使用"A 比 B+形容词+得多/多了/很多",而不能说成"A 比 B+一点儿/一些/有点儿/多/很+形容词"。如:

① *北京的东西比南京一点儿贵。(北京的动词比南京贵一点儿。)

② *我朋友比我一些刻苦。(我朋友比我刻苦一些。)

③ *哥哥比弟弟有点儿高。(哥哥比弟弟高一点儿。)

④ *北京比郑州很大。(北京比郑州大多了。)

⑤ *姐姐比我多漂亮。(姐姐比我漂亮多了。)

(4) "比"字句的否定形式有误。

在"比"字句中否定副词"不"等的使用方面,留学生由于学习过程中的过度泛化也会造成偏误"A 比 B 不+Adj"。如:

① *我比班长学习不好。(我没有班长学习好。/我不比班长学习好。)

② *我的衣服比他的不贵。(我的衣服没有他的贵。/我的衣服不比他的贵。)

③ *我的汉语水平比他的不高。(我的汉语水平没有他的高。/我的汉语水平不比他的高。)

④ *我的房间比姐姐的不干净。(我的房间没有姐姐的干净。/我的房间不比姐姐的干净。)

⑤ *我的成绩比他不好。(我的成绩没有他好。/我的成绩不比他好。)

⑥ *大卫比罗森不喜欢中国菜。(大卫没有罗森喜欢中国菜。/大卫不比罗森喜欢中国菜。)

留学生之所以会出现这样的偏误,不是因为母语的影响,而是在学习汉语过程中类推造成的一种过度泛化。留学生已经知道,否定词"不"一般情况下应该放在谓语形容词的前面。那么在学习了"比"字句后,就很自然地把这种观念或习惯类推到"比"字句中,上述偏误便由此产生。当然,如果不是反驳别人的观点,只是单纯比较,"比"字句的否定形式应该是"A 没有 B……"。

当然,在口语中,如果表示比较结果的形容词是说话人所不希望的性质或状态,那么"不"既可以放在"比"的前面,也可以放在形容词的前面。但这种用法是比较少见的。如:

① 我不比他差,你为什么选他不选我?＝我比他不差,你为什么选他不选我?

② 弟弟不比哥哥弱啊。＝弟弟比哥哥不弱啊。

(5)"比"字句中,形容词前面出现绝对程度副词:如:

① *今天比昨天很冷。(今天比昨天冷多了。)

② *北京的东西比德国太便宜。(北京的东西比德国便宜得多。)

③ *我妹妹比我很聪明。(我妹妹比我聪明多了。)

④ *曼谷的夏天比北京非常热。(曼谷的夏天比北京热得多。)

⑤ *他的汉语比刚来十分好。(他的汉语比刚来好多了。)

⑥ *我觉得发音比语法有点难。(我觉得发音比语法难一点儿。)

这种偏误在留学生学习和使用"比"字句的过程中出现的频率是非常

高的。这些偏误共同的特点是在形容词前面都错误地加上了表示程度的副词,如"很、非常、十分、特别、太"等。在汉语中,如果要表示差异的程度,可以在形容词后面加上程度补语。

如果 B 具有某种特征,A 也具有某种特征,而且程度高于 B,则可以使用"A 比 B 更/还＋形容词"。如:

    泰国的东西很便宜,北京的东西比泰国更便宜。

其中"更、还、稍微"等是表示相对程度的副词,可以用在"比"字句中,而"很、非常、十分、最、太"等是表示绝对程度的副词,不能用在"比"字句中。

留学生为什么会在"比"字句的形容词前面加上绝对程度副词呢？这并不是母语的负迁移造成的,而是留学生在学习汉语的过程中由于类推造成的过度泛化。留学生已经知道,形容词(不包括"雪白、金黄"等状态词)前面加"很"等程度副词是很自由的。留学生在学习了"比"字句后,就很自然地把这种观念或习惯类推到"比"字句中,上述偏误便由此产生。

(6) 形容词后的程度副词用错。如:

  ① *你的房间比我的大极了。(你的房间比我的大多了。)
  ② *他的脾气比以前坏得很。(他的脾气比以前坏多了。)
  ③ *北京的榴莲比泰国贵的不得了。(北京的榴莲比泰国贵得多。)

我们前面说过,在"比"字句中,形容词后面加上程度补语可以表示差异的程度,但也要注意,用在形容词后的程度副词不可以是"很、极了、不得了"等。

三、"比"字句的教学

在对外汉语教材中,"比"字句一般只出现在初级阶段。有的教材甚至把"比"字句的教学内容安排在一两课之内完成。其实,"比"字句的形式多样,语义内涵有不同层次,有的"比"字句形式也比较复杂,如果将所有的"比"字句的教学内容仅仅局限在初级阶段,势必造成难度大、分量重,影响教学效果,而且使"比"字句的教学内容受到局限。所以,"'比'字句应该按照形式的由简到繁、语义的由浅及深进行不同等级的层次切分,并将'比'

字句的教学内容按切分后的语法项目分布在初级、中级、高级阶段以及各阶段的不同课中。"（吕文华 1994）也就是说应该采取分阶段、格式强化教学，我们可以按"比"字句结构难易依次教授。

① A 比 B＋怎么样，如：他比我高。

② A 比 B＋形容词＋num/得多/一点儿/多了，如：他比我高得多。

③ A 比 B＋早(晚)/多(少)＋V＋数量(一点儿)，如：他比我早来三天。

④ A＋动词＋得＋比＋B＋形容词，如：他来得比我早。

   A＋动词＋得＋比＋B＋形容词＋得多/一点儿/多了，如：他来得比我早得多。

⑤ A 比 B＋更/还＋怎么样，如：姚明比科比还高。

   A 不比 B＋怎么样，如：他并不比我高啊！

⑥ A 比 B＋动词＋得＋怎么样，如：他比我跑得快。

这么多"比"字句如果一次塞给学生，效果恐怕很差，我们可把它们分散在若干课中进行学习，使多种"比"字句呈纵向的递进排列，使其化整为零多次出现，化难为易，在逐步递进的过程中掌握和消化。

四、其他比较句

1. 等比句"A 跟/和 B……一样"：为何不说"她的头发跟我的头发一样颜色"？

等比句表示比较项和被比较项是否等同，可格式化为"A 跟 B(不)一样＋……"，如：

① 他的职业跟父母(的职业)一样。

② 她跟姐姐一样漂亮。

③ 我跟你一样喜欢吃辣的。

如果 A 和 B 都是带定语的偏正词组，B 的中心语则可以省略。如：

我们国家的气候和北京(的气候)差不多。

在使用等比句"A 跟 B＋一样"时，应该注意"一样"后面不能带名词性成分，比较的内容即那个名词性成分应该放到"一样"的前面。如：

① 她的头发跟我的头发颜色一样。

* 她的头发跟我的头发一样颜色。

② 我同屋和我生活习惯不一样。

* 我同屋和我不一样生活习惯。

另外,在等比句"A 和/跟 B 一样"中,"一样"前可以加上表示程度接近的一些词语,如"差不多"、"几乎"、"不太"等,但不能加上程度副词"很"、"非常"等。肯定各方面都一样时,可以使用"完全"。如:

① 他和哥哥不太一样。

② 我的手表跟他的完全一样。

③ 他说的和做的完全不同。

④ * 他和哥哥很一样。

2. 为何不说"他不如我笨"?

在"A 不如 B+Adj"中,形容词一般是积极意义的形容词,不能是消极意义的词。如:

① 我不如姐姐漂亮。　　* 我不如姐姐难看。

② 她不如她同屋细心。　　* 她不如她同屋马虎。

③ 他不如弟弟大方。　　* 他不如弟弟小气。

④ 她不如妹妹聪明。　　* 她不如妹妹笨。

3. 为何不说"越来越很紧张""越来越学习中文"和"越来越出国旅游的人多了"?

这三种偏误都是留学生在学习和使用"越来越……"过程中最容易出现的。"越来越……"是用来比较人或事物的数量或程度随着时间的推移而不断地发展变化,是同一事物在不同时期或不同条件下的比较。句中表示性质的形容词已经含有程度的意义,是肯定以前的程度高,现在更高的意义,所以不再接受表示程度的词语的修饰。但留学生往往认为形容词或心理动词受程度副词的修饰是很正常的,所以也会类推到"越来越……"句中,从而出现过度泛化造成的偏误。如:

① * 他的汉语越来越很流利了。(他的汉语越来越流利了。)

② * 北京的空气越来越好多了。(北京的空气越来越好了。)

③ *房子越来越很贵了。(房子越来越贵了。)

"越来越"表示程度,所以后面只能出现形容词或心理动词,而一般动词则不可以。可以格式化为:越来越＋Adj/V(心)。如:

① 我越来越习惯北京的生活。
② 我妈妈越来越喜欢我的女朋友。
③ 他的汉语越来越好了。
④ 风刮得越来越大了。
　*风越来越刮得大了。
⑤ 雪下得越来越大了。
　*雪越来越下得大了。

"越来越"是副词性短语,只能用在形容词或心理动词前作状语,不能用在主语的前面。如:

① 学习汉语的人越来越多了。
　*越来越学习汉语的人多了。
② 他的汉语水平越来越高了。
　*越来越他的汉语水平高了。
③ 人们越来越注意健康了。
　*越来越人们注意健康了。

4. 为何不说"老师越讲,越我糊涂"?

"越＋谓词$_1$,越＋谓词$_2$"表示谓词$_2$的程度随着谓词$_1$条件的发展逐渐变化,是同一事物在不同条件下的比较。如:

① 他越紧张越说不好。
② 这女孩儿越长越漂亮。

在使用"越＋谓词$_1$,越＋谓词$_2$"时,两个"越"必须搭配使用,不能只使用一个。如:

① *老师越讲,我更糊涂了。(老师越讲,我越糊涂了。)
② *听的人越多,他非常高兴。(听的人越多,他越高兴。)

同时还要注意,如果前后只有一个主语,主语只要放在"越"前,可以放在前一分句,也可放在后一分句,可格式化为"主语+越+谓词$_1$,越+谓词$_2$",或者"越+谓词$_1$,主语+越+谓词$_2$",但以放在前一分句为常见,如:

① 他越紧张越口吃。

② 越紧张他越口吃。

但如果有两个主语,要分别放在两个"越"之前,可格式化为:主语$_1$+越……,主语$_2$+越……。如:

① 她的声音越大,丈夫的拳头越狠。

② 老师越讲,学生越糊涂。

③ 妈妈越反对,我越想去。

留学生很容易把主语置于"越"之后,造成如下偏误。如:

① *老师越讲,越学生糊涂。

② *越老师说,越我糊涂。

③ *妈妈越反对,越我想去。

④ *越妈妈反对,越我想去。

⑤ *她越说,越我不高兴。

⑥ *生活水平越高,越出国旅游的人多。

留学生出现这种偏误的原因之一是教材中对"越……越……"的格式化不够到位,如果格式化为"主语+越+怎么样+越+怎么样","主语$_1$+越+怎么样,主语$_2$+越+怎么样",留学生出现上述偏误的概率就会低很多。

思考与练习二十九

一、判断下列句子是否正确,如不正确请改正并说明原因。

1. 北京的天气越来越暖和多了。

2. 其实我的汉语水平比别的同学不高。

3. 我不如我姐姐懒。

4. 他的汉语水平越来越非常高。

5. 马尼拉的交通很不好,北京的交通比马尼拉更好。

6. 他汉语说得流利比我。
7. 中国有些地方跟我们国家一样风俗。
8. 越来越学汉语的人多了。
9. 妈妈越说,越我不想去。
10. 首尔比北京不一样。
11. 越他追我,越我不喜欢他。
12. 我比他一点高。
13. 中国的酒比我们国家的酒比较辣。
14. 我的同屋10岁大比我,所以她是我姐姐。
15. 我们国家青少年犯罪率比以前有点高。

二、简答题:

1. "东京不比北京大"和"东京没有北京大"有什么不同?
2. 为什么"他的个子比哥哥很高"不能说,"他的个子比哥哥还高"能说?
3. 留学生在学习和使用"比"字句的过程中容易出现的偏误主要表现在哪些方面?请举例说明。
4. "发音比语法更难"和"发音比语法难多了。"有何不同?

第二节 "把"字句

一、"把"字句及其语法意义
  1. 为何不说"我把饺子吃在五道口食堂"?
  2. 什么情况下必须使用"把"字句?为何不说"我放手机在桌子上"?
二、"把"字句的结构特点
三、"把"字句的偏误分析
四、"把"字句的教学

第六章 汉语常用句式

一、"把"字句及其语法意义

1. 为何不说"我把饺子吃在五道口食堂"？

谓语动词前使用介词短语"把+宾语"的句子叫做"把"字句。"把"字句是汉语特有的句式，也是对外汉语教学中无法回避的高难度语法项目。我们之所以说"把"字句是对外汉语教学中难以攻克的堡垒，主要在于其本身的限制条件多，而且在外语中没有相对应的语言形式；另外，我们在教学中尚未摸索出一条正确有效的途径也是一个重要原因。多年来"把"字句一直是中外汉语学界的热门话题。

在教学过程中我们发现，"把"字句许多形式上的偏误都可以从语法意义上得到解释。有时留学生仅仅掌握了"把"字句的形式特征，还不能真正运用"把"字句，就会造出下面的句子。如：

① *孩子把故事听高兴了。

② *我把饺子吃在五道口食堂。

留学生总是强烈地希望老师能告诉他们：在什么情况下一定要使用"把"字句，在什么情况下一定不能使用"把"字句。可是对这个问题，老师也感到很头疼。其实，许多结构形式上的偏误归根结底还是因为学生没有准确把握"把"字句的意义造成的。因此，学好"把"字句，准确掌握它的意义是关键。

关于"把"字句的语法意义，影响最大的是"处置说"。但因为它过于概括抽象，外国留学生对"处置"这个概念本身就很难理解，感到无所适从。因此，他们要么干脆"敬而远之"，该用不用从而造成回避"把"字句的现象；要么一用就错。基于这种情况，我们不再采取理论语法的"处置说"，而是把这一概念分解为概括程度不高、稍微具体点的次类意义范畴。即主语代表的人或事物通过动作行为使某个确定的人或事物发生一定的变化或受到某种影响，产生某种结果，这个变化可以是位置移动，可以是性质发生变化，也可以是形式上发生变化，甚至可以是在别人的认识中发生变化。只有在上述情况之下才使用"把"字句。那么上述偏误句"高兴"不是"故事"通过"听"发生的变化；"在五道口食堂"也不是"饺子"通过"吃"发生的位置

的变化,所以都不能使用"把"字句。"把"字句的语法意义我们可以图示化为:

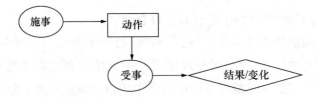

例如:妈妈把孩子打哭了。

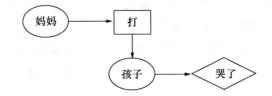

他把衣服扔在床上了。

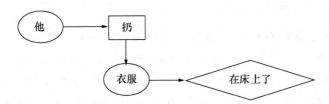

下文谈到的很多留学生的偏误都可以用此图示进行解释说明。比如前文提到的两个偏误句。

＊孩子把故事听高兴了。

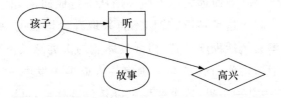

"高兴了"不是"故事"在"听"之后的变化,而是"孩子"的变化,所以不对。

* 我把饺子吃在五道口食堂。

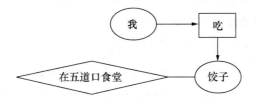

"在五道口食堂"不是"饺子"在"我吃"之后移动到的位置,而是在"吃"之前的位置,所以也不适于用"把"字句。

2. 什么情况下必须使用"把"字句？为何不说"我放手机在桌子上"？

简单说来,下面几种情况一般都是要使用"把"字句的。

第一种情况：某个确定的事物,因为某动作而发生位置的移动或关系的转移。可格式化为"主语＋把＋宾语＋动词＋在/到＋某地"或"主语＋把＋宾语＋动词＋给＋另一宾语"。如：

① 他把手机放在桌子上了。

  * 他放手机在桌子上了。（"手机"因为"放"而移动到"桌子上"）

② 在我上初中的时候,妈妈把我送到了广州姑姑家。

  * 在我上初中的时候,妈妈送我到了广州姑姑家。（"我"因为"送"而到"姑姑家"）

③ 我要把这个鸟巢的明信片寄给妈妈。

  * 我要寄这个鸟巢的明信片给妈妈。（"明信片"因为"寄"而转移到"妈妈"那儿）

④ 请你把这张票交给王老师。

  * 请你交这张票给王老师。（"这张票"因为"交"而转移到"王老师"那儿）

第二种情况：某一确定的事物,因为某动作而变化成为另一事物,或在人们的头脑中被认同为另一事物。可格式化为"主语＋把＋宾语＋动词＋成/为/作＋另一宾语"。如：

① 不知什么时候,他把我们的系花变成了自己的女朋友。

  * 不知什么时候,他变我们的系花成了自己的女朋友。

② 他三个星期就把那本小说翻译成了中文。

＊他三个星期就翻译那本小说成了中文。

③ 我们都把那儿当做了自己的家。

＊我们都当那儿做自己的家了。

第三种情况：某一确定的事物因为某一动作变成另一状态,该状态是用比较复杂的补语来表达的。可格式化为"主语＋把＋宾语＋动词＋得＋补语"。如：

① 放心,半个小时之内我们保证把房间收拾得干干净净。

＊放心,半个小时之内我们保证收拾房间得干干净净。

② 他把我骂得头都不敢抬。

＊他骂我得头都不敢抬。

第四种情况：句中受事用"全、都、一切、所有、完全"等加以总括的时候,一般要用"把"字句。如：

① 我把所有该做的事情都做完了就去找你。

② 他把挣来的钱全部都捐了。

③ 这一句"辛苦了"把一切的委屈都赶走了。

第五种情况：双宾语句中如果直接宾语是定指的名词性成分时,一般要用"把"字句。如：

① 刚出门,他就把这件事告诉了我。

② 快把具体情况告诉大家!

③ 请你把这张老照片寄给老张。

二、"把"字句的结构特点

明白了"把"字句的语法意义,我们再来看看其形式特点。

(1) 光杆动词不可以充当"把"字句的谓语,其后一般要出现补语。如：

① ＊请你把这封信寄。　　　请你把这封信寄给他。

② ＊我恨不得把他杀。　　　我恨不得把他杀死。

③ ＊你把这辆自行车买吧。　你把这辆自行车买下吧。

原因在于多数"把"字句表示某确定的事物因某动作而发生某种变化,这一语法意义就要求"把"字句的谓语动词本身不能是一个光杆动词,要表示结果或变化,动词后就应该有表示该意义的结果补语或趋向补语;要表示位移或关系的转移,动词后就应该有表示这种位移或关系转移的相应词语等等。总之,"把"字句的语法意义决定了其谓语动词不可能是个光杆动词,在动词后应该有相应的词语来表示与动词有联系的其他相关意义。根据上文图示,◇所表示的"变化"或"结果"在"把"字句中是必不可少的成分。

一般来说,如果"把"字句的动词含有"分离、消失、失去或者受损"等的意义时,动词后可以只带一个"了"。如:

① 快把外套脱了。　　＊快把外套穿了。
② 把它扔了。　　　　＊把它拿了。
③ 我们把房子拆了。　＊我们把房子盖了。
④ 她可把我害了。　　＊她可把我帮了。
⑤ 你这次可是把他坑了。

一些述补结构的双音节动词,如:推翻、打倒、提前、推迟、提高、说明、驳倒、分开、打破、缩小、撤销等,用在"把"字句中可以单独充当"把"字句的谓语。如:

① 快把干的和湿的分开。
② 彻底把他驳倒!
③ 快把这个决议撤销。
④ 我希望把这种不合理的制度彻底打破。

有时谓语动词后可以不出现补语,而是动词前出现状语。如:

① 他总是喜欢把东西乱放。
② 他把思路稍微整理就站起来了。
③ 回到家他把书包一扔就跑出去玩了。
④ 爸爸把手一扬,我们都害怕了。

我们发现,动词后不出现补语而是在动词前出现状语一般是"把"字句后还有一个小句,用来说明在前一动作之后发生的另一动作。

（2）不及物动词和形容词不可单独充当"把"字句的谓语。如：

① *风把我的自行车倒了。
② *他把被子破了。
③ *我把衣服干净了。
④ *大家赶快把他进医院。

"把"字句的基本语法意义要求其谓语动词必须是能涉及另一对象的及物动词，如果缺少了该及物动词只有表示结果或变化的不及物动词或形容词，那么这个变化或结果就失去了"原因"。所以我们说：不及物动词和形容词不可单独充当"把"字句的谓语，只能用在及物动词之后充当补语。当然不及物动词有时也可以用在不及物动词之后。如：

⑤ 半夜她把我们都哭醒了。

根据上文图示，我们也可以知道，某一事物发生某一变化是由于发生了某个动作，如果缺少了表示该动作行为的动词（一般是及物动词）则无法使用"把"字句。所以"我把饭好了"是不说的。

（3）非动作性动词不可以充当"把"字句的谓语动词

有些动词所表示的动作不能使另一对象发生变化，这种动词就是非动作性动词。这样的动词主要有：存现、等同动词"有、在、像"等；属性动词"是、属于"；感觉、认知、心理动词"知道、相信、看见、听见、闻见、感到、感觉、以为、认为、懂"等；趋向动词"上、下、下去"等。例如：

① *妈妈把这件事知道了。
② *我一进门就把饭香闻到了。
③ *去年我就把他认识了。
④ *他还没把那本词典有了。
⑤ *我至今还没把西藏去过。
⑥ *我三年只把家回过一次。

因为这些动词所表示的动作都无法使所涉及的另一事物发生某种变化，例如"知道"是无法使"这件事"发生任何变化的。根据"把"字句的语法意义，"把"字句的谓语动词必须是能使其涉及的对象发生某种变化的动词，所以非动作性动词不可以在"把"字句中充当谓语动词。

(4)"把"字短语和谓语之间不能加能愿动词、否定副词和时间词语等,这些词语应该放在"把"的前面(时间词语也可以放在主语的前面)。留学生在这方面的偏误是相当普遍的。如:

① *你把这件事不应该告诉妈妈。(你不应该把这件事告诉妈妈。)

② *我把今天的作业没带来。(我没把今天的作业带来。)

③ *我把书明天还给图书馆。(我明天把书还给图书馆。/明天我把书还给图书馆。)

因为在汉语中能愿动词、否定副词、时间词语最常见的位置就是放在动词前边,学生很容易把这一规则过度类推到"把"字句,造成偏误。

(5)"把"字句动词后面不能带可能补语。

可能补语表示的只是一种可能,并不是动作的确定结果,而"把"字句的基本语法意义是表示某一动作或行为对某一事物造成或带来某种确定的结果或变化。可见,二者是矛盾的,所以"把"字句和可能补语不能共现一句。如:

① *我把衣服洗不干净。(我洗不干净衣服。/衣服我洗不干净。)

② *我把这本书看得懂。(我看得懂这本书。/这本书我看得懂。)

③ *我把你的箱子打不开。(你的箱子我打不开。/我打不开你的箱子。)

(6)"把"字句中"把"的宾语应该是确定的。

"把"的基本语法意义是某个确定的事物由于某个动作行为而发生某种变化,产生某种结果。所以"把"的宾语应该是确定的、双方都知道的事物。如:

我把那本书扔了。

我把书扔了。(此时虽无表示确指的定语,但说话双方都知道是哪本或哪些书。)

*我把一本书扔了。

综合以上六点,"把"字句的结构特点,我们简单总结如下:

```
                        及物动作性动词
                           ↓
主语(＋否定、能愿等)＋把＋宾语＋动词＋补语←表示宾语在动作之后的
                    ↑                        情况,可能补语除外
                   确指
```

三、"把"字句的偏误分析

留学生在学习和使用"把"字句的过程中会出现各种各样的偏误,大致说来有以下几种:

1. 该用"把"字句而没用。如:

① ＊下课后要交作业给老师。(下课后要把作业交给老师。)
② ＊他经常忘自己的手机在教室,我们都说他是个马虎的人。(他经常把自己的手机忘在教室……)

汉语中如果要说明通过一个动作使某确指的事物发生位置的改变,应该用"把"字句,而且是强制性地使用"把"字句。

2. 不该用"把"字句却用了。如:

① ＊他总是把作业做得很认真。(他总是很认真地做作业。)
② ＊她把每一件事情做得都很仔细。(每一件事情她都仔细地做。)
③ ＊我把汉语学得很刻苦。(她学习汉语很刻苦。)

这一问题主要涉及"把"字句的语法意义。前面我们说过"把"字句的语法意义:主语代表的人或事物通过动作行为使某个人或事物发生一定的变化(可以是位置移动,可以是性质变化,也可以是形式上的变化,甚至可以是在别人的认识中发生变化)。只有在上述情况之下才使用"把"字句。否则就不适合使用"把"字句。而上述偏误"认真"、"仔细"、"刻苦"都不是表达"作业"、"汉语"等的变化,而是主语在做某个动作时的状态,所以不宜使用"把"字句。所以,在教授"把"字句时,只单纯地告诉学生"把"字句的形式(如下)是不够的。"主语＋把＋宾语＋动词＋补语""主语＋把＋宾语＋动词＋在/到＋某地",这只不过提供了一种组合的可能性,并不是任何名词、动词放在这个句型里都可以生成合乎语法的句子。如果我们不把

"把"字句的语义和语用条件告诉学生,留学生就会照此格式生成形式上完全正确而实际上完全错误的句子。如:

① *我把饺子吃在五道口食堂。
② *他把衣服买在王府井。

可见,除了形式上的说明之外,我们还应该说明,某一动作发生后使某一事物发生位置的移动或形状的变化等,才能使用"把"字句。如:

① 我把饺子放在桌子上。
② 他把衣服扔在床上。

而"五道口食堂"和"王府井"是在动作发生之前,"饺子"、"衣服"所在的处所,不是动作发生后所在的处所,不能使用"把"字句。

3. "把"字句结构方面出现问题。

留学生在学习和使用"把"字句的过程中在结构方面可能出现各种问题,前面"把"字句的结构特点部分已做过介绍,此不赘述。简单列举如下:

(1) 谓语动词后缺少补语。如:

① *美珠把杂志买了。(美珠把杂志买来了。)
② *我的同屋昨天把我们的房间打扫。(我的同屋昨天把我们的房间打扫干净了。)

(2) 不及物动词或形容词单独充当谓语。如:

*妈妈把我的裙子干净了。(妈妈把我的裙子洗干净了。)

(3) 非动作性动词充当"把"字句的谓语。如:

*他把这件事情知道了。(他知道了这件事。)

(4) 可能补语充当"把"字句的补语。如:

*我把我的钥匙找不到。(我找不到我的钥匙了。)

(5) 否定副词和能愿动词位置有误。如:

① *我把这件事情没有告诉老师。(我没有把这件事告诉老师。)
② *你把这封信应该寄出去。(你应该把这封信寄出去。)

四、"把"字句的教学

1. 从语法意义入手,分阶段教学

"把"字句内部极其复杂,又可分为几个小类。有的教材或教师把形式不同,难度不一的"把"字句一股脑地倒给留学生,致使留学生"学完'把'字句后,只是模模糊糊地记住一些使用'把'字句的限制条件和规则,含糊不清地理解'把'的处置义,困惑不解地在主谓宾句和'把'字句中变来变去。因此学生要么不用'把'字句,要么一用就错。"(吕文华 1994)那么怎么解决"把"字句的教学呢?

我们不能知难而退,采取躲避的态度。"解决'把'字句教学的根本途径是要揭示'把'字句的语法意义,使学生掌握表达什么意义时须用'把'字句,同时还要指出使用'把'字句的语境背景,使学生掌握在什么情况下用'把'字句。"我们可以采取从语义分析入手结合形式特征和语用的办法进行教学,也可以采取从形式特征入手,结合语义和语用的办法或者从语用入手结合形式和语义的办法。作为教学语法,我们还要考虑循序渐进的原则,使学生在不同阶段由易到难、由浅入深地学习"把"字句。

下面我们从语义分析入手结合形式特征对"把"字句的分阶段教学进行分析。

初级阶段可以教授以下"把"字句:
(1) 表达某确定的事物因为某个动作而发生位置的移动。可以使用格式1"主语+把+宾语+动词+在/到+某处所"。如:

① 他把书包放在地上了。
② 请你把这张地图挂在黑板上面。

(2) 表达某确定的事物因为某个动作而发生关系的转移。可以使用格式2"主语+把+名词$_1$+动词给+某人(关系转移的对象)"。如:

① 我把作业都交给老师了。
② 我把照片发给妈妈了。

这两种格式的"把"字句的使用频率非常高,而且都是必须使用的"把"字句,也就是说没有办法用别的主谓宾句去置换,学生学了就得用,不用,老师就要为之纠正;用错了,老师也会纠正。这样,留学生可能很快就习得了这两种"把"字句,并且通过这两种"把"字句的学习让学生对"把"字句的语法意义有个大致的了解,为以后学习其他"把"字句打下基础。所以,有必要先让学生接触这两种格式的"把"字句。

(3) 表达某确定的事物因为某个动作而发生某种变化,产生了某种结果。可以使用

格式 3 "主语+把+宾语+动词+结果补语",如:

① 我把衣服洗干净了。
② 请你把窗户打开。

格式 4 "主语+把+宾语+动词+趋向补语",如:

① 他把书包拿来了。
② 请你把这词典带到教室去。

格式 5 "主语+把+宾语+动词+状态补语",如:

① 他把房间打扫得干干净净。
② 她把课文记得滚瓜烂熟。

格式 6 "主语+把+宾语+动词+某人",如:

① 我把这件事告诉妈妈了。
② 请你把他的电话号码给我。

据统计,格式 3 和格式 4,即动词后带结果补语和趋向补语的"把"字句的出现频率最高,分别是 23.3% 和 19.9%,二者之和超过了整个"把"字句的一半以上。(吕文华 1994) 所以也应该较早让学生接触,但受结果补语和趋向补语的限制,这两种格式的"把"字句应出现在结果补语和趋向补语的教学之后。以上 6 种格式的"把"字句占所有"把"字句的 80% 以上,是"把"字句常用的基本格式,代表了"把"字句所表达的最基本的意义和用法,基本上能够满足初级学习者的交际需要。

中级阶段可以教授以下"把"字句:

(4) 把某确定的事物认同为另一事物,或通过动作使某事物变化为在性质特征上有等同关系的另一事物。可以使用

格式7"主语+把+宾语+动词+成/作/为+另一宾语",如:

① 我把他当成了我最好的朋友。

② 我们常常把儿童比喻为花朵。

③ 他的岳母把他看做了自己的儿子。

这种"把"字句常独立运用,表达主观判断,是必须使用的"把"字句。

(5) 表达动作与某确定的事物发生联系,或者以某种方式发生联系。可以使用

格式8"主语+把+宾语+动词+动词重叠",如:

① 请你把情况介绍介绍。

② 现在我把这次旅游的注意事项说一说。

③ 他把名单对了对才离开。

在使用这种格式时要注意并非每一个动词重叠形式都可以用于"把"字句。如:

④ ＊你把他帮助帮助。

能这样使用的动词常常是表示通过动作可以使"把"后的事物发生明显变化的动词,如"洗、擦、抹、打扫"等,或者表示述说类动词,如"介绍、谈、讲、说"等,还有"检查、核对"等,而且多用于祈使句。如:

⑤ 快把黑板擦擦。

⑥ 快把卷子检查检查!

⑦ 请你把那里的情况介绍介绍。

格式9"主语+把+宾语+动词+着,……",如:

① 他把眼睛闭着,一动不动。

② 他把头抬着,一副旁若无人的样子。

③ 把这些钱带着,万一有个事什么的。

格式10"主语+把+宾语+一+动词,……",如:

① 他把书一扔就出去了。

② 老师把桌子一拍,我们就都害怕了。

③ 爸爸把眼一瞪,我们都老实了。

格式11"主语+把+宾语+状语+动词",如:

① 你总是把东西乱扔。
② 她把头发略加整理就出去了。

格式12"主语+把+宾语+动词+动量词语",如:

① 我们把这个问题研究好几遍了。
② 老师把这个语法又讲了一遍,我们才明白。

格式8到格式12主要表示事物与动作发生联系,描写动作与事物发生联系的方式,并不表示结果,动词前后的成分表示动作的方式或动作的量。

高级阶段可以教授以下"把"字句:

(6) 表达一些不如意的情况,可以使用格式13"主语+把+宾语+动词+了",如:

① 我把他的名字忘了。
② 快把它扔了。

(7) 表达一些致使意义,可以使用格式14"非生物主语+把+宾语+动词+其他",如:

① 外边的鞭炮声把孩子惊醒了。
② 你的眼睛把她吓哭了。

绝大多数"把"字句的主语是人或有生命的东西,无生命的东西充任的主语一般表示事件或自然现象或机械动力等,这种无生命的东西是N发生变化的原因。

在高级阶段,我们还可以让学生接触一些比较复杂的"把"字句。如:

N是复杂的成分:为了这次考试,我把小学、中学和高中学过知识又重新复习了一遍。

兼语句中包含"把"字结构:老师让班长把作业收上来。

连动句中包含"把"字结构:把这些旧书捆起来卖了吧。

从以上的分析不难看出,"把"字句无论是在结构上还是在语义语用上都是极其复杂的,所以在教学的安排上,我们不应该把"把"字句这样的教学难点圈定在初级阶段,而应该贯穿在初级、中级和高级阶段的全过程。

2. 注意篇章因素对"把"字句的制约作用

从实际教学中我们还发现,虽然高年级的学生说出来或者写出来的汉语,孤立地看一个个的句子并没有什么错误,但整体的感觉就是别扭。这说明学生缺乏篇章方面的知识。所以,在高级阶段的教学中具体到"把"字句的教学,我们更应该注意篇章对"把"字句的制约。

"把"字句,早在初级阶段就已经学过,但在篇章表达中如何选择同义句式,却是使学生犯难的事儿。请看学生的两个句子:

① * 他走进房间,书包被扔到了床上。

② * 自行车是我同屋的,把它弄坏了。

就单个分句来说,语法上都是正确的。但只要放到整个文章中,上下文的连贯性就出了问题。我们知道,叙述角度应该是保持一致的,所以上面的两个句子应该改成:

③ 他走进房间,把书包扔到了床上。

④ 自行车是我同屋的,被我弄坏了。

类似的偏误在高年级学生作业中比比皆是。鉴于此,着重从连贯性的角度分析篇章因素对"把"字句的选择和制约是非常必要的。

3. 强化"把"字句结构特点的教学

无论是在哪一阶段,都要反复强调不是任何一个动词都可以用于"把"字句,根据学生水平通过举例的办法向他们介绍已经学过的动词哪些能用于"把"字句,哪些不能;反复强调"把"字句中状语的位置。

思考与练习三十

一、判断下列句子是否正确,如不正确请改正并说明理由。

1. 他扔衣服到床上。
2. 我哥哥翻译这本书成英语。
3. 我昨天把电影没看完就出来了。
4. 彭财慢慢地放钱包在口袋里。

5. 你应该把他帮助。
6. 我们把任务分吧。
7. 今天我们把这些树栽得完。
8. 明天你把这个西瓜应该吃完。
9. 他把中文学得很努力。
10. 他把衣服干净了。
11. 我要把这些苹果吃。
12. 你把这件事应该告诉妈妈。
13. 他昨天把作业没做完。
14. 今天我把录音听不完。
15. 我寄这本书给朋友。

二、简答题：

1. "把"字句在结构方面有什么特点？
2. "把"字句的语法意义是什么？
3. 举例说明必须使用"把"字句的几种情况。
4. 举例说明留学生在学习和使用"把"字句的过程中容易出现的问题有哪些？

第三节　被动句

一、被动句的特点及其类型

1. 什么是被动句？被动句有何特点？
2. 汉语被动句的类型：汉语中有哪些表达被动的句式？
3. 意念被动句：为何不说"会议下个星期被召开"？
4. "由"字句：为何不说"这件事被经理负责"？
5. 什么是"被"字句？其结构有何特点？

> 6. "被"字句的语用功能是什么?
> 7. "被、叫、让、给"字被动句有何区别?
> 8. 留学生习得"被"字句时容易出现哪些偏误?
>
> 二、被动句的教学

一、被动句的特点及其类型

1. 什么是被动句?被动句有何特点?

我们知道,主语和谓语在意义上的关系是多种多样的。谓语如果是由动词性词语充任,那么从意义上看,主语和谓语之间可能有三种关系:

(1) 主语是施事,即主语所指的事物是谓语动词所表示的动作行为的发出者。例如:

① 我洗完衣服了。
② 他吃了两个饺子。

(2) 主语是受事,即主语所指的事物是谓语动词所表示的动作行为的接受者。例如:

① 作业都做完了。
② 衣服洗干净了。

(3) 主语不是施事,也不是受事。例如:

① 我是学生。
② 他姓刘。
③ 今天下雨。
④ 前面开过来一辆车。

我们把主语是受事的主谓句称为"被动句"。被动句在汉语中使用比较普遍,很有特点,也是对外汉语教学中的一个难点。被动句有以下几个特点:

第一,含有被动意义。汉语里无论是有形式标志的"被、叫、让、给"字

句,还是无标记的被动句,都含有被动意义。例如:

① 杯子被我扔了。
② 我家的小鸡叫老鹰抓走了。
③ 自行车让他骑坏了。
④ 他一不小心给镰刀划了个口子。
⑤ 碗摔破了。
⑥ 本子撕坏了。

第二,主语一定是有定的,即主语所指的事物应该是说话双方已知的。例如:

① 手表修好了。
② 书已经还了。
③ 礼物已经寄走了。

第三,谓语一般是复杂的,即谓语不能是单个动词。例如一般不单独说"苹果吃"、"手表修",而要求是个动词性词组,或者在动词后带上"了、着、过"。例如:

① 苹果吃完了。
② 苹果吃了一个。
③ 苹果吃了。
④ 手表修好了。
⑤ 手表没修。
⑥ 手表修过了。

有时我们也可看见单个动词作谓语,但这只限于用在表示对比的句子中或用作答话。例如:

① 小孙女很挑食,蛋白吃,蛋黄不吃。
② A:作业本和写字本交吗?
　　B:作业本交,写字本不交。

2. 汉语被动句的类型:汉语中有哪些表达被动的句式?

现代汉语中表达被动(能翻译成英语被动句)的句式至少有以下几种:

意念被动句,如:衣服洗干净了。
"被"字句,如:他被打哭了。
"由"字句,如:这件事由老张负责。
主语是受事,强调施事的"是……的"句。如:这些麻烦都是他带来的。

由于留学生对形态标志比较敏感,容易接受和习惯有形式标志的"被"字句,并用"被"字句代替其他几种被动句。从而出现大量的被动偏误。如:

① *信被写好了。(信写好了。"被"字句代替意念被动句)
② *公园被建成了。(公园建成了。"被"字句代替意念被动句)
③ *成绩单的事情被王老师负责。(成绩单的事情由王老师负责。"被"字句代替"由"字句)
④ *这本书被王大年写。(这本书是王大年写的。"被"字句代替"是……的"句)

因此,对外汉语教学中,尤其是中高级阶段,应该适当介绍几种被动句。下面我们简单介绍一下这几种被动句。

3. 意念被动句:为何不说"会议下个星期被召开"?

在受事主语句中,当主语是无生命体或者虽然是有生命体但不至于被误认为是后面动作的施事的时候,就可使用意念被动句。如:

① 推荐信已经寄走了。
② 门铃安装好了。
③ 小偷抓住了。
④ *他打伤了。(要表达"他被打伤了"的意思)
⑤ *他批评了。(要表达"他被批评了"的意思)

这种意念被动句的使用频率是很高的。正如王还(1983)所说:"如果学汉语而不能用'被'字句以外的各种被动句,也是寸步难行。这些被动句中最大量的就是无标志的被动句。""无标志的被动句"即"意念被动句",意念被动句在表达上以受事为话题,叙述受事者受动作影响的结果,一般用于心情平静不带感情色彩的叙述,句子为中性色彩,被动意味比较淡。

第六章 汉语常用句式

根据教学过程中的观察,我们发现留学生施事和受事、主动和被动的观念都比较强。不仅以前我们常说母语为印欧语的学生如此,日本、韩国学生也是一样。在他们的意识里,如果一个句子表示被动的语态,就应该用表示被动的标志或手段。有了这样的认识,那些本来应该用意念被动句的就被错误地用成了有标志的"被"字句。如:

① *会议下个星期被召开。
② *那些汉字被我写完了。
③ *这时候我才发现我的手表是被中国制造的。

我们知道,"被"的本义最早是动词"被",后来引申为"覆盖"、最后引申为"蒙受"、"遭受"之意。这种语义上的独特之处,使汉语"被"字句除被动意义之外,一开始就多了一层不如意、不愉快、有所损害的语义色彩。这个语义色彩长期存在,沿用至今,虽出现过表示如意的"被"字句,如"他被选为班长",但表示如意的"被"字句受诸多限制,可以说"被"字句基本上还是用来表示不如意的事情。而上述各例都不具有不如意的语义色彩,所以都不应该用"被"字句。

4. "由"字句:为何不说"这件事被经理负责"?

介词"由"引出施事的句子叫"由"字句。"由"字句主要表示某事属某人或某方面的责任。当介词"由"在句中的功能是引出施事时,可以和"被"一样翻译成英语的 by,整个句子也可以翻译成被动句。但是"由"字句和"被"字句在很多时候并不能互换。这一点非常重要,因为留学生在学习汉语的过程中最常见的错误就是把英语中用 by 的被动句全部用成"被"字句。如:

① *明天的火车票被我买。
② *这件事情被经理负责。

其实,"由"字句和"被"字句还是存在不同的,其区别如下:

(1)"由"字句的受事成分既可以作主语,也可以作宾语;而"被"字句的受事一般不可作宾语。如:

① 由班长负责吃的。　　　吃的由班长负责。
② *被他弄坏了我的自行车。　我的自行车被他弄坏了。

(2)"由"字句中施事一定紧随"由"出现,而"被"字句中的施事可以不出现。如:

① *这件事由决定。
② 我的自行车被弄坏了。

(3)"由"字句表示某事是某人的职责或分配某人去做某事,语义重点是施事,强调职责该谁承担或事情应该谁去执行。"被"字句是叙述受事主语受动作的支配和影响所发生的情况,语义重点在受事,强调受事者的遭遇和发生的情况。所以"由"字句主动性强,而"被"字句被动性强。

(4)"由"字句是中性色彩的,对叙述对象来说无所谓褒贬;大多数"被"字句是贬义的,有不愉快或不如意的感情色彩。

5. 什么是"被"字句？其结构有何特点？

"被"字句是在谓语动词前面有一个表示被动意义的介词"被"或由"被"组成的介词短语作状语的句子。包含有表示被动意义的介词"叫、让、给"构成的状语的句子也属于"被"字句。如:

① 他被妈妈打了一顿。
② 我的自行车叫小王骑走了。
③ 下课后马克让老师留下了,因为他最近总迟到。

"被"字句是汉语中重要而富有特色的句式之一,也是对外汉语教学中的一大难点。在"被"字句的实际教学中,传统的教法最明显的特点是句法、语义结构方面的介绍多,而语用功能方面的解释少。下面我们分别从结构特点、语义和语用三个方面来分析"被"字句。

我们先看"被"字句的结构特点。

(1)谓语动词应该是及物动词。

因为"被"字句的主语是谓语动词的受事,所以谓语动词一定是及物动词。形容词和不及物动词都不能带受事宾语,一般情况下也就不能用于以受事作主语的"被"字句。如:

① *孩子被哭了。(孩子被打了。)
② *我那条裙子被他脏了。(我那条裙子被他弄脏了。)

当然,汉语中还有一部分"被"字句的主语不是受事,和谓语部分之间

只是存在某种关系,可称之为"当事"。如:

① 我被他笑毛了。
② 孩子被她哭醒了。
③ 张主任被他嚷得心烦意乱。
④ 赵强被张静说得有点扫兴,但又不甘心。

这种"被"字句中的谓语动词可以是及物动词也可以是不及物动词,但其后一定有补语。

汉语中有些动词如"上当、挨打、受伤、受骗、入迷"等本身已经包含被动的意味,不能用于"被"字句。由于留学生不了解其语义,经常错误地用在"被"字句中。如:

① *我昨天又被司机上当了。(我昨天又被司机骗了。)
② *他被他的同屋受伤了。(他被他的同屋打伤了。)
③ *他考试不好,被他的妈妈挨打了。(他考得不好,被妈妈打了。)

从另一个角度来看,这些都是动宾式离合词,不能带宾语,自然也不能用于"被"字句。

(2) 光杆动词一般不能单独充当"被"字句的谓语。

"被"字句必须表示受事主语所受到的影响,因此谓语动词后要体现这种影响产生的结果,即"被"字句谓语一般不能是光杆动词,动词后面多有表示完成或结果的词语,或动态助词"了、过"或补语、宾语,或者动词前面有状语,或者整个"被"字结构作别的动词的宾语。这是"被"字句受语义内容制约而产生的一个结构上的特点。如:

① *他又被老师批评。(光杆动词)
② 他又被老师批评了。(动词后带动态助词"了")
③ 他又被老师批评哭了。(动词后带结果补语)
④ 他又被老师叫出来了。(动词后带趋向补语)
⑤ 他不愿意被老师批评。(动词前有能愿动词)
⑥ 我担心被人发现。("被"字结构作别的动词的宾语)
⑦ 我希望他被老师批评。("被"字结构作别的动词的宾语)

⑧ *我女朋友被四个女孩子打,学校还没处理了。(光杆动词)

但汉语中有一些动结式动词,如"解散、打倒、推翻、扩大、消灭"等等,第二个成分表示前一成分的结果。这些动词可以在"被"字句中单独作谓语。如:

① 那个非法组织被解散了。

② 就这样清政府被推翻了。

(3) "被"字句的主语即受事是确指的。如:

① 那本书被爸爸扔了。

*一本书被爸爸扔了。

② 最后进来的一个人将被开除。

*一个人将被开除。

(4) 可能补语不能用在"被"字句中谓语动词的后面。

因为无论是肯定式还是否定式,可能补语只能表示谓语产生某种结果的可能性,但"被"字句从语义上要求谓语动词的结果是确定的,因此"被"字句多要求后面有表示完成或结果的词语,或者动词本身包含此类的成分。可见,"被"字句同可能补语在语义要求上或语义倾向上是互相矛盾的。如:

① *我的钥匙被我找不到了。

② *他被老师教育不好。

(5) 能愿动词、否定副词、时间词语等只能放在"被"字前面,不能放在其后。如:

① 你应该被妈妈批评。

*你被妈妈应该批评。

② 我没被经理看见。

*我被经理没看见。

③ 我的书刚才被小王借走了。

*我的书被小王刚才借走了。

(6) "被"字句的谓语动词一般不带宾语,留学生有时会造出这样的

句子:

① *妈妈被老师告诉了他的成绩。

② *我小的时候被妈妈讲了这个故事。

但汉语中并非所有的"被"字句都不能带宾语,下列几种情况可以带宾语。

第一,宾语和"被"字句的主语有领属关系。如:

① 他被偷了钱包。

② 他被打破了头。

第二,宾语是主语受动作支配影响而达到的结果,常用在格式"A_1+被+B+V(成/为)+A_2"中。如:

① 他被打扮成了女人。

② 教室被临时改造为舞厅。

第三,主语是动作发生或进行的处所。如:

裤子被烧了一个小洞。

那么我们再回头看看上面两个偏误句,和上述几种情况都不符合,这两句的主语都不是后边动词的直接受事对象,只是间接受事对象。所以这两例都不应该使用"被"字句。

6. "被"字句的语用功能是什么?

上述语法意义的说明似乎和"把"字句不容易区别开来,那么"被"字句和"把"字句的区别到底在哪儿呢?也就是说同样都是表示某人作出某动作,使某对象发生某变化,什么时候使用"把"字句,什么时候使用"被"字句呢?"把"字句重在表达某人对某物作了什么动作,而"被"字句重在表达某物怎么样了。另外,"被"字句表示不愉快、不如意的感情色彩,是"被"字句的传统用法,也是"被"字句的主要用法。虽然随着语言的发展,表示中性甚至褒义的"被"字句不断出现,但目前仍以表示贬义的色彩占优势。

7. "被、叫、让、给"字被动句有何区别?

除了"被"以外,介词"叫、让、给"也可以引出施事构成被动句。这几个介词构成的被动句多用于口语。但它们之间也有区别:"被"、"给"字句可以不出现施事而直接出现在谓语动词之前,而"叫"、"让"字句则不可以,施事永远要出现。对比如下:

① 我的自行车被偷走了。
② 我的自行车给丢了。
③ 我的自行车叫小偷偷走了。
  * 我的自行车叫偷走了。
④ 姐姐的铅笔盒让他朋友弄坏了。
  * 姐姐的铅笔盒让弄坏了。

8. 留学生习得"被"字句时容易出现哪些偏误?

留学生在学习和使用"被"字句的过程会出现各种各样的偏误。简单列举如下几种:

(1) 不该用"被"字句却用了。

第一,该用意念被动句的误用"被"字句。如:

① * 我的作业被做完了。(我的作业做完了。)
② * 信被我写好了。(信写好了。)
③ * 我的录音机被修好了。(我的录音机修好了。)

前面我们曾说过,在现代汉语中除了"被"字句可以表示被动意义以外,还有一种在形式上和主动句完全一样,但表示的却是被动的意义,即意念被动句。如果要表示某事物(该事物不可能发出后面的动作的情况下)受某动作的影响后情况发生变化,同时我们又不需要或者无法指出动作者(施事)的时候,一般应该用意念被动句。

第二,补语不是说明受事而误用成"被"字句。如:

① * 今天的讨论会被他们讨论得很热闹。(今天的讨论会他们讨论得很热闹)
② * 这个圣诞节被我们过得很愉快。(这个圣诞节我们过得很愉快)

我们知道"被"字句的补语是表示受事主语受某个动作影响之后发生的变化或产生的结果(数量补语除外)。而上面留学生的偏误句中"热闹"和"愉快"并不是受事主语受动作影响之后发生的变化,而是表示"被"的宾语"他们"和"我们"的情况,所以不宜用"被"字句来表达。

第三,该用"由"字句而用成了"被"字句。如:

① * 我是被俄罗斯教育部推荐来的。(我是由俄罗斯教育部推荐来的。)

② * 我们的汉语课被王老师上。(我们的汉语课由王老师上。)

第四,已有表示被动意味的动词仍误用了"被"字。如:

① * 小时候我经常被挨打。(小时候我经常挨打。)

② * 昨天我又被上当受骗了。(昨天我又上当受骗了。)

③ * 他被遭到了批评。(他遭到了批评。)

第五,其他,如:

① * 妈妈被老师通知开家长会,我很害怕。(老师通知妈妈开家长会……)

② * 老师对我们很好,所以被我们爱。(老师对我们很好,所以我们很爱她。)

(2) 该用"被"字句却没用。

在留学生的意识里,如果一个句子表示被动的语态,就应该用表示被动的标志或手段,即"被"。就是因为有了这样的认识,留学生多是把不该用"被"字句的用成了"被"字句,而该用没用的偏误就少得多。如:

① * 2007年,我派到上海工作。

② * 从她拒绝那天开始,就再也不敢和他说话。

如果句子的主语是谓语动词的受事,并且这个主语是由表示人的名词或代词充当时,为了清楚地表明施受关系,避免歧义,一般要使用"被"字句。

(3) "被"字句结构方面出了问题,主要有以下几种情况。

留学生在学习和使用"被"字句的过程中在结构方面可能出现各种问题,我们在前面"被"字句的结构特点部分已经介绍,此不赘述。简单列举如下:

第一,"被+宾语"后置。如:

① *我的笔弄坏了被弟弟。(我的笔被弟弟弄坏了。)

② *他批评哭了被老师。(他被老师批评哭了。)

这种偏误多出现在汉语水平比较低的阶段,多是由于母语(如英语)的负迁移造成的。

第二,动词后缺少补语等必要成分。如:

① *昨天他被汽车撞,所以今天不能来上课。(昨天他被汽车撞伤了……)

② *刚才她又被别的孩子打。(刚才她又被别的孩子打哭了。)

"被"字句要表达主语在动作之后的一种状态,这种状态需要用补语来呈现,至少需要表示结果的"了",缺少补语等必要成分,就缺少了状态的呈现者。

第三,不及物动词或形容词单独充当谓语。如:

① *老师说得很快,我们都被他糊涂了。(我们都被他说糊涂了。)

② *2点的时候,我被我的同屋醒了。(我被我的同屋叫醒了。)

"被"字句不仅需要表达主语在动作之后的状态的呈现者,而且还需要说明这种状态的来源,即通过哪种动作实现的这种状态,也就是说补语前必须有及物动词。

第四,可能补语充当"被"字句的补语。如:

① *我的自行车被他修不好。(我的自行车他修不好。)

② *这张桌子被我们搬得动。(我们搬得动这张桌子。)

和"把"字句一样,"被"字句的补语也应该是主语在动作之后的一种确定状态,而可能补语只是提供一种可能,不是确定的状态,所以不能充当"被"字句的补语。

第五,否定副词、能愿动词、时间状语等位置有误。如:

① *那个坏人被我终于吓跑了。(那个坏人终于被我吓跑了。)

② *你被他不应该批评。(你不应该被他批评。)

第六,"被……所"中动词有误。如:

书面语中"被"还可以构成"被……所"式,"所"后一般要用双音节动词,但能用于该结构的动词是极为有限的,主要是表示精神感知、接受、控制等动词,如"感动、吸引、迷惑、了解、理解、采纳、承认、认识、熟悉、关注、掌握、控制"等。如:

① 他被她的优雅所吸引。
② 我们都被他的花言巧语所迷惑了。
③ 他的才华迟早会被社会所承认的。

但留学生常常因为不了解这一特点而出现偏误。如:

① *他被我们所看见。(他被我们看见了。)
② *他因为没有做作业被老师所批评。(他因为没有做作业被老师批评了。)
③ *我被我的朋友所欺骗。(我被朋友欺骗了。)

二、被动句的教学

毫无疑问,被动句是留学生学习汉语语法所遇到的难点之一。对这种高难度的语法项目,我们应采取分阶段教学,化整为零,降低难度。具体表现为:

1. 先教有标志的"被"字句,再教无标志的意念被动句。目前我们的教材多是在初级阶段先出现意念被动句,然后再出现"被"字句。其实,这种顺序是值得商榷的。首先,不少语言(如英语、日语、韩语、俄语等)要表达被动都要依托一定的形态标志,所以很多留学生对有形态标志的"被"字句比较容易接受和掌握,而对没有形式标志的意念被动句通常采取回避的策略。在没有学习"被"字句的时候他们通常是使用汉语的强势语序 SVO,在学习了"被"字句后他们通常用"被"字句一统天下,从而造成"被"字句无限泛化。吴门吉、周小兵(2004)用多种方式对留学生习得意念被动句和"被"字句的难度进行考察和比较后发现,对留学生来说,意念被动句的习得难度比"被"字句要高。所以我们认为在教学顺序上,应该先教"被"字句然后再教意念被动句。

2. 对"被"字句、"叫"字句和"让"字被动句采取分离教学。同样是有形态标志的"被"字句、"叫"字句和"让"字被动句,它们的使用频率是不同的,吴门吉、周小兵(2004)对它们的使用频率通过调查发现,"被"字句的使用频率占绝对优势。据此,他们提出,"被、叫、让"被动句在教学中应该分开来处理。在初级阶段学习典型的被动句——"被"字句,到了中级阶段再学习"叫、让"被动句。这样既可以降低难度,又可以减少来自汉语内部的干扰,有助于留学生习得汉语的被动句。这种观点是很有见地的,值得借鉴。

3. 突出语用功能,兼顾句法形式和语义。由于"被"字句的特殊性,"被"字句的教学重点和难点都在于语用功能,因此,"被"字句教学的基本原则应该是突出语用功能,兼顾句法形式和语义。从"被"字句的不如意色彩入手,然后介绍中性色彩的"被"字句,突出"被"字句的语篇功能。

4. 在教学过程中,我们还应反复强调"被"字句中动词的特点和状语的位置。

思考与练习三十一

一、判断下列句子是否正确,如果不正确请加以改正并说明理由。

1. 孩子被哭了。
2. 我昨天又被司机上当了。
3. 他又被老师批评。
4. 你被妈妈应该批评。
5. 一个孩子被爸爸打。
6. 那个房间被已经收拾好了。
7. 这本词典被卖得很快。
8. 阿毛是被野兽死的。
9. 他被大夫告诉了癌症。
10. 工作人员觉得,什么困难都被他们克服得了。
11. 他的笑话被我们哭笑不得。
12. 他被父亲的影响,从小的时候就开始抽烟。

二、简答题:

1. "被"字句在结构方面有什么特点?

2. 请举例说明汉语中表达被动的句式有哪些。
3. 留学生在习得"被"字句的过程中容易出现那些偏误?试举例说明。

第四节 "是……的"句

> 1. 什么是"是……的"句?
> 2. "是……的"句的结构特点:为何"他是昨天来的"="他昨天来的"≠"他是昨天来"?
> 3. "是……的"句可以强调什么?
> 4. "是……的"句的语用条件:为何不说"他是明天去上海的"?
> 5. "他是去年退休的"和"他去年退休了"有何不同?
> 6. "他是昨天来的"和"他是会来的"一样吗?
> 7. 留学生在学习"是……的"句时常出现哪些偏误?
> 8. "是……的"句的教学应注意些什么?

1. 什么是"是……的"句?

"是……的"句是指带"是……的"标志,对和动词相关的一些成分进行强调的动词谓语句。"是"经常出现在谓语前,有时也出现在主语前;"的"经常出现在句尾,有时也出现在谓语动词之后,宾语之前。"是"一般可以省略,但"的"不可以省略。如:

① 他是下午出发的。
② 我是在书店买的这本书。
③ 我骑自行车去的,回来时快累死了。
④ *我是昨天晚上来。

2. "是……的"句的结构特点:为何"他是昨天来的"="他昨天来的"≠"他是昨天来"?

(1) "是……的"句中"是"经常可以省略,"的"不可以省略。如:

① 他自己开车来的。　　＊他是自己开车来。

② 我们在大学认识的。　　＊我们是在大学认识。

（2）"的"经常位于句尾，但有时也可以位于宾语之前。如：

① 我爸爸是上周来北京的。

　 我爸爸是上周来的北京。

② 他们是坐火车去上海的。

　 他们是坐火车去的上海。

（3）否定式是在"是"前加"不"，构成"不是……的"格式。"不是"不能省略。值得注意的是，这种否定形式要否定的不是动作本身，而是对比焦点部分。如：

① 你的书真不是我弄脏的。

② 他不是开车来的。

例①否定的并不是"弄脏"本身，而是句中对比焦点"我"；例②否定的并不是"来"这个动作本身，而是句中对比焦点"开车"。

（4）重音和"是"的位置

"是"的作用是标志它后面的成分为对比焦点。如果"是"后面有多个成分，而且这些成分都有可能成为对比焦点的话，在口语中我们就可以用重音把真正的对比焦点突现出来。如：

① 我是<u>上周三</u>和姐姐一起打的去的书店。

② 我是上周三和<u>姐姐</u>一起打的去的书店。

③ 我是上周三和姐姐一起<u>打的</u>去的书店。

重音不同，对比焦点也不同，所强调的重点就不同。如果重音不在"是"后的对比焦点上，而在"是"上，如：他是上星期来的。句子的焦点则转移到"是"上，整个句子表示"他确实是上星期来的"。

3．"是……的"句可以强调什么？

"是……的"句主要谓语成分是"是"和"的"之间的主要动词，但其语义焦点不是这一动词所表示的动作，而是紧跟在"是"后的词语或短语所表示的成分，即"是"后的成分才是真正要强调的成分。无论是教材还是老师，都常常告诉学生"是……的"表示强调,但是它到底强调什么呢?根据其所强调的成分的不同,我们可以把"是……的"句分为以下几种:

(1) 强调动作发生的时间、处所、方式、条件、目的、对象、工具等的"是……的"句。如:

① 你是怎么来的?　　　　我是骑自行车来的。(强调方式)
② 你们是什么时候出发的?　我们是下午三点出发的。(强调时间)
③ 你是为什么来中国的?　　我是为了学习汉语来的。(强调目的)
④ 这种雨衣是用什么做的?　这种雨衣是用化纤做的。(强调材料)
⑤ 你的水杯在哪儿买的?　　在超市买的。(强调地点)

(2) 强调施事的"是……的"句。如:

① 你买房子的钱是谁给你的?　我买房子的钱是妈妈给我的。
② 是谁叫你写的这封信?　　　是张老师叫我写的这封信。

谓语动词的宾语一般放在"的"后。

(3) 强调动作受事或与事的"是……的"句。如:

① 这花是给谁的?　　这花就是给你的。
② 这钱是买什么的?　这钱是买礼物的。

(4) 强调产生某种结果的原因的"是……的"句。如:

① 他的视力已经严重下降,都是玩电脑游戏玩的。
② 他的腿骨折了,听说是撞的。

4. "是……的"句的语用条件:为何不说"他是明天去上海的"?

对强调句"是……的"不仅要指出其语义表达上强调动作发生的时间、处所、方式、动作者等,含有不是别的时间、处所、方式的意味;还要指出其语用条件:在某一动作已在过去实现或完成的场合才使用,即这一事实已成为交际双方的共知信息,一般不是始发句。使用"是……的"时,说话人要突出表达的重点(即表达焦点)并不是动作本身,而是与动作有关的某一方面,如时间、处所、方式、施事等。标志词"是"的作用是指明它后面的成分是全句的表达焦点。标志词"的"的功能是表明谓语动词所表示的动作已经在过去发生或完成。

5. "他是去年退休的"和"他去年退休了"有何不同?

这主要涉及"是……的"句(以下简称"的"句)和带动态助词"了"的动词谓语句(以下简称"了"句)的区别。

强调句"是……的"中"是"经常省略,仅用"的"表示强调。这种用法的"的"和动态助词"了"都可以跟过去的动作、事件等相关,对于这种用法的"的"句和"了"句留学生很难真正掌握,常出现问题,而且是屡纠屡犯的问题。比如:

① A:(面对面)＊你什么时候来了?(你什么时候来的?)
  B:＊我八点来了。(我八点来的)
  A:＊你怎么来了?(你怎么来的?)
  B:＊我骑自行车来了。(我骑自行车来的)
② A:(看到教室里没有班长)班长怎么没来?
  B:＊班长去机场接朋友的。(班长去机场接朋友了。)
③ A:(看到桌上放着的工艺品)太漂亮了!＊你在哪儿买了?
    (你在哪儿买的?)
  B:＊我在王府井买了。(我在王府井买的。)
④ A:你的T恤衫多少钱?
  B:＊我不知道,我妈妈买了。(我不知道,是我妈妈买的。)

一般认为,"了"句可以表示动作的完成、实现或事件的变化等;"的"句表示强调语气,它强调的是跟动作有关的某一方面,如时间、处所、方式、条件、目的等。但这种解释太抽象,不够具体,没能真正揭示"了"句和"的"句的对立,致使对外汉语教学中这方面的偏误大量存在。那么"了"句和"的"句的区别到底表现在哪些方面呢?

"了"句和"的"句存在着多方面的差别,但最主要的是在所传达的信息是已知还是未知方面。"了"句的核心语法意义是:一般包含着一个由不是到是、由没有到有、由不做到做或者相反方向的转化过程。因此说话人用"了"句时,从主观上是要向听话人传递一种全然未知的信息,或者是虽然听话人知道,但说话人当做听话人全然不知。也就是说,说话人选用"了"句的交际意图在于传递全新的未知信息。如:

① 我昨天见到老张了。
② 班长为什么没来上课?——她妈妈来了。

对听话人来说,"我昨天见到老张了"和"班长的妈妈来了"这都是全新的未知信息。

而"的"句则不同,用"的"句时,不存在一个由不是到是、由没有到有、由不做到做或者相反方向的转化过程。说话人用"的"句时,主观上认定所谈的动作、事件的发生或存在说话人已经知道。也就是说,说话人选用"的"句的交际意图在于传递关于已知事件中的局部未知信息点。如:

A:我昨天去甘家口商场了。(全新的未知信息)
B:什么时候去的。("去甘家口商场"为已知信息,但"什么时候"是局部未知信息点)
A:上午去的。("去甘家口商场"为已知信息,"上午"是局部未知信息点)
B:和谁一起去的?("去甘家口商场"为已知信息,"和谁一起去"是局部未知信息点)
A:和我同屋一起去的。("去甘家口商场"为已知信息,"和同屋一起去"是局部未知信息点)
B:买什么了?("买东西"这件事是全新的未知信息)
A:买衣服了。("买衣服"是全新的未知信息)
B:给谁买的?("买衣服"是已知信息,"给谁买"是局部未知信息)
A:给孩子买的。("买衣服"是已知信息,"给孩子买"是局部未知信息)

再如:

① A:(面对面)你什么时候来的?("你来了"是已知信息,"什么时候来"是局部未知信息)
B:我八点来的。("我来了"是已知信息,"八点来"是局部未知信息)
A:你怎么来的?("你来了"是已知信息,"怎么来"是局部未知信息)
B:我骑自行车来的。("我来了"是已知信息,"骑自行车来"是局部未知信息)

② A:(看到教室里没有班长)班长怎么没来?

B：班长去机场接朋友了。("班长去机场接朋友"是全新的未知信息，应用"了"句。)

　③ A：(看到桌上放着的工艺品)太漂亮了！你在哪儿买的？("买了工艺品"是已知信息，已知信息的局部未知信息，)

　　B：我在王府井买的。(已知信息的局部未知信息)

二者的不同我们可以图示为：

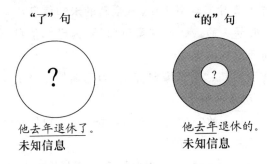

6. "他是昨天来的"和"他是会来的"一样吗？

虽然都含有"是……的"，但二者略有不同。前者是前面我们讲过的表示强调和已实现的动作的相关成分的"是……的"句，而后者强调说话人对于所表示的事物或事情的主要看法、见解、评价或态度推理等，也可以表示对主语的描写和说明，这种句子的语气是肯定的，全句往往带有说明情况、阐述道理、使听话人接受或信服的肯定语气。如：

　① 他是很会说话的。

　② 一个人是否善良是可以看出来的。

　③ 我认为他这么做是合情合理的。

　④ 这种事情是不好意思告诉别人的。

　⑤ 只要你下决心做，是一定能够做好的。

　⑥ 我猜他是故意不理你的。

　⑦ 他一直到死也没法放下这个让他吃了一辈子苦的儿子，死时眼睛还是睁着的。

　⑧ 我发现只要他一打哈欠，我准跟着张嘴，难道打哈欠真是有传染性的。

和前几种"是……的"句不同,这种用法的"是……的"句不一定只用于说过去的事情,现在和将来的都可以。如:

① 明天他肯定是会来的。
② 他现在是不会搭理你的。

前面几种"是……的"句的否定形式都是在"是……的"前加否定副词"不"。但这种"是……的"句否定形式则不同,是在"是……的"内部根据不同的谓语使用不同的否定形式。如:

① 他们是不会按时来的。(不+助动词)
② 你这样不认真,是干不出什么成绩的。(可能补语的否定形式)
③ 他在我们学校是最不幽默的。(不+形容词)
④ 妈妈是最不喜欢流行歌曲的。(不+动词)
⑤ 你的话我是不会相信的。(不+动词)
⑥ 这种事情他是不会参与的。(不+动词)

7. 留学生在学习"是……的"句时常出现哪些偏误?

"是……的"句也是对外汉语教学中的一大难点,留学生在学习和使用"是……的"句的过程中经常会出现如下偏误:
(1)"的"缺漏。如:

① *(面对一个已经到北京的人,问:)你什么时候来北京?(你什么时候来北京的?)
② *(看见一个女孩穿的裙子,问:)你这裙子在哪儿买?(你这裙子在哪儿买的?)
③ *胡少波考上了中国科技大学,这件事情是他亲口告诉我。(……是他亲口告诉我的。)
④ *院子里的果树都是我亲手种。(院子里的果树都是我亲手种的。)

强调已发生动作发生的时间、地点、施事等,句末要用"的"。
(2)误用于将来尚未完成的动作。如:

① *我是明天出发的。(我明天出发。)
② *我们是明年参加的。(我们明年参加。)

"是……的"句中的动词所表示的动作一般是已经完成的,而不用于将来尚未实现的动作。对于这一点,我们在对外汉语教学中应加以强调。

（3）"的"和"了"混淆

留学生很早就接触到了"了",只要是表示过去的事情,即使是强调,他们也都容易用"了"。如：

① *我妈妈是昨天来了。（我妈妈是昨天来的。）
② *这块表你是在哪儿买了？（这块表你是在哪儿买的？）
③ *你怎么来了？坐火车还是坐飞机？（你怎么来的？）

强调已经完成的动作发生的时间、地点、方式等,句末要用"的",不能换成"了"。换句话说,如果要强调已知信息的局部未知点时要使用"(是)……的";相反,如果不需要强调,而只是告诉听话人一个新信息,则不需要使用"(是)……的"句。但留学生有时会错误地使用"的"。如：

① *我昨天去动物园的,在那儿看到了熊猫还有老虎。（我昨天去动物园了……）
② *维克多上周末去杭州的,他告诉你了吗？（维克多上周末去杭州了……）
③ *你爸爸呢？他昨天就回家的。（……他昨天就回家了。）

8. "是……的"句的教学应注意些什么？

在教学过程中我们发现留学生在习得"是……的"句时最难掌握的地方就是和"了"句的区别,所以要特别注意二者的区别。通过上文的比较分析,可以得出"了"句和"的"句最核心、最关键的不同,即"了"句传达的是动作或事件转化过程的全新未知信息;"的"句强调的是已知事件的局部未知点。也就是说,说话人在具体语境中选用"了"句还是"的"句的依据是,听话人对所谈话题信息量得知的多少或者说是新旧。在教学过程中认识到这一点是非常重要的。

因此,对于学生的偏误,在教学中最关键的一点,就要让学生掌握"了"句传达的是未知事件的转化过程,而"的"句传达的是已知事件的局部未知信息点。

在教学实践中我们发现,分辨"了"句和"的"句的最有效的教学方法是对比,对比已知和未知。在用实例对比讲解后,要为学生设计一些选用"的"句、"了"句的场景进行练习。另外,为了让学生真正学会实际运用,最好让他们用对话的方式讲述昨天、周末或假期发生的事情,在讲述中教师要注意学生"了"句、"的"句的选用。

思考与练习三十二

一、判断下列句子是否正确,如果不正确,请改正并说明理由。

1. 你的这个词典在哪儿买了?
2. 我们是明天去参观的。
3. 他是坐火车去的。
4. 这不是可能的。
5. 这件事他是不知道的。
6. 我觉得互相学习是很重要。
7. 刚到北京的时候,我觉得什么都是新鲜。
8. 以前我以为北京有很多马车,但到北京后我发现,这是不对了。
9. 你什么时候来了?——我昨天来了。
10. 你这块手表在哪儿买了?——在东安商场买了。

二、简答题:

1. "是……的"句和"动词+了"句有什么不同?试举例说明。
2. "这种事情在我们那儿是不会发生的。"和"这件事是昨天发生的。"中的"是……的"一样吗?

三、用"的"或"了"填空,并根据这些材料总结其不同。

1. A:她男朋友去英国(　　)。
   B:是吗?什么时候去(　　)?
   A:两星期前。
   B:和谁一起去(　　)?
   A:好像是和他同事一起去(　　)。
   B:回来(　　)吗?
   A:不知道。

2. A:我昨天买(　　)一件衣服。你看看怎么样?

B：不错。多少钱买（　　）？
A：200。
B：在哪家商场买（　　）？
A：甘家口商场。

第五节 "连"字句

> 1. 什么是"连"字句？
> 2. "连"字句的结构特点：为何不说"他连一封也没写信"？
> 3. "连"字句强调什么？
> 4. "连"字句有哪些偏误？
> 5. "连"字句的教学应注意什么？

1. 什么是"连"字句？

"连"字句是指包含"连……也/都……"结构的句子。它可以是单句，也可以是复句。

单句如：刚到中国时,他连"你好"也不会说。

复句如：连老师都不会,更别说我们学生了。

"连"字句是汉语中的常用句式,也是留学生经常出错的句式之一。为了便于分析留学生的偏误,我们先介绍一下"连"字句的结构特点和语法意义。

2. "连"字句的结构特点：为何不说"他连一封也没写信"？

从结构上说,"连"的后面可以是名词性短语、动词性短语、主谓短语、量词短语、动词重叠式等。如：

① 这个字连老师都不知道,留学生更不知道了。（名词）
② 他连看电视都没兴趣。（动词性短语）
③ 妈妈做好的饭,他连尝也没尝就走了。（动词）
④ 连他姓什么我都忘了。（主谓短语）
⑤ 那里我连一次也没去过。（数量短语）

第六章　汉语常用句式

"连"后为动词重叠式时,全句的意思是"没有做最起码应该做的事",格式化为"连 V 都/也没 V"。如：

① 他见到我,连问都没问,还说关心我呢?!（最起码应该问问,可没问,更别说关心了）

② 这种水果生长在南方,以前我连见也没见过。（更没吃过）

"连"也可以省略,只说"V 都/也不/没 V"。如：

① 我做好饭,他尝也没尝就走了。

② 我买的裙子,她试都没试就扔了。

从施受关系来看,"连"后的名词可以是动作的受事（如"他连一封信也没写"）,也可以是动作的施事（如"连老师也不知道这个字"）。有时"连"后名词既可以理解成施事也可理解成受事,从而造成歧义。如：这个人,连小王也不认识。既可以理解成"（小王很有名,）这个人不认识小王",也可以理解成"（这个人不大有名,）小王不认识这个人"。如果强调的是受事,整个受事（尤其是带有数量定语时）都应该放在"连"的后面,而不应该分开一部分放在"连"后,一部分放在动词后。如：

① 他连一口饭都没吃。　　　　＊他连一口都没吃饭。

② 我连一件衣服也不买。　　　＊我连一件也不买衣服。

③ 刚来中国的时候,　　　　　＊刚来中国的时候,
　我连一个朋友也没有。　　　我连一个也没有朋友。

上述偏误句中动词谓语后都带了受事宾语。

另外,一些结合得比较紧密的动宾短语（包括离合词）,如"洗脸"、"吃饭"、"睡觉"、"洗澡"等,用"连"字句时应将动宾分开,将宾语提前放在"连"的后面,将否定词置于动词之前。留学生在这一点很容易出现问题。如：

① 他连澡也没洗就睡了。　　　＊他连洗澡也没洗就睡了。

② 他连脸都没洗就出去了。　　＊他连洗脸都没洗就出去了。

这些结合比较紧密的动宾结构在留学生的意识里是很难分开的,尤其是一些离合词在外语中很多就只是一个词,其不可分离性在学生的意识里更强,从而导致了上述偏误。

当然,我们还要说明一点,那就是如果强调的是动作的施事,动词的宾语自然应该位于动词之后。如:

① 他这个人,连父母都讨厌他。
② 他太聪明了,连对手都佩服他。
③ 也许我的决定是错误的,连我老婆都反对这一决定。

另外,"连……也/都……"中,"也/都"是必不可少的,但初学这个句式的学生也可能出现遗漏。如:

① *他女朋友连啤酒不喝。
② *古时候的汉语太难了,连中国人不会。

不过,这种偏误在中等水平以上的学生的交际中很少再见到了。

3. "连"字句强调什么?

我们常说"连"字句表示一种强调,但到底强调什么?怎么实现这种强调的呢?我们先看例句:

① 这姑娘连蛇都不怕。
② 他连父母都不理。
③ 这个字太容易,连小孩子都知道。而这个又太难了,连老师都不知道。

通过上面的例句,我们发现,"连"字句是通过"连"引出极端情况来实现其强调的目的的。在"连"字句中,"连"后引出的都是一个极端事物或行为。也就说,"连"后通常是一个极大的量或极小的量。比如例③可图示如下:

```
知识最少 │ 小孩子
   A
   B
   C
   D
   E
   F
   G
  ……
知识最多 │ 老师
```

在说话人看来这个极大的量或极小的量一般是没有想到的或按一般常识情理不该如此。但这样的事物或行为竟然出现或发生了,通过这种手段强调主语在某方面的程度之高或出乎预料。如上例"蛇"是女孩子之最怕,她不怕,足见她大胆;"父母"应该是我们联系最密切的人,他不理父母,足见他的为人之差。用这种极端的事例为代表,往往隐含比较。如:

① 他太累了,回家连鞋都没脱就睡觉了。
② 他出国时连父母也没告诉。

"鞋都没脱"实际上隐含比较的是"脱衣服"等,蕴含着"更没脱衣服";"父母没告诉"实际上隐含比较的是"告诉别人"等,蕴含着"更没告诉别人",但这些隐含意义在话语形式上并没有表现出来。

"连"的作用就是把这种一般情况下人们想不到、认为不应该如此或不可能如此的情况作为极端情况引出来,从而起到强调、夸张的作用。只有要夸张地表达这种超常的情况我们才会使用"连"字句。否则就不需要使用"连"字句。

① *这姑娘连小鸡都不怕。
② *他连敌人都不理。
③ *那个小孩连高斯求和公式都不知道。

"小鸡"对任何人来说都没什么可怕的,这个姑娘不怕"小鸡"是很正常的事情;"不理敌人"是人之常情,不足为奇;高斯求和公式对一般人来说都比较难,不知道也属于正常。对比之下,"姑娘不怕蛇"、"不理父母"和"不知道1+1",在一般情况下总是人们预料不到或不该如此的。

4. "连"字句有哪些偏误?

关于"连"字句,留学生的偏误既可能出在形式上,也可能出在语义上。前者如:

① *弟弟出国后连一封也没写信。(弟弟出国后连一封信也没写。)
② *他连吃饭也没吃就去上课了。(他连饭也没吃就去上课了。)

"连……也/都……"的偏误更多的表现在语义方面。如:

① *我朋友身体非常好,连什么运动都喜欢。(……什么运动都

喜欢。)

②＊他现在很有钱,连自行车也买了。(……连汽车也买了。)
③＊北京的冬天很冷,连雪都下了。(……都下雪了。)
④＊他在北京生活了三年,连"你好"都会。(……连方言都会。)

"连"字句常常表示一种反常、出人意料。但上述偏误句中"冬天下雪"很正常;"买自行车"对一个正常人来说也没有什么出乎意料的;"你好"是最简单的汉语,对于一个在北京生活了三年的人来说,是最应该知道的,知道了也没有什么大不了的;对身体好的人来说,喜欢运动也不是超常现象(而且"什么运动"也并非极端事例)。这些都不属于极端事例,所以都不适宜用"连"字句。

5. "连"字句的教学应注意什么?

不少教材认为,"连"字句表示强调,而且只放在一些单句中讲解,如"连妈妈都不喜欢他。"这让留学生很难理解。因为汉语中表示"强调"的词语和格式太多了,似乎只要是不好解释的东西都可以放进去。近年来的研究表明,"连"字句涉及预设、蕴涵等复杂因素,而这些因素只有放到篇章里面,结合语用进行说明,学生才容易理解并接受。所以在教学的过程中如列出一个系列进行教学,效果恐怕会好得多。试比较:

① 他太懒了,同学不喜欢他,朋友不喜欢他,连妈妈也不喜欢他。
② 同学、朋友不喜欢他,连妈妈也不喜欢他。
③ 连妈妈也不喜欢他。

第一个例句是放在了一个大的篇章里面来展示"连"字句的语义蕴涵,分句之间的关系是层层递进,最后一个分句的意思在和前两分句的对比中得到了强调。另外,最后一个分句还表达了人们认为最不可能发生的事情(妈妈不喜欢自己的孩子),这样留学生就比较容易明白"连"字句的预设、蕴涵等语义特征了。而单独第三个例句是展示不出这种复杂的语义特征和蕴含的。显而易见,前者比后者容易得多,所以我们认为"连"字句的教学应该放在篇章中进行。

在学生明白了"连"字句的预设、蕴涵等语义特征后,老师可以设计一系列练习让学生操练。比如给出一系列语境,让学生根据语境说出"连"字句。如:

①他刚刚开始学习汉语,不会说"你好"。——他刚开始学习汉语,连"你好"也不会。

②"馕"这个字很难,老师也不知道。——"馕"这个字很难,连老师也不知道。

③他的汉语非常好,"馕"这个字都认识。——他的汉语非常好,连"馕"这个字都认识。

④我的钱花完了,吃饭的钱也没有了。——我的钱花完了,连吃饭的钱也没有了。

⑤他只知道学习,没去过动物园,天安门都没去过。——他只知道学习,连天安门都没去过。

思考与练习三十三

判断下列句子是否正确,如果不正确,请说明理由并加以改正。
1. 虽然我在北京生活三年了,但连一次也没吃过烤鸭。
2. 我姐姐非常聪明,她连什么都会。
3. 这个问题太简单了,连老师都知道。
4. 他不喜欢我,连见面都不见。
5. 北京现在买蔬菜很方便,连冬天夏天都可以买。

第六节 "是"字句

1. 什么是"是"字句?"是"字句可分为几种类型?
2. "是"字句常见偏误有哪些?

1. 什么是"是"字句?"是"字句可分为几种类型?

由动词"是"做谓语的句子叫"是"字句。"是"字句是汉语中比较常用的句式之一,在对外汉语教学中也是出现较早的句式之一。

"是"字句所表示的意义主要有以下几种：

(1) 表示归类和等同(A＝B)。如：

① 他是我们的汉语老师。(他＝我们的汉语老师)

② 两华里是一公里。(两华里＝一公里)

(2) 表示某处存在某物,可格式化为"L＋(不)是＋N"。如：

① 学校前边是银行。

② 桌子上是一幅画。

(3) 表示分类、性质、质料、用途或特征等。如：

① 这本词典不是我的。(分类)

② 这把椅子是红木的。(质料)

③ 那件毛衣是新式的。(性质)

(4) 表示说明或解释。如：

① 我的想法是先工作再考研究生。

② 他这么做的原因是不想让你为他担心。

(5) 表示肯定或确认。如：

① 她漂亮是漂亮,就是有点骄傲。

② 朋友是朋友,生意是生意。

这种用法的"是"字句一般不单用,常有后续小句。

2. "是"字句常见偏误有哪些?

留学生在学习和使用"是"字句的过程中比较常见的偏误有以下两种。

(1) 缺少"是"。如：

① ＊他妈妈家庭主妇。(他妈妈是家庭主妇。)

② ＊哥哥大学生,也妹妹大学生。(哥哥是大学生,妹妹也是大学生。)

这种偏误多出自日本和韩国学生之口。这是因为在日语和韩语中,判断句是不用动词"是"的。当然,这种偏误多出现在初级汉语学习者的表达中,随着汉语水平的提高,这种偏误会逐渐减少。

(2) 误加"是"。如：

①＊我的姐姐是非常漂亮。（我的姐姐非常漂亮。）

②＊北京是很现代。（北京很现代。）

这种误加"是"的偏误多出现在形容词作谓语的句子中。我们知道汉语中，形容词可以作谓语，而不需要"是"的帮助（详见第四章"形容词谓语句"）。这种偏误，学生同样也出现在初级阶段，随着汉语水平的逐渐提高，这种偏误也会越来越少。

(3) 错序。如：

①＊他我的朋友是。（他是我的朋友。）

②＊那我的书是。（那是我的书。）

思考与练习三十四

判断下列句子是否正确，如果不正确，请说明理由并加以改正。
1. 我是韩国人，我同屋也韩国人。
2. 我姐姐医生是。
3. 圣彼得堡是漂亮。
4. 今天是下雪。
5. 我哥哥是非常高。

第七节 "有"字句

> 1. 什么是"有"字句？"有"字句可分为几个小类？
> 2. "有"字句常见偏误有哪些？
> 3. "前边是一家银行"和"前边有一家银行"有何不同？

1. 什么是"有"字句？"有"字句可分为几个小类？

由"有"充当谓语的句子叫"有"字句。根据表达的意义"有"字句可以分为以下几个小类：

(1) 表示领有、具有。肯定式为"主语＋有＋某物"，否定式为"主语＋没有＋某物"疑问形式为"有没有……？/有……吗？"。这类句子主语和宾语之间的关系有以下几种情况：

宾语所表示的事物是主语所表示的事物的一部分。如：

① 蜘蛛有六条腿。

② 人人都有两只手，为什么你就只会伸手要？

主语和宾语所表示的事物之间具有领属关系。如：

① 我有一个弟弟。

② 他没有书包。

(2) 表示存在，即某处或某时存在或不存在某物。这类"有"字句句首是处所词语或时间词语，宾语表示存在的事物。（详见本章第九节"存现句"）如：

① 我们村有个女孩叫小萍。

② 历史上有个书法家，叫王羲之。

③ 床上有一本书。

④ 桌子上没有杯子。

(3) 表示发生、出现。"有"的宾语为动词，表示某对象发生了某变化。如：

① 麦兰妮的口语水平有了很大的提高。

② 将近二十年了，我的家乡几乎没有任何变化。

能用于这类"有"后充当宾语的动词非常有限，一般是双音节动词，如"发展、提高、改变、转变、变化、进步、增长"等，并且常带定语。

(4) 表示估计、达到，多用于估计和比较。

用于估计时，"有"后有数量词语或者数量词语再加上形容词。

① 这个榴莲有二十斤（重）。

② 那条大蟒蛇有七米多（长）。

③ 他没有四十岁。

④ 这口井还没有二十米深。

用于比较时,"有"后是表示所度量或比拟的事物的词语,再加上形容词,形成一个比较的标准。整个"有"字句表示主语达到了这个标准,如未达到该标准,就用"没有"。例如:

① 你女儿有桌子这么高了吧?
② 那个教室有这个教室大吗?
③ 那个教室没有这个教室大吗?
④ 我侄子没有他姐姐爱学习。

无论是表示估计还是表示比较,"有"字句中的形容词一般都是正向形容词,如"长、宽、高、粗、大、重、深"等,而不可以是负向形容词,如"短、窄、矮、小、浅"等。

(5)表示"包括"。"有"的宾语表示的事物属于主语所指事物的那一类。这类"有"字句中,宾语往往不止一个,具有列举性。如:

① 岩石的种类很多,有石灰岩、花岗岩、大理岩等。
② 昨天参加座谈会的有任课教师、学生代表和学校管理人员等各方代表五十余人。

"有"不能受否定副词"不"的修饰,如我们不能说"我不有时间"。其否定形式是在"有"之前加上副词"没",如"我没有时间。"

2. "有"字句常见偏误有哪些?

留学生在学习和使用"有"字句的过程中会出现各种偏误,常见的偏误有以下几种。

(1)语序偏误。如:

① *有很多学生楼道里。(楼道里有很多学生。)
② *有一本书桌子上。(桌子上有一本书。)
③ *有一家银行我们学校旁边。(我们学校旁边有一家银行。)

汉语表示存在的"有"字句的语序是"处所+有+对象",而英语表示某地有某物的语序是"有(There be)+对象+处所",所以母语为英语的留学生受母语负迁移的影响经常会出现上述偏误句。

"有"字句在语序方面的偏误还有:

① *里面教室有很多桌子。(教室里面有很多桌子。)

② *下面的桌子有一只狗。(桌子下面有一只狗。)

③ *左边的图书馆有一家小饭馆。(图书馆左边有一家小饭馆。)

其实,这种偏误是处所表达方式的偏误。在英语、俄语和泰语等语言中常用"介词(如 in\below\on\beside 等)+名词"的办法来表示处所,汉语常用"名词+方位词"的办法来表示处所,留学生受母语负迁移的影响,会出现上述偏误(详见第一章第一节"方位词")。

(2)"有"的宾语缺少必要的定语。如:

① ? 他的书柜里有书。(他的书柜里有很多书。)

② ? 学校前边有银行。(学校前边有一家银行。)

③ ? 教学楼后边有自行车。(教学楼后边有很多自行车。)

在一般叙述的场合,表示存在的对象的宾语常常要带表示数量的定语。如列举存在的各类事物时,宾语前可不带定语。如:我们的教室里有桌子、椅子、还有黑板、电视等。但留学生常常忽略名词前边表示数量的定语。在教授表示存在的"有"字句时,我们应该强调句中表示存在的事物一般是不确定的,对听话人来说是未知的。

但要注意,在否定句中,宾语前不用表示数量的定语。如:

① 我桌上有一个花瓶,没有书。

② 他床上没有被子。

留学生有时会在否定句的宾语前误加数量词。如:

① *哥哥的桌子上没有两本书。(哥哥的桌子上没有书。)

(3)表示存在的"有"字句主语前误加"在"。如:

① *在教学楼前面有很多自行车。(教学楼前面有很多自行车。)

② *在宿舍前面有一个花园。(宿舍前面有一个花园。)

③ *在天安门广场有很多人。(天安门广场有很多人。)

表示存在的"有"字句的主语一般是处所词,处所词前不需要加介词"在",而留学生,特别是母语为英语的留学生受母语的影响,很容易在处所词前误加介词"在"。这一点我们在教学过程中要特别强调。

(4) 表示发生的"有"字句,动词前缺少必要的成分。如:

①＊近年来韩国经济有发展。(近年来韩国经济有了很大的发展。)

②＊今年的产品数量方面有增加,品质方面也有提高。(今年的产品不仅在数量方面有所增加,品质方面也有所提高。)

这类"有"带动词宾语的用法对留学生来说是比较困难的,不少学生采取回避的策略。

(5) 该用"有"字句误用"在"字句。如:

＊一本书在桌子上。(桌子上有一本书。)

汉语中表示一个地方存在一个不确定的对象时常常用"有"字句,而不用"在"字句(详见本章第八节"在"字句),

(6) "有没有……"后误加"吗"。如:

①＊明天你有没有课吗?(明天你有没有课?)

②＊他有没有自行车吗?(他有没有自行车?)

其实,这种偏误是语气词"吗"的使用偏误。汉语中特指疑问句、正反疑问句、选择疑问句等句末都不用"吗",但留学生误以为只要是表示疑问,都应该加"吗",从而造成偏误。

3. "前边是一家银行"和"前边有一家银行"有何不同?

① 学校旁边有一家银行。
② 学校旁边是一家银行。

同样都是存现句,这两种句子到底有什么不同呢?用"有"的存现句是说某个处所有某物,但并不排除除了该物外还有别的事物;而用"是"的存现句是说某个处所有某物,同时还具有排他性,即除了这一事物外没有别的事物。再如:

① 我家后面的小河南岸有一行杏树。(除了杏树外,可能还有别的树。)

② 我家后面的小河南岸是一行杏树。(只有一行杏树。)

思考与练习三十五

一、判断下列句子是否正确,如果不正确,请加以改正并说明理由。
　　1. 天气预报说今天晚上有刮风也有下雨。
　　2. 这本书很有用吗？不有用。
　　3. 你有词典吗？我没有一本词典。
　　4. 我们图书馆,很有外国小说。
　　5. 明天你们有上课吗？
　　6. 你家有没有宠物吗？
　　7. 后面教室有一张空桌子。
　　8. 在门口的学校有一个小书摊儿。
　　9. 我对历史不有兴趣。
　　10. 有很多水果那家超市。

二、简答题：
　　举例说明表示存在的"是"字句和"有"字句的区别。

第八节　"在"字句

> 1. 什么是"在"字句？
> 2. "在"字句常见偏误有哪些？
> 3. "在"字句和"有"字句："衣服在床上"和"床上有衣服"有何不同？
> 4. "是"字存在句和"在"字句："前边是银行"和"银行在前边"有何不同？

1. 什么是"在"字句？

"在"字句是指由动词"在"充当谓语的句子。"在"字句表示已知、确指的人或事物存在的位置。如：

① 老师在办公室呢。

② 我的毛衣不在衣柜里。

"在"前的名词或代词是已知确指的。"在"后是该事物存在的处所。

2. "在"字句常见偏误有哪些?

留学生在学习和使用"在"字句的过程中经常会出现如下偏误:

(1) 误把普通名词直接作为处所词语使用。如:

① * 我的书在书柜。(我的书在书柜里。)

② * 你的信在老师。(你的信在老师那儿。)

③ * 他的书包在桌子。(他的书包在桌子上。)

我们知道,普通名词(主要是表示人、事物)要表示处所,必须加上方位词或指代处所的代词"这儿、那儿/这里、那里"等。其实这种偏误不仅仅出现于"在"字句,只要是普通名词表示处所,不管是否在"在"字句,留学生都有可能出现问题。如:

① * 他这种特殊的才能是从爷爷学来的。(是从爷爷那儿学来的。)

② * 这个消息我是从同屋知道的。(我是从同屋那儿知道的。)

③ * 他在朋友看光盘。(他在朋友那儿看光盘。)

(2) 方位词前置。如:

① * 沙发在旁边桌子。(沙发在桌子旁边。)

② * 他的书包在上面桌子。(他的书包在桌子上面。)

③ * 他的车在后边教学楼。(他的车在教学楼后边。)

普通名词(主要是表示人、事物)要表示处所,有时留学生虽然知道要加上方位词或指代处所的代词"这儿、那儿/这里、那里"等。但留学生往往受母语的影响,把方位词置于名词的前面。因为在英语、韩语、泰语等语言中,表示方位的介词位于名词之前。如:

Sofa is beside the table.

His bag is on the table.

(3) "在"字句和"有"字句混淆。如:

① *你的书包桌子上有。(你的书包在桌子上。)

　　*桌子上有你的书包。(这个句子句法本身没有错误,但不是"在"字句要表达的意思。)

3. "在"字句和"有"字句:"衣服在床上"和"床上有衣服"有何不同?

从形式上说,"在"字句的语序是"某物+在+某地",而"有"字句的语序是"某地+有+(数量)某物"。从语义上说,当要表达存在的事物是确指时,不能用"有"字句,而要用"在"字句;相反,要表示存在的人或事物是未知、不定的对象时,我们用"有"字句,而不用"在"字句。对比如下:

① 你的书在桌子上。

② 桌上有一本书。

单纯的"在"字句和"有"字句对留学生来说都不是难点,但学完这两个句式后,留学生经常把二者混淆起来。如:

① *一盆花在窗台上。

　　窗台上有一盆花。

② *椅子上有你的钥匙。

　　你的钥匙在椅子上。

学完了这两个句式后,有必要通过对比的方法,将二者的用法区别给学生讲清楚。存现句"某地+有+某物"和"某物+在+某地"两个句式的语义重点不同,前者在于描写,常着重于整个句子的信息;后者的重点则在于说明一个对象的位置。在教授这两个近义句式时,老师可以设计对比鲜明的语境进行对话:

老师:你们喜欢北京吗?

学生:喜欢。

老师:为什么?

学生:因为北京有很多名胜古迹,还有很多漂亮的公园。(老师把这个句子写在黑板上,便于此后的对比。)

而对于"N+在+L",可以下面的设计问题,便于学生理解。

老师:你们去过天安门吗?

学生:去过。

第六章　汉语常用句式

老师：(老师出示天安门的平面图)谁能告诉我故宫在哪儿？

学生：故宫在天安门广场的北边。(老师把这个句子写在黑板上，便于此后的对比。)

老师：毛主席纪念堂在哪儿？

学生：毛主席纪念堂在天安门广场的南边。(老师把这个句子写在黑板上，便于此后的对比。)

通过对比学生应该能够理解二者的不同。此时，老师可再根据某平面图问一些问题或让学生描述一下自己的教室或宿舍，让学生多加练习。如："你的书包在哪儿？""你的书桌上有什么？"

4. "是"字存在句和"在"字句："前边是银行"和"银行在前边"有何不同？

"是"字存在句和"在"字句表面上看起来只是语序不同，其实它们回答的是不同的问题，即二者的话题是不同的。如：

① 银行在哪儿？——银行在食堂后边。

② 你的车现在在哪儿？——我的车就在你家楼下。

③ 食堂后边是什么地方？——食堂后边是银行。

④ 我家楼下是谁的车？——你家楼下是我的车。

当听话人不知道某事物或人存在的位置时，说话人要用"在"字句对某人或某物存在的位置进行说明。当听话人知道某处是有某物或某人存在，但不知道具体是什么或者谁时，说话人要用"是"字存在句进行具体的说明。

思考与练习三十六

一、简答题：

1. 举例说明"在"字句和"有"字句的区别。
2. 举例说明"是"字存在句和"在"字句的区别。

二、判断下列句子是否正确，如不正确请改正并说明理由。

1. 你的作业在桌子。
2. 我的车在后边的食堂。
3. 一本书在桌子上。
4. 我的钥匙在口袋。

第九节 存现句

一、存现句概说
二、存现句的小类
　（一）存在句
　1. 什么时候使用存在句？
　2. 存在句的句法特点是什么？
　（二）隐现句
　1. 什么时候使用隐现句？
　2. 隐现句的结构特点是什么？

一、存现句概说

顾名思义，存现句表示某个处所存在着某一事物，或者是某个处所出现或消失某一事物。从形式上来说，存现句的句首一定是表示处所的词语，而表示存在、出现或消失的人或事物的名词总是位于谓语动词之后。如：你桌子上有一本书。

如果一个句子的句首不是表示处所的词语，虽然也表示某物在某处，也不能说这种句子是存现句。如："我的书在你桌子上。"就不是存现句。

存现句是汉语特有的一种句式，也是对外汉语教学中比较重要的一个句式。存现句不仅在结构上有其特殊性，比如对句首词语、句中动词和句尾名词都有特殊的要求，而且它有特殊的表达功能，是别的句式无法替代的。

二、存现句的小类

从表意上来说，存现句可以分为两种：一是存在句，即表示某处所存在某人或某物；二是隐现句，即某处所出现或消失某人或某物。如上面的"我们班有一个日本学生"是存在句，而"我们班来了一个日本学生"则是隐现句。下面我们分别说明。

（一）存在句

1. 什么时候使用存在句？

存在句的表达功能主要是描写客观环境、人物的穿着打扮和姿势等，也就是说存在句是描写性的，而不是叙述性的。当人们要说明某个处所存在着什么人或事物的时候，一般就采用存在句，"处所词语＋动词＋名词"。例如：

① 老师桌子上有一本大辞典。
② 老师桌子上是一本大辞典。
③ 老师桌子上放着一本大辞典。

2. 存在句的句法特点是什么？

在学习存在句的过程中，留学生经常出现如下偏误。

① *站着一个陌生人在你家门口。（你家门口站着一个陌生人。）
② *在对面的教学楼停着一辆高级轿车。（教学楼对面停着一辆高级轿车。）
③ *路边围着那些看热闹的人。（路边围着一些看热闹的人。）

以上三个偏误句主要涉及存在句在句法结构方面的特点，其结构特点主要表现在以下几个方面：

（1）存在句的语序

前面我们说过，存现句的语序应该是"处所词语＋动词＋名词"，而这种语序在别的语言中是很少见的。留学生受母语负迁移的影响，经常出现这方面的偏误。如：

① *有一个小孩儿站着在他前面。（他面前站着一个小孩儿。）
② *毛主席像贴着在他家屋里。（他家屋里贴着毛主席像。）
③ *画着切·格瓦拉的头像在他的T恤衫上。（他的T恤衫上画着切·格瓦拉的头像。）

（2）句首的处所词语

存在句句首的处所词语是被描写的对象，是构成存在句必不可少的成

分,否则就不是存在句。主要是由表示处所的名词、名词＋方位词/代词、处所词、方位词、代词等充当。例如:

处所名词:① 门口挂着一盏灯。
　　　　　② 展览馆摆着一个样品。

名词＋方位词/代词:① 他是个小酒鬼,他的房间里桌子上、床上床下
　　　　　　　　　　 都堆满了酒瓶。
　　　　　　　　　② 老师那儿有一本非常好的HSK辅导书。

方位词:① 上有天堂,下有苏杭。
　　　　② 前面是一条河,后面是一座山。

表示处所的代词:那边原来放着一架钢琴,现在哪儿去了?

存现句句首一定是表示处所的词语,如果是普通名词不表示处所,那么一定要在这样的名词后加上表示处所的方位词语。另外,表示处所词语前面一般不需要介词"在"。留学生在这两方面都容易出现偏误。如:

① *茶几放着一个蛋糕。(茶几上放着一个蛋糕。)
② *他的帽子印着一个海盗图像。(他的帽子上印着一个海盗图像。)
③ *在天安门广场上立着一块人民英雄纪念碑。(天安门广场上立着一块人民英雄纪念碑。)
④ *在下面的沙发卧着一条狗。(沙发下面卧着一条狗。)
⑤ *在花园藏着很多彩蛋。(花园里藏着很多彩蛋。)

(3) 存在句的动词

能够出现在存在句中的动词主要有三种:

第一种是表示人体或物体运动变化的动词,如"坐、站、躺、跪、挤、围、蹲"等;

第二种是表示人对物体进行安放或处置的动作的动词,如"放、挂、贴、摆、画、刻、绣、存、晾、插"等;

第三种是表示存在的动词"有"和"是"。(详见本章第七节"有"字句和第六节"是"字句)

在存在句中,动词后大多有动态助词"着"。谓语动词加"着"表示人或事物以哪种方式或者姿态存在着。例如:

① 他房间的墙上到处都挂着周杰伦的巨幅照片。
② 一大早他家门口就站着一个陌生人。

动词后有时用"满",表示"尽是、全是、都是"的意思。如:

① 楼道里挤满了看热闹的人。
② 他的办公桌上堆满了文件、材料,电话还响个不停。

有时,存在句也可以没有动词,谓语部分只有名词性短语。如:

① 江北岸一派欣欣向荣的景象,而江南岸则满眼疮痍,这样鲜明的对比,让我们更加热爱自己的国家。
② 打开门,满屋乌烟瘴气,满地烟头,桌上杯盘狼藉,更让她坚定了离婚的信念。

这种只有名词性成分作谓语的存在句往往不能独立成句,需要和其他短语连用。如上例。

(4) 存在句的宾语

存现句的宾语所表示的事物一般来说是一个新信息,往往表现为一个名词前加上不确指的数量词语或其他定语,一般不能是单个的名词,也不能是带有确指的定语的名词性短语。如:

① 他桌子上摆着一个奇形怪状的木雕。
② 马背上驮着一个箱子,箱子里装着很多书。

存在句的宾语即使是专有名词,前面也往往要加上数量词。如:

① 山东有个孔子,河南有个庄子。
② 天安门广场上耸立着一座人民英雄纪念碑。

只有在对举时,宾语可以是单个名词而没有任何定语。如:

① 河南岸长着果树,河北岸种着庄稼。
② 左手拿着棒子,右手拿着糖。

留学生有时会在宾语前加上确指的定语。如:

① *我抬头一看,教室门前站着我哥哥。
② *桌子上有那本书。

(二) 隐现句

1. 什么时候使用隐现句?

在汉语中,当人们要叙述某个处所或某个时间有什么人或事物出现或消失的时候,往往会使用隐现句。

2. 隐现句的结构特点是什么?

隐现句在结构方面的特点基本上和存在句相同,也主要表现在三个方面。

(1) 句首处所名词:和存在句一样,隐现句的句首也主要是表示处所的名词和方位词。如:

① 他们家来了一群年轻人,让这个家顿时有了生机。

② 正在陈静不知道该怎么办时,身后走来了一位小伙子。

(2) 隐现句的动词:隐现句的动词多为不及物动词,一种是和人体或物体移动有关的动词,如"走"、"跑"、"来"、"钻"、"开"等;另一种是表示出现、消失意义的动词,如"飘"、"冒"、"浮现"、"响"、"刮"、"死"等。另外,隐现句的动词后常常带趋向补语或者结果补语以及动态助词"了"。例如:

① 一夜之间,这个村子死了三个人,一种莫名的恐怖气氛笼罩在村子上空。

② 正在他犹豫不决的时候,台下响起了一阵雷鸣般的掌声。

③ 美丽的大草原上跑来了一群可爱的精灵。

(3) 隐现句的宾语:隐现句的宾语是表示出现、消失的人或事物,一般来说是前面带有不定数量词作定语的名词性成分,表现为一个新信息。如:

① 教室里突然跑进来一个十来岁的小孩儿。

专有名词作宾语时,也常常在前面加上"(一)个"。如:

② 春秋时期,河南出了一个庄子。

否定时,该名词前面一般没有不定数量词语。如:

③ 我们那儿没出过名人。

但如果是对"一些"的否定。名词前可用"几个"进行局部否定。如：

④ 我们那儿出现了一些名人。

⑤ 我们那儿没出过名人。（全部否定）

⑥ 我们那儿没出过几个名人。（局部否定）

如果是强调，名词前也可加"一个"等不定数量词，为了突出强调，"一个"应重读。如：

⑦ 我们那儿没出过一个名人。

⑧ 我们家没来过一个客人。

思考与练习三十七

一、判断下列句子是否正确，不正确的请说明理由并进行改正。

1. 教室里走进那个人来。
2. 在桌子上放着很多书。
3. 路边围很多人。
4. 很多年轻人躺着在草地上。
5. 我们邻居家死了猪。
6. 在村里发生了一件奇怪的事。
7. 教室里走进那个人来。
8. 很多书放着在桌子上。
9. 墙上贴着那张画。
10. 有一台旧电脑在床下。

二、简答题：

1. "窗台上放着一盆花。"和"那盆花放在窗台上呢。"一样吗？为什么？
2. "桌子上有一本词典。"和"桌子上是一本词典。"有什么不同？

第十节 连谓句

1. 什么是连谓句？连谓句有哪些类型？
2. 连谓句常见偏误有哪些？

1. 什么是连谓句？连谓句有哪些类型？

谓语由两个或两个以上的谓词（动词和形容词）构成，中间没有停顿，没有关联词语，也没有分句间的逻辑关系，书面上不能用逗号隔开，两个谓词共用一个主语，这样的句子叫连谓句。根据前后两个谓词之间的语义关系，常见的连谓句可以分为以下几种：

（1）前一动词或短语表示的是后一动作所采用的方式或工具。如：

① 我爸爸每天都骑车上班。
② 中国人用筷子吃饭。
③ 我现在能用中文谈话了。

（2）后一动词或动词短语表示的是前一动作的目的。如：

① 他去五道口看电影了。
② 我找你借本书。

（3）表示先后或连续发生的动作或情况，后一动作或情况发生时，前一动作已经结束。如：

① 爷爷吃过晚饭散步去了。
② 他接过照片看了一眼说"这不是我姐姐。"

（4）重动句，即前后重复同一个动词，有的后一动词或动词短语表示前一动作的结果，有的后一动词引出动作持续的时间、动作的终点等。如：

① 老张喝酒喝醉了。
② 我找那家书店找了半天。

③ 你怎么找人找到了警察局?

(5) 前一动词为"有"或"没有"。可格式化为"主语＋有（没有）名词＋动词"。如：

① 在国内我们没有机会练口语。

② 政府有责任帮助农民解决吃水的问题。

"有"的宾语常常为抽象名词，常见的有"权利、权力、办法、本事、资格、机会、条件、时间、把握、信心、能力"等。第二个动词短语可以变换为这个抽象名词的定语。这种句子往往含有"应该"的意思。如：

① 每个公民都有权利发表自己的意见。＝每个公民都有发表自己意见的权利。

② 他没有资格参加这次比赛。＝他没有参加这次比赛的资格。

(6) 前后两个动词或动词短语表示的是互相补充、说明的关系，前一动词表示肯定的意思，后一动词表示否定的意思，从正反两个方面说明一个事实。如：

① 他站着不动。

② 他一不高兴就躺在地上不起来。

2. 连谓句常见偏误有哪些?

留学生在学习和使用连谓句的过程中常见的偏误有以下几种：

(1) 表示方式的动词短语位置有误。如：

① ＊下课后已经很晚了，我不得不回家骑自行车。（……我不得不骑自行车回家。）

② ＊他喜欢写字用铅笔。（他喜欢用铅笔写字。）

③ ＊我不好意思和老乡聊天用汉语。（我不好意思用汉语和老乡聊天。）

表示方式的动词短语应该位于表示动作的动词之前，而留学生很容易受母语的影响，把表示方式的动词短语放在后面。

(2) 构成连谓句的动词有误。如：

① *我每天坐自行车上学。（我每天骑自行车上学。）

② *在北京开摩托车很难。（在北京骑摩托车很难。）

连谓句在表示动作的方式时，因工具的不同、动作方式的不同，所用的动词也不同。如：骑自行车、骑摩托车、坐火车/飞机、开车等。

(3) 应该重复而没有重复动词性成分。如：

① *我打球累了。（我打球打累了。）

② *他看电影哭了。（他看电影看哭了。）

③ *我们照相了三个小时。（我们照相照了三个小时。）

(4) 动态助词"了"、"过"位置有误。如：

① *昨天你妈妈来了看你。（昨天你妈妈来看你了。）

② *上周末我去了五道口看电影。（上周末我去五道口看电影了。）

③ *我去了超市买一双鞋。（我去超市买了一双鞋。）

当连动句前后两个动词表示动作和目的时，"了"、"过"应位于表示目的的动词之后，而不应该放在前面表示次要动作的动词之后。

(5) 否定词或表示时间的词语位置有误。如：

① *他骑自行车曾经去上班。（他曾经骑自行车去上班。）

② *我用毛笔不写字。（我不用毛笔写字。）

连动句中，否定词或表示时间的词语应位于表示方式的动词之前。这是因为这些否定副词或者时间词语的管辖范围是整个连谓结构，而不仅仅是后面的动词。

思考与练习三十八

一、判断下列句子是否是连谓句，如是，将连用的各动词或动词短语划分开来，并说明它们在意义上表示什么关系？

1. 我们去城里坐火车。

2. 我们坐火车去城里。

3. 他拿衣服出去了。

4. 他出去拿衣服了。

5. 他儿子跑出去了。

6. 他儿子出去跑了。

7. 我不同意你去。

8. 你没有资格干涉我的生活。

9. 大门口有个女孩在等你。

10. 他送我的那条裙子一直放着没穿。

11. 你别躺着看书。

12. 你陪着小芳玩会儿吧。

13. 他没有理由不参加。

14. 我想去海南过春节。

15. 我们都希望你能来。

16. 我去机场送朋友。

17. 我爸爸一辈子坚持走着上班,所以他身体一直很好。

18. 晚饭后,咱们去江边散散步,好吗?

19. 这孩子只要不高兴就躺在地上不起。

20. 不要躺着看书,这样对眼睛不好。

21. 爷爷走过来拍着我的肩膀说:"你能行"。

22. 我可没有把握解决这个问题。

23. 我洗衣服洗得腰酸背疼。

24. 我们全体村民都推举他当支书。

25. 张志祥有个孩子在同仁堂当医生。

二、判断下列句子是否正确,如果不正确请改正并说明理由。

1. 我喜欢开自行车旅游。

2. 我想去旅游南方坐火车。

3. 昨天我去了姐姐那儿玩。

4. 我上班过去骑自行车,现在远了,不能骑了。

5. 妹妹总是告诉妈妈"哥哥陪我不玩。"

第十一节 兼语句

> 1. 什么是兼语句？兼语句有哪些类型？
> 2. 兼语句和双宾语句的不同："他叫我明天开会"和"他告诉我明天开会"一样吗？
> 3. 兼语句和主谓结构作宾语的区别："我请他来做讲座"和"我知道他来做讲座"有何不同？
> 4. "使"、"叫"、"让"的区别：为何不说"老师使我们读课文"？
> 5. 兼语句常见偏误有哪些？
> 6. 兼语句的教学应注意什么？

1. 什么是兼语句？兼语句有哪些类型？

如果一个句子中前一动词的宾语同时又作后一动词的主语，这个身兼二职的词语就叫兼语，包含兼语的句子就叫兼语句。

根据第一个动词的不同，我们可以把兼语句分为以下几个小类。

（1）表示使令意义的兼语句，这类兼语句的前一个动词一般是带有使令意义的动词，如请、叫、让等。肯定式为"主语＋请/叫/让／＋宾语＋动词"。如：

① 他中了大奖，今天晚上请我们吃大餐。
② 妈妈非让我学做饭。

否定式为"主语＋不/没＋请/叫/让／＋宾语＋动词"。如：

① 他根本就没叫我去上课。
② 我可不再请她参加了。

汉语中表示使令意义的动词并不是很多，常见的有：请、叫、让、要、要求、请求、派、邀请、约、号召、托、劝、催、鼓励、强迫、恳求、逼、引导、启发、怂恿、吩咐、命令、组织、安排等；有些虽然不表示使令意义，但表示禁止或允许的动词也常常用于这类兼语句,如:准、准许、允许、禁止、阻止、批准等。

(2) 表示称谓或认定意义的兼语句,这类兼语句的前一个动词一般是表示称谓或认定意义的动词。如:称、叫、骂、选、选举、推选、拜、认、认为等,后一动词多为"做(作)、为、当、是"等。

    ① 我们都选他当代表。

    ② 他愿意拜你当师傅。

(3) 第一个动词是"有"的兼语句。

    ① 我有一个朋友去国外了。

    ② 他有个女儿特别能干。

(4) 第一个动词是表示好恶、称羡类动词的兼语句。

    ① 我喜欢他诚实。

    ② 舒雅讨厌他女里女气。

    ③ 也许很多人都会讥笑老人活得太认真。

汉语中表示好恶、称羡的动词并不是很多,常见的有:喜欢、爱、讨厌、恨、嫌、佩服、钦佩、称赞、夸、怪、埋怨、责怪、笑话、欣赏、羡慕、讥笑等。

2. 兼语句和双宾语句的不同:"他叫我明天开会"和"他告诉我明天开会"一样吗?

这两个句子从句式上说是不相同的。前者是兼语句,其中的"我"是兼语;后者是双宾语句,其中的"我"是间接宾语,"明天开会"是直接宾语。如果双宾语句的直接宾语和间接宾语可构成主谓短语,形式上与兼语句相似,那么怎么区别呢?

(1) 提问的方式不同:兼语句中兼语后的成分用"做什么"提问,双宾语句中的直接宾语用"什么"提问。试比较

    ① 他叫我参加会议。(他叫你做什么?)

    ② 他告诉我明天开会。(他告诉你什么?)

(2) 双宾语句的直接宾语可提到句首,而兼语句中兼语后面的成分不可以提到句首。试比较

    ① 你告诉他明天开会。   明天开会,你告诉他。

    ② 他叫我明天开会。   *明天开会,他叫我。

3. 兼语句和主谓结构作宾语的区别:"我请他来做讲座"和"我知道他来做讲座"有何不同?

这两个句子从语序上看颇为相似,但从句式上说是不相同的。前者是兼语句;后者是主谓结构作宾语的句子。我们可以用下面的办法加以区分:

(1) 兼语句的第一个动词后不能有停顿,而主谓结构作宾语句的第一个动词后可以有停顿。如:

① *我请,张教授来做讲座。

② 我知道,张教授来做讲座

(2) 兼语句中,第一个动词后的成分不能单独拿出放到句首;而主谓结构作宾语中,第一个动词后的成分可以单独拿出放到句首。如:

① *张教授来做讲座我们请。

② 张教授来做讲座我们知道。

(3) 第一个谓语动词的性质不同。主谓短语作宾语的句子中第一个谓语动词必须能陈述或说明一件事情,表示感知的如"知道、听说、看见、看到、觉得、以为、明白"等,表示心理活动的如"希望、盼望、相信、想、怀疑、记得"等。而兼语句中等一个动词限于问题1中涉及的四种。

(4) 第一个谓语动词后是否可以加入其他词语。主谓短语作宾语的句子,第一个谓语动词后可以插入其他词语作状语;兼语句的第一个动词后不可加入其他词语。如:

① 我让他们来。　　*我让明天他们来。

② 我希望他来。　　我希望明天他来。

4. "使"、"叫"、"让"的区别:为何不说"老师使我们读课文"?

"使"、"叫"、"让"都可以用在兼语句中,但三者略有不同。

(1) "让"、"叫"经常用来表示动作者主动有意识地通过命令、指使、劝说等动作让别人做某个动作("叫"口语色彩更浓一些);而"使"经常表示某件事或某个动作致使兼语自然出现或显现某个客观结果或效果。如:

① 老师让/叫我们先写成书面报告,然后在班里进行口头汇报。

② 他叫我在北京等他,然后一起去内蒙。

③ 5.11大地震使他家破人亡。

④ 父母的相继去世使他一下子衰老了很多。

(2)"使"、"让"可用于让兼语有意识地控制情绪、感情或动作,而"叫"无此用法。如:

① 他强忍着使自己不失态。

② 她努力不让自己流泪。

(3)如表达动作者的主观意志,一般用"让",也可以用"使"、"叫",但如表达客观结果一般不用"叫"。如:

① 我一定努力不让/使/叫您失望。(主观)

② 你的所作所为真让我失望。(客观)

? 你的所作所为真叫我失望。

5. 兼语句常见偏误有哪些?

留学生在习得兼语句的过程中比较容易出现的偏误主要有以下几种:

(1)兼语后缺少动词。如:

① *你这样说话,让大家很没有意思。(……让大家感到/觉得很没有意思。)

② *这件衣服使她年轻。(这件衣服使她显得年轻。)

③ *他使我们班活力。(他使我们班充满了活力。)

兼语句中兼语后应该出现一个动词性成分,而留学生经常忽略后一个动词。为了避免出现此类偏误,我们可以格式化为"主语+使/叫/让/请+宾语+动词+……"。

(2)动词与介词混淆。如:

① *那时候我常常因为不做作业跟老师生气。(那时候我常常因为不做作业让老师生气。)

② *对不起,我做得不好,对您失望了。(对不起,我做得不好,让您失望了。)

(3)"使、叫、让"等动词用错。如:

① *老师使我回宿舍拿作业。(老师让/叫我回宿舍拿作业。)

② *脸上的酒窝叫她显得更加可爱。(脸上的酒窝使她显得更加可爱。)

③ *他问我告诉你明天不去了。(他让我告诉你明天不去了。)

(4) 否定词位置有误。如:

① *妈妈让我不工作这么早。(妈妈不让我这么早工作。)

② *他叫我不去,我偏偏要去。(他不叫我去,我偏偏要去。)

兼语的否定通常是在"叫、让"前加"不"或者"没有"。

(5) "了"误置于前一动词之后。如:

*他让了我大吃一惊。(他让我大吃了一惊。)

兼语句中,"了"通常是放在后一个动词后面。

6. 兼语句的教学应注意什么?

兼语句带有合成的性质,在教学过程中我们可以很好地利用这一特点。最初学习兼语句时,可以使用介绍语境,然后合成句子的方法加以说明和练习。如:

老师:玛丽,明天去我家吃饭吧!

可以合成一个兼语句"老师请玛丽去他家。"

老师:请大家再读一遍课文。

可以合成一个兼语句"老师让我们再读一遍课文。"

老师:大卫,下课后去我办公室一趟。

可以合成一个兼语句"老师让大卫去他办公室。"

在学生明了了兼语句的基本结构特点和用法之后,可以让学生组合练习。

思考与练习三十九

一、指出下列句子哪些是连谓句?哪些是兼语句?

1. 他想了想说:"我觉得这样办不妥"。

2. 我那条真丝长裙一直放在衣柜的最下层从来没动过。
3. 他们都抢着付钱。
4. 你根本没有资格批评我。
5. 我打算骑自行车去买东西。
6. 考完试我一定找时间去圆明园看看。
7. 快点吧,门外有人在找你呢。
8. 他感情很脆弱,又很敏感,常常看电影看得泪流满面。
9. 你千万别让他出门。
10. 我们都嫌他太小气,不像个男人。

二、简答题:

1. "我们都希望张老师发言"和"我们都知道张老师要发言。"有什么不同?
2. "你去通知他参加宴席。"和"你去请他来参加宴席。"有什么不同?

第十二节 双宾语句

1. 什么是双宾语句?
2. 汉语双宾语句有哪些类型?
3. 双宾语句常见偏误有哪些?

1. 什么是双宾语句?

句中动词带两个宾语的句子叫双宾语句。如"他给了我几本书",前面指人的宾语(我)叫"间接宾语",也叫"近宾语"或者"与事宾语";后面指物的宾语(几本书)叫"直接宾语",也叫"远宾语"或者"受事宾语"。汉语的远宾语多是指事物,但有时也可以是一个句子。如:

① 请你告诉他明天不上课。
② 他问我这本书多少钱。

2. 汉语双宾语句有哪些类型？

汉语双宾语句主要有以下类型：

(1) 给予类双宾语句。如：

① 我送妈妈一条围巾。

② 他给我一幅画。

(2) 取得类双宾语句。如：

① 那个小偷偷了我300块钱。

② 他拿了我三本书。

(3) 述说类双宾语句。如：

① 经理已经通知我开会的事情了。

② 你别告诉他我们去的事儿。

3. 双宾语句常见偏误有哪些？

在学习汉语双宾语句时，留学生遇到的问题主要有两个方面：一是语序的问题；二是动词的问题。下面我们分别来谈。

(1) 汉语双宾语句的语序问题。

和别的语言（如英语）相比，汉语双宾语句的语序有自己的特点，那就是指人的宾语（即间接宾语）只能在前面，指物（一般指物，其实有时也可以是人）的宾语（即"直接宾语"）只能在后面。我们可以格式化为"主语＋动词＋某人＋某物"。如：

① 他　　给　　我　　一本书。

② 王老师 教　　我们　语法。

③ 他　　拿　　我　　200块钱。

在英语中指人的宾语可以在前也可以在后。如：

He brought a book to her.　　He brought her a book.

He gave a gift to his daughter.　　He gave his daughter a gift.

所以留学生往往会把母语的规则套用到汉语的双宾语句中，产生如下偏误。

① *我要送一件礼物女朋友。(我要送女朋友一件礼物。)
② *明天我就还钱你。(明天我就还你钱。)
③ *我要告诉一件事妈妈。(我要告诉妈妈一件事。)
④ *商店退100块钱我。(商店退我100块钱。)

(2) 汉语双宾语句的动词问题。

汉语中能带双宾语的动词是非常有限的,而留学生由于受母语的影响,比如英语中有很多动词都可以带双宾语,他们往往把母语中能带双宾语的动词类推到汉语中造成偏误。如：

① *妈妈讲了我们一个故事。(妈妈给我们讲了一个故事。)
② *请打我一个电话。(请给我打一个电话。)
③ *请问好你的妈妈。(请向你的妈妈问好。)
④ *我买了妈妈一个生日礼物。(我给妈妈买了一个生日礼物。)
⑤ *他介绍我一个朋友。(他给我介绍一个朋友。)

一般的对外汉语教材对带双宾语的动词采取部分列举的办法,并不作分析,对学生来说,无规可循,只能死记硬背,有时感到无所适从。我们觉得有必要从教学的需要出发对能出现在双宾语句中的动词作一简单分析和分类,以帮助学生理解记忆。

第一种：表示给予的。如：给、送、还、交、递、退、付、借(出)、租、赠、寄、卖、发等,这类动词都表示给予的意思,后都可以加"给"。由这些动词构成的双宾语句表示某人将某物通过这一动作使另一方所有。如：

① 我们赠(给)那所学校200本书。
② 我发给她一封邮件。

第二种：表示取得的。如：赢、赚、骗、偷、抢、借(入)、拿、收、买、学等,由这些动词构成的双宾语句表示某人通过这个动作从另一方得到某物。如：

① 我借了他300块钱,明天就还。
② 他骗走了我一本书。

第三种：表示述说的。如：告诉、问、回答、教、答应、嘱咐、通知、报告、请教等,这类动词含有述说意,当然既有述说的内容又有述说的对象。由这些动词构成的双宾语句表示某人通过述说这个动作使述说对象知道某内容。如:

① 他告诉我一个天大的秘密。
② 王老师教我们口语。
③ 请你通知张经理开会的地点。

除了上述两个方面的偏误外,留学生有时还会出现缺少间接宾语的偏误。如:

＊他告诉一个好玩的地方。(他告诉我一个好玩的地方。)

思考与练习四十

一、简答题:

1. "他告诉我明天上课"和"他叫我明天上课"有什么不同?
2. "我让小丽去"和"我希望小丽去"有什么不同?

二、判断下列句子是否正确,如果不正确请加以改正并说明理由。

1. 她送一支笔我。
2. 警察罚了200块钱从他。
3. 他借了一本书从朋友。
4. 昨天老师说我们一个消息。
5. 他又忘了还钱朋友了。
6. 我寄妈妈这张照片。

第七章　复　　句

【内容简介】 本章主要分析汉语中的复句及其分类、各类复句的特点、在对外汉语教学中使用频率较高而留学生很容易出现偏误的一些关联词语、近义关联词语的辨析以及在对外汉语教学中应该注意的事项。

一、复句和复句分类
　　1. 什么是复句？复句可分成哪些小类？
二、并列复句
　　1. 什么是并列复句？
　　2. 为何不说"她又丑又善良"？
　　3. "既……又……""又……又……"和"也……也……"有何不同？
　　4. "一方面……（另）一方面……""一面……一面……"和"一来……二来……"有何不同？
　　5. "我叫大卫，我是美国人，我今年21岁，我现在在北京学习，我很喜欢中文。"这样表达好吗？
三、承接复句
　　1. 什么是承接复句？
　　2. "然后"和"后来"：为何不说"大家先谈谈考察的情况，后来我们再具体分析"？
　　3. "以后"和"后来"："下课以后去打球"中"以后"能否换成"后来"？

四、解说复句

五、递进复句

    1. 什么是递进复句?

    2. 为何不说"我不但要去吃中国饭,而且能去旅游"?

    3. "不但不(没有)……,反而……"的语用:为何不说"老人不但不坐着,反而站着"?

六、选择复句

    1. 什么是选择复句?

    2. "不是 A 就是 B"和"或者 A 或者 B"有何不同?

    3. "不是 A 就是 B"和"不是 A 而是 B"有何不同?

    4. "与其……不如……""宁可……也不……"和"宁可……也要……"有何不同?

七、因果复句

    1. 什么是因果复句?

    2. "既然"和"因为":为何不说"他既然生病了,就回宿舍休息了"?

    3. "所以"和"于是":为何不说"因为他很聪明,于是他的成绩很好"?

八、转折复句

    1. 什么是转折复句?

    2. "虽然……但是……"和"……就是……"有何不同?

    3. "只是""不过""可是""但是"和"然而"有何不同?

九、条件复句

    1. 什么是条件复句?

    2. "只有……才……"和"只要……就……"有何不同?

    3. "不管……都……"和"尽管……但是……":为何不说"不管父母不同意,我都要和她结婚"?

十、假设复句

十一、让步复句

    1. 什么是让步复句?

2. "即使……也……"和"如果……就……"有何不同？

十二、目的复句

　　1. 什么是目的复句？

　　2. "……为的是……"和"……以便……"有何不同？

十三、复句的教学

　　复句中连词、副词的位置："不但他喜欢,也我喜欢。"对吗？

一、复句和复句分类

1. 什么是复句？复句可分成哪些小类？

　　复句是由两个或两个以上意义相关但结构上互不包含,即互不作句子成分的分句组成的句子。复句在语言交际中的重要性自不待言。作为对外汉语教师,复句自然是必须掌握的一项内容。不过在教学中,学生知道不知道复句的概念不重要,知道不知道是什么复句也不重要,所以我们不必告诉学生什么是复句、复句的构成、复句的类型等,只需从实用性的角度考虑,把一些使用频率高的复句格式(即由关联词语构成的格式)教给学生,使之能够正确运用即可。汉语中复句很多,在这里不可能——讲述,也没必要全部告诉学生,所以我们只是选择那些使用频率高、能产性强的格式简单列举出来,并对那些留学生难以掌握容易混淆的格式加以辨析。

　　从结构上看,构成复句的分句可以是词,可以是短语,也可以是句子;可以是主谓句,也可以是非主谓句。例如：

　　① 蓝天,白云,成群的牛羊。

　　② 春暖花开,神清气爽。

　　③ 如果你去,我就不去了。

　　根据分句之间的意义关系,我们可以把复句分为联合复句和偏正复句两大类。"联合复句"内部各分句间意义平等,无主次之分。偏正复句内部各分句之间意义有主有从,也就是说有主句和偏句之分。正句即主句,是句

子的正义所在,偏句是从句,在意义上从属于正句。复句的分类列举如下:

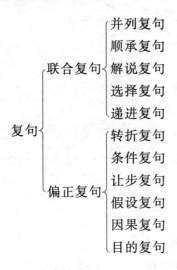

二、并列复句

1. 什么是并列复句?

前后分句分别叙述或描写有关联的几件事情或同一事情的几个方面,分句之间或者是并列关系或者是对举关系。常见的关联词语如:

又……又……　　如:她又聪明又漂亮。
也……也……　　如:他钢琴也喜欢,架子鼓也喜欢。
既……又……　　如:他既聪明又能干。
一方面……一方面……　　如:他在北京一方面是为了打工挣钱,一方面是为了寻找走失多年的妹妹。
一面……一面……　　如:他一面开车一面聊天。
一边……一边……　　如:他一边吃饭,一边看电视。
不是……而是……　　如:你来得不是太早了,而是太晚了。

2. 为何不说"她又丑又善良"?

并列复句的几个分句说明或描写几件事情、几种情况或同一事物的几个方面。分句中出现的事物、情况一定要属于同一性质、范围。留学生很容易在这方面出现问题。如:

① *他刚到新单位,一方面熟悉新环境,一方面和新同事交流。

前一分句是指整个活动,后一分句是在整个活动中的一部分,不能并列。如修改为"他刚到新单位,一方面熟悉新环境,一方面制定新计划。"就可以并列。

② *妈妈买的风衣不是不好看,而是样子不好看。

前一分句是对风衣的整体评价,后一分句是对这件风衣样子方面进行的评价,前者包含后者,不能并列。如改为"妈妈买的风衣不是颜色不好看,而是样子不好看。"就可并列。

③ *她又丑又善良。

用"又……又……"连接的形容词在感情色彩方面应该是一致的,即如果是积极意义的都应该是积极意义的,如果是消极意义的都应该是消极意义的。而上例中"丑"是消极意义上的描写,"善良"是积极意义上的评价,不可并列使用。

3. "既……又……""又……又……"和"也……也……"有何不同?

"既……又……"、"又……又……"和"也……也……"都表示几种情况或状态并存,例如"我哥哥也(又/既)会唱也(又)会跳",但有时三者不能替换。

(1)"既……又……"前后两个分句在意义上有轻有重,前轻后重;而"又……又……"和"也……也……"前后两个分句在意义上不分轻重,位置有时可以互换。

(2)"又……又……"、"也……也……"既可以连接动词也可以连接形容词。"又……又……"常用于前后两个分句主语相同的复句;"也……也"虽也可用在前后两个分句主语相同的复句中,但常用于前后分句主语不同的复句。如:

① 我哥哥又喜欢文,又喜欢武。

② 他又聪明又帅气。

　*他也聪明也帅气。

③ 哥哥也招了,姐姐也招了,我再撑着也没意义了。

　*哥哥又招了,姐姐又招了,我再撑着也没意义了。

④ 里面也热,外面也热,简直就没地方呆。

＊里面又热,外面又热,简直就是没地方呆。

⑤ 她民乐也想学,舞蹈也想学。

＊她民乐又想学,舞蹈又想学。

4. "一方面……(另)一方面……""一面……一面……"和"一来……二来……"有何不同?

"一方面……一方面……"连接事情的两个相关方面或两种相关情况,不体现时间性;而"一面……一面……"连接的是同时进行的两个动作或事情,突出时间性;"一来……,二来……"连接的是两个原因或目的。在连接原因和目的时,"一方面……一方面……"有时可以替换"一来……,二来……"。对比如下:

① 我姐姐一方面令人同情,(另)一方面又令人生气。(无时间性)

＊我姐姐一面令人同情,(另)一面又令人生气。

② 妈妈总是一面做饭一面唱歌。(有时间性)

＊妈妈总是一方面做饭一方面唱歌。

③ 虽然工资不高,但他还是决定留下来,一来他确实喜欢这份工作,二来他知道再找一份工作是多么不容易。

虽然工资不高,但他还是决定留下来,一方面他确实喜欢这份工作,另一方面他知道再找一份工作是多么不容易。

＊虽然工资不高,但他还是决定留下来,一面他确实喜欢这份工作,一面他知道再找一份工作是多么不容易。

5. "我叫大卫,我是美国人,我今年 21 岁,我现在在北京学习,我很喜欢中文。"这样表达好吗?

我们先来做个比较:

① 我叫大卫,我是美国人,我今年 21 岁,我现在在首都师范大学学习,我很喜欢中文。

② 我叫大卫,是美国人,今年 21 岁,现在在首都师范大学学习,我很喜欢中文。

哪一句更好?当然是例②。为什么呢?因为汉语和英语不一样,汉语中只要主语相同,为了避免重复,在保证不发生错误理解的前提下,后面分句的主语都可以省略。而英语中每个小句都要有主语,这就导致母语为英语的留学生常常出现累赘啰嗦的句子,如上例①。这种应该省略而没有省略的累赘句不仅仅出现在并列复句中,其他复句中也同样存在,后不赘述。我们在对外汉语教学中,开始时总想让学生说出主谓宾完整的句子,但当学生学完了基本语法,向语段过渡时我们却没有注意到告诉学生省略相同的主语,从而导致了留学生单独说某个句子都是正确的但一旦放到整篇或语段中就让人觉得别扭的"怪"现象的产生。为了让学生学到地道的汉语,我们在刚开始的时候确实需要让学生说出完整的句子,这样才能保证他们掌握正确的语序,但当学生学到一定的水平,需要往语段过渡时我们就有必要要提醒学生该省略的一定省略。

三、承接复句

1. 什么是承接复句?

前后分句按时间、空间或逻辑事理上的顺序说出连续的动作或相关的情况,分句之间有先后相承的关系。常见的关联词语如:

首先……然后……　　如:你首先要想清楚自己要什么,然后才能做出合适的选择。

刚……就……　　如:妈妈刚进门,他就出去了。

一……就……　　如:老师一说作业,他们就大叫太累了。

先……又……　　如:她先打开首饰盒子,取出了那条一般场合不舍得戴的项链,又站在衣柜前想了一阵,到底穿不穿那件她曾经最喜欢的裙子。

先……然后……　　如:他先给女朋友写了封信,然后给父母打了一个电话,似乎真的是下决心要离开这个伤心之地。

起初(开始)……,后来……　　如:开始我们都以为这是经理自己故意丢的,后来才知道我们的判断错了。

顺承关系分句的次序是按照逻辑顺序来排列的,一般不能随便变换次序。

2. "然后"和"后来":为何不说"大家先谈谈考察的情况,后来我们再具体分析"?

"然后"和"后来"都主要用来表示动作或事件的先后顺序,但二者存在细微区别,这种区别对留学生来说是一个难点。

(1)"然后"常跟"(首)先"搭配使用,"后来"常跟"开始/起初"搭配使用;

(2)"然后"表示的动作或事件是接连发生的,"后来"前后的两个动作相隔时间较长;

(3)"然后"既可以用于过去,也可用于将来,"后来"只跟过去的时间相联系。如:

① 上课后,我们先复习昨天的生词,然后讲今天的语法和课文。

＊上课后,我们先复习昨天的生词,后来讲今天的语法和课文。

② 起初他对我们很有敌意,后来慢慢放松了警惕。

＊起初他对我们很有敌意,然后慢慢放松了警惕。

③ 你到上海后,先给陈老师打个电话,然后再去。

＊你到上海后,先给陈老师打个电话,后来再去。

3. "以后"和"后来":"下课以后去打球"中"以后"能否换成"后来"?

"以后"和"后来"都可以用在句子之间,常给留学生带来一些困扰。其不同主要表现在:

(1)"以后"可以跟在动词(动词性短语)或小句之后表示具体时间,"后来"只能单用在后一小句之前。二者不可互换。如:

① 来中国以后,我才发现中国也有很多汽车和楼房,大街上也没有马车了。

＊来中国后来,我才发现中国也有很多汽车和楼房,大街上也没有马车了。

② 离开父母以后才意识到他们的牢骚是多么温馨。

＊离开父母后来才意识到他们的牢骚是多么温馨。

③ 下课以后去打球。

＊下课后来去打球。

(2)二者都可单用在后一分句之前,有时可以互换,但"以后"可以指将来,"后来"只能指过去的时间。如:

① 他出国以后,我给他写了好几封信,他都没有回,后来我们就失

去联系了。（过去）

他出国以后，我给他写了好几封信，他都没有回，以后我们就失去联系了。

② 现在我要努力学习汉语，以后想当汉语老师。（将来）

＊现在我要努力学习汉语，后来想当汉语老师。

四、解说复句

分句之间有解释或说明、总分的关系。解说复句一般不用关联词语，有的在后一分句单用"即、就是说、也就是说"等关联词语，这种复句往往是后面的分句解释前面的分句。如：

① 现在年轻人之间很流行"AA制"，即一起消费时自己付自己的那部分钱。

有的是先总后分。如：

② 调查有两种方法：一种是走马观花，一种是下马观花。

有的是先分后总。如：

③ 对自己要严一点，对别人要宽一点，我们要学习这种严于律己，宽以待人的态度。

五、递进复句

1. 什么是递进复句？

后面分句的意思比前面分句的意思更进一步，一般是由小到大，由少到多，由轻到重，由易到难，反之亦可。常见的关联词语如：

不但……而且……　　我哥哥不但聪明而且善良。

不仅……而且……　　他不仅聪明而且能吃苦。

不但……还……　　班长不但帮助我们班的学生，还经常帮助其他班的同学。

不但……反而……　　爷爷住院后，病情不但没好，反而更重了。

不但……而且……甚至……　张秘书不但会唱歌,而且会弹琴,甚至会作曲。

有的递进关系复句只用一个关联词语。如:

……甚至……:我根本不认识这个人,甚至连面也没见过。
……何况……:女孩子都不怕,何况小伙子呢?
……尚且……:大城市尚且买不到这种东西,农村更不可能了。

就所表达的递进的意思来说,前后合用关联词语比只用一个关联词语语气要强烈一些。

2. 为何不说"我不但要去吃中国饭,而且能去旅游"?

关于递进复句,我们应注意以下几点:

(1) 递进复句后一分句表示的意思比前一分句更进一步,所以要注意分句之间的可比性,如不存在可比性则不能使用递进复句。如:

　　我不但要吃中国饭,而且要学做中国饭。
　　＊我不但要吃中国饭,而且能去旅游。

(2) 使用递进复句时要注意它们的层次性,一定是后一分句的意思比前一分句更进一步才行,否则不能使用。如:

　　她这次考试成绩不但在全班最高,还在全校最高。
　　＊她这次考试成绩不但在全校最高,还在全班最高。

(3) 前一关联词语可以省略,而后一关联词语则不能省略。如:

　　他会说汉语,还会说俄语。
　　＊他不仅会说汉语,会说俄语。

3. "不但不(没有)……,反而……"的语用:为何不说"老人不但不坐着,反而站着"?

"不但不(没有)……,反而……"表示逆向递进。"不但"引出某一希望或应该实现而没有实现的情况,"反而"引出相反的结果或效应,成为逆向递进状况。如:

　　① 吃了好几副中药,不但没好,反而更厉害了。

② 他一进门就把那张满分的卷子放到了妈妈书桌上，可没想到妈妈不但没表扬，反而批评他骄傲。

这个格式是留学生较难掌握的格式之一，为了使留学生真正理解，我们可以采取话题式导入的方法。如：

老师：已经春天了，天气应该怎么样了？

学生：应该暖和了。

老师：可是没有暖和，更冷了。

这时我们可以说：

春天了，不但没暖和，反而更冷了。

总结格式特点图示如下：

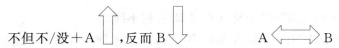

应该出现情况 A，结果没出现，反而出现了不应该出现的情况 B。A 和 B 是相反的情况。（马真 1985）

六、选择复句

1. 什么是选择复句？

选择复句又分两小类：一种是未定选择，即说出两种或几种可能的情况，让人从中选择；另一种是已定选择，即选定其中一种，舍弃另一种。

前者如：

是……还是……　　如：你是去上海还是去广州？

要么……要么……　　如：我们要么早上八点出发，要么晚上八点出发，别的时间都不合适。

或者……或者……（或者）　　如：或者班长去，或者你去，或者我们都去。

不是……就是……　　如：到了周末，他不是去打球就是去游泳。

后者如：

与其……不如……　　如：与其坐着等，不如出去找一找。

宁可……也不/要……　　如：① 我宁可当乞丐，也不花女人的钱。

② 我宁可离婚也要把父母接来。

宁愿……也不/要……　　如：① 我宁愿受罪,也要和他结婚。

② 他宁愿独身也不和她结婚,这谁还有办法?

2. "不是 A 就是 B"和"或者 A 或者 B"有何不同?

"不是……就是……"表示排除别的,在 A 和 B 之间选择,二者必选其一,非 A 即 B;而"或者 A 或者 B"表示 A 和 B 二者当中可能有一个,但也不排除有 A 和 B 之外的第三者。对比如下:

① 我儿子很喜欢球类,到了周末不是打篮球就是踢足球。
② 这孩子快把我折磨死了,天天不是哭就是叫。
③ 昨天来的或者是小张,或者是小王,也可能是小赵,我不是很熟。
④ 明天我们去广州,或者深圳。

3. "不是 A 就是 B"和"不是 A 而是 B"有何不同?

"不是 A 就是 B"和"不是 A 而是 B"意思完全不同。前者表示选择关系,后者表示并列关系。

"不是 A 就是 B"表示在 A 和 B 之间选择,二者必选其一,非 A 即 B;而"不是 A 而是 B"表示否定 A,确认是 B。举例对比如下:

① 他不是中国人就是韩国人。("他"可能是中国人,也可能是韩国人。)
② 他不是中国人,而是韩国人。("他"只可能是韩国人。)

再如:

③ 我儿子周末不是玩 PSP,就是玩电脑,从来就不知道学习。
④ 他不是玩电脑,而是在玩 PSP,我们家的电脑坏了好几天了。

在教学过程中,我们可以采取在选项 A 和 B 上打对号或叉号的办法让学生明白其不同。如:

不是 A 就是 B　　　　　　　不是 A 而是 B
　　√　　　√　　　　　　　　　×　　　√

4. "与其……不如……""宁可……也不……"和"宁可……也要……"有何不同?

这三对格式都表示选择,而且选择的都是动作性行为。它们的区别是什么呢?

"与其 V_1 不如 V_2"多用于谈看法,提建议,在语义上是放弃前者选择后者,即放弃"与其"后面的事情,选择"不如"后面的事情。后者虽不满意,但比起前者来要更合适一点。如:

① 你们与其临阵磨枪不如平时多下工夫。

② 我们与其等到放假再去,不如现在请假去。

这一复句中的"与其"和"不如"后还常常可以加上"说",着重说明说话人对某一事物的看法。或者说一般的说法不太准确,说话人的说法更准确。如:

① 他的书房堆满了各种电器零件,与其说是书房,还不如说是一个小修理部。

② 所有接触过她的人都说她天资聪明。其实与其说是天资聪明,倒不如说是更勤奋。

"宁可 V_1 也不 V_2"和"宁可 V_1 也要 V_2"都用于当事人自己的选择,"宁可 V_1 也不 V_2"表示为了不实现 V_2,说话人宁可选择本来自己并不喜欢的事情 V_2;而"宁可 V_1 也要 V_2"在语义上是为了实现 V_2,说话人宁可选择本来自己并不喜欢的事情 V_1。二者都是极度夸张特别不愿意或者特别愿意做某事的态度。对比如下:

① 我宁可一辈子不结婚,也不和她结婚。(本不愿"一辈子不结婚",但为了实现"不和她结婚","一辈子不结婚"也可以接受。)

② 我宁可一辈子吃苦,也要和他结婚。(本不愿"一辈子吃苦",但为了实现"和他结婚","一辈子吃苦"也可以接受。)

在教学过程中我们要注意它们的使用场合,"与其 V_1 不如 V_2"和"宁可 V_1 也不 V_2"都是在说话人认为不好的消极的项目之间进行选择。如:

① 与其跪着生不如站着死。

② 与其坐而等死不如起而造反。

"跪着生"和"站着死"在说话人看来都是不希望发生的,但在这二者之间说话人认为"站着死"稍微好一点,所以他选择后者,即"站着死"。"坐而

"等死"和"起而造反"同样都是说话人认为不好的不希望发生的事情,但他认为"起而造反"稍微好些,所以他选择后者。如:

① 我宁可饿死也不当乞丐。
② 我宁可饿死也不自己做饭。
③ 宁可在家吃方便面也不和他一起去吃饭。
④ 宁可当乞丐也不花她的钱。

"饿死"和"当乞丐"在说话人看来,都是消极的不希望发生的,但相比之下,"饿死"稍微好一些,所以他愿意选择前者,即"饿死"。当然,这一格式是用来夸张地表达说话人极其不愿意做后一行为,不一定真的希望前者发生。

"在两个都不喜欢的消极的方面进行选择,选择稍微好一点的一方面"的说明,对留学生来说,是非常重要的。因为按照教材上的一般解释,学生很容易造出这样的句子:

① *上海和杭州都很值得去,可你们的时间很少,与其去上海不如去杭州。
② *我很喜欢吃肉,但是宁可吃牛肉也不吃鸡肉。
③ *我喜欢看书也喜欢看电影,但宁可看书也不看电影。

当然,不同的说话人对同一事情的观点看法可能不同,选择自然不同,面对同样的情况,说出的话可能不同。如:

A:我觉得当乞丐太丢面子,我宁可饿死也不当乞丐。
B:我可不这么认为,我觉得生命比面子更重要,我宁可当乞丐也不要活活饿死。

七、因果复句

1. 什么是因果复句?

偏句说出原因或理由,正句说出结果。可以前因后果,也可以是前果后因;因果关系可以是说明性的因果关系,也可以是推论性因果关系。

说明性因果关系常见的关联词语如:

因为……所以…… 因为生活水平提高了,所以出国旅游的人越来越多了。

由于……所以……　　由于他的专业是哲学,所以对什么事都要刨根问底。

之所以……是因为……　　她之所以来北京,是因为喜欢中国文化。

因为……的缘故,……　　因为不努力的缘故,这次又考砸了。

……因此……　　他今天迟到了,因此被批评了。

……以致……　　他常常犹犹豫豫,以致坐失良机。

推论性因果关系常见的关联词语如:

既然……就……　　你既然来了,就安心地住下吧。

……,可见……　　今天他又忘了,可见他没当回事。

2. "既然"和"因为":为何不说"他既然生病了,就回宿舍休息了"?

"既然"和"因为"都是用来构成因果复句的连词,也是留学生最容易混淆的词语之一。那么它们的不同到底表现在什么地方呢?我们先来看例句:

① 学生:老师,我感冒了,可以回去休息吗?
　　老师:你既然感冒了,就回去休息吧。

② 老师:大卫怎么没来上课?
　　学生:因为他感冒了,所以没来上课。

通过上面的对比,我们发现:二者都表示因果关系,但有所不同。

(1) "因为……所以……"用于说明性因果,表明实际的原因和结果,"因为"后面是事情发生的原因,"所以"后面是已经发生的事实,具有客观性;"既然……就……"用于推论性因果,通过事实提出推论,"既然"后是说话人双方已知的事实,"就"后是说话人的推断和意见,具有主观性。对比如下:

① 因为生病,所以我没去上课。
② 既然生病了,就别去上课了。

(2) "因为"引导的分句和"所以"引导的分句可以互换位置,而且二者都可以单用;而"既然"和"就"引导的分句一般不能互换位置,而且二者要配合使用。对比如下:

① 昨天我没来,因为下雨了。
② 我最近身体不好,所以很少去跳舞。
③ 你既然答应了人家,就要认认真真地做。
④ *就要认认真真地做,你既然答应了人家。
⑤ *你既然答应了人家,要认认真真地做。

(3) "既然"引导的分句对说话人和听话人来说都是已知的信息,说话人由此推出后面的结论;但"因为"引导的分句对听话人来说不是已知信息。如:

① 学生:老师,我有点儿不舒服。
　老师:你既然不舒服,就回宿舍休息吧。
② 老师:真善,昨天的汉语日你为什么没参加?
　学生:因为我不舒服,所以没参加。

二者的不同,可以总结如下:
因为+听话人未知的原因,所以+客观结果
既然+听话人已知的事实,就/那+主观意见(主张、推论)

3. "所以"和"于是":为何不说"因为他很聪明,于是他的成绩很好"?

连词"所以"和"于是"是不同的,其不同对留学生来说是一大难点。"所以"表示根据前面所说的原因,得出下面的某种结论或结果,常和"因为"搭配使用;"于是"表示后一事情紧接着前一事情发生,后一事件往往是由前一事件引起的,而且后一事件往往是已经发生的事情,所以主要动词之后常常带"了、起来、下来"等表示已经发生的词语。对比如下:

① 因为那儿风景很美,所以每年都有很多人去那儿旅游。
② *因为那儿风景很美,于是每年都有很多人去那儿旅游。
③ 听说那儿风景很美,于是我决定去那儿旅游。
④ 计划生育政策推广得很好,所以人口出生率下降很快。
⑤ *计划生育政策推广得很好,于是人口出生率下降很快。
⑥ 计划生育政策推广开来了,于是人口得到了很好的控制。
⑦ 他们各执己见,于是就吵了起来。
⑧ 他们各执己见,所以就吵了起来。

通过上面的分析,我们可以发现,有时二者可以互换,有时是不可以互换的。比如当后一分句表达的不是一件事,而是一种状态,或者后一分句虽然是一件事,但是是未然的事情,"于是"都不能换成"所以"。

八、转折复句

1. 什么是转折复句?

前后分句的意思相反或相对,也就是说后面的分句不是顺着前面分句的意思说下去,而是突然转成和前面的意思相反或相对的说法,而后面分句的意思才是说话人所要表达的真正意思。根据前后分句意思相反、相对程度的强弱,转折关系分为重转和弱转两类。常见的关联词语如:

虽然(虽说)……但是……　如:虽然已经是春天了,但是晚上还很冷。
虽然……可是……　如:她虽然很漂亮,可是我不喜欢她。
尽管……但是(可是/然而/还是)……　如:尽管下雨了,我还是要去。
固然……可是/但是……　如:工作固然很重要,但是身体更重要。

弱转关系分句之间意义上的相对往往没有那么明显,转折的语气比较弱,所以只在后一分句用承上关联词语。如:

……不过……　如:她确实很聪明,不过很懒。
……就是……　如:这大衣好看是好看,就是贵了点儿。
……只不过……　如:那儿确实很漂亮,只不过远了点儿。
……倒……　如:事情是他挑起来的,可真要动真格的,他倒不干了。
……只是……　如:我是应该出席的,只是实在没时间。

转折复句往往是偏句在前,正句在后,但有时为了突出正句,也可以把偏句放在后面,只是起到补充说明的作用。如:

　　他也拿出了几百块钱,虽然他也只是一个靠打工交学费的穷学生。

2. "虽然……但是……"和"……就是……"有何不同?

对外汉语教材中,往往说"……,就是……"和"……只不过……"表示轻微的转折,有"虽然……但是"之意。实际上,如仅根据这一简单解释进行教学,是远远不够的。我们来看留学生造出的偏误句:

① *这件衣服贵是贵,就是很好看。
这件衣服虽然很贵,但很好看。
② *那支歌难是难,就是很好听。
那支歌虽然很难,但是很好听。
③ *这房间小是小,就是很干净。
这房间虽然很小,但是很干净。

问题出在什么地方呢?问题就出在老师往往是根据教材中的说明告诉学生:"……就是……"表示转折,有"虽然……但是……"之意。那么学生根据老师的解释造出的句子,格式上没有错,也是"虽然……但是……"的意思,可句子实际上并不对。因为"……就是……"虽然有"虽然……但是……"之意,但和"虽然……但是……"不同。对比如下:

① 这个公园很漂亮,就是小了点儿。
这个公园虽然很漂亮,但是小了点儿。
*这个公园小了点儿,就是很漂亮。
这个公园虽然小了点儿,但是很漂亮。
② 这件衣服好是好,就是贵了点儿。
这件衣服虽然好,但是贵了点儿。
*这件衣服有点贵,就是很好看。
这件衣服虽然有点贵,但是很好看。
③ 那支歌很好听,就是有点难。
那支歌虽然很好听,但是有点难。
*那支歌有点难,就是很好听。
那支歌虽然有点难,但是很好听。
④ 这房间干净是干净,就是有点小。
这房间虽然很干净,但是太小了。
*这房间小是小,就是很干净。
这房间虽然小,但是很干净。

通过对比,我们发现"……就是……"前面是积极的好的方面,后面是不足,整体上有美中不足之感,而"虽然……但是……"并没有如此限制。

3. "只是""不过""可是""但是"和"然而"有何不同?

这几个关联词语在意义上有共同点,都带有转折的意味,但也存在一些细微的区别:

(1) "只是"和"不过"意义接近,"不过"比"只是"语气稍重。二者都只带有轻微的转折意味,表达的主要意思一般在前一分句,后一分句往往只起补充或修正的作用。正是因为句子的语气轻微,所以前一分句不用"虽然",后一分句也不用"却"。如:

① 我也很想去看看,只是没有时间。
② 他们两个以前经常吵架,不过现在好多了。
③ *虽然我不喜欢他的性格,只是/不过我还是要支持他,毕竟他做事情很公正。
④ *她很聪明也很善良,只是/不过脾气却有点儿急躁。

另外,"只是"前面是积极的好的方面,后者是不足,整体上有美中不足之感。而"不过"没有这个限制。如:

① 这衣服挺好看的,只是有点儿贵。
　这衣服挺好看的,不过有点儿贵。
② *这衣服有点儿贵,只是挺好看的。
　这衣服有点儿贵,不过挺好看的。

(2) "可是"、"但是"和"然而"转折的意味都比较重,"但是""然而"的转折意味最重,它们都以后一分句的意义为重。"可是"和"但是"前一分句常用"虽然",后一分句常用"却"。"然而"含有文言意味,一般很少跟"虽然"搭配使用。如:

① 在我的记忆中,爸爸虽然很少发脾气,可是/但是我们却很怕他。
② 我们的口语老师很严格,然而我们都很喜欢她。

九、条件复句

1. 什么是条件复句?

偏句提出条件,正句表示在满足这一条件的情况下所产生的结果。这种条件关系可以是有条件的也可以是无条件的。常见的关联词语如：

只要……就……　　如：只要你努力了，就一定会得到回报。
一旦……就……　　如：一旦你找到方法，问题就迎刃而解。
……就……　　如：多读多写，作文水平就自然提高了。
只有……才……　　如：只有刻苦才能考好。
……才……　　如：付出了，才能有收获。
……要不然……　　如：你快来吧，要不然我也走了。
除非……否则……　　如：除非你答应来，否则他也不来。
除非……才……　　如：除非你来，他才会来。

无条件关联词语要成对使用，偏句表示排除一切条件，正句表示在任何条件下都会产生同样的结果。常见的关联词语如：

不管……都/也……　　如：不管父母同意不同意，我都要和她结婚。
无论……都/也……　　如：无论是谁，都不应该不遵守纪律。

条件复句往往是偏句在前，但有时为了突出正句的意思，也可以把正句放在前面，偏句在后只是起到补充说明的作用。如：

① 现实就是这么残酷，不管你接受不接受。
② 你应该心平气和地和他谈谈，除非你真的不想过了。

2. "只有……才……"和"只要……就……"有何不同？

"只有……才……"列出的条件是唯一的，是必要条件，没有"只有"后的这个条件就不可能有"才"后面的结果。而"只要……就……"列出的条件是充分条件，说明有了"只要"后的这个条件，就能产生"就"后的结果，但并不排除其他条件也可能产生这一结果。对比如下：

① 只有经理签字，我们才能拿到钱。（"拿到钱"的条件只有一个，即"经理签字"，别的办法或别人签字都不行）
② 只要经理签字，我们就能拿到钱。（"拿到钱"的条件有多种可能，其中之一是"经理签字"，但"董事长签字"也可能拿到钱。）
③ 只有拿到巧克力，她才会开心。（"她开心"的条件只有一个，即"拿到巧克力"，别的办法都不能使她开心。）
④ 只要拿到巧克力，她就会开心。（"她开心"的条件很多，其中之一是"拿到巧克力"，别的办法也会使她开心。）

3. "不管……都……"和"尽管……但是……"：为何不说"不管父母不同意,我都要和她结婚"?

"不管"和"尽管"这两个貌似姐妹的连词是留学生经常混淆的词语之一。其实它们只是长得比较接近,在使用中有比较明显的不同。

"不管"和"无论"差不多,常和"都/也"搭配使用构成条件复句,即"不管……都/也……"表示后面的结果不因前面的条件而改变。"不管"后面的词语有个特点,即要求一个不确定的条件,常以问题的形式出现,具体形式有:

(1) 疑问代词"谁、什么、哪儿、怎么、什么时候、多少"等。如:

　　① 不管你怎么说,我都不去。
　　② 不管父母说什么,他都装作没听到。

(2) 多(么)+形容词。如:

　　① 不管多么远,多么晚,他每天都会去看她的。
　　② 不管多忙,你都得参加。

(3) "动词+不+动词"或"形容词+不+形容词"。如:

　　① 不管班长去不去,我们都要去。
　　② 不管好不好吃,我都要买。

(4) A 还是 B。如:

　　① 不管是你还是他,都应该冷静下来好好想想。
　　② 不管是上午还是下午,那儿永远像停车场。

(5) 是否+动词。如:

　　① 不管你是否同意,我都要这样做。
　　② 不管是否能挣到钱,我都不同意你和她一块做生意。

在教学的过程中,我们应该特别注意这种形式上的特点,否则学生就会造出下面的句子。

　　① *不管父母不同意,我都要和她结婚。
　　　不管父母同不同意/是否同意,我都要和她结婚。
　　② *不管刮风,我们的训练都没停止过。
　　　不管刮不刮风,我们的训练都没停止过。

③ *不管很贵,我们也要去吃一次。
　　不管贵不贵,我们也要去吃一次。
④ *不管他聪明,我也不怕他。
　　不管他是否聪明,我也不怕他。

为了避免学生出现偏误,可以采用格式化的办法

不管+ ┌──?──┐ 都……

　　谁/哪儿/怎么……
　　多(么)+形容词
　　"动词+不+动词"或"形容词+不+形容词"
　　A 还是 B
　　是否+动词

"尽管"和"虽然"差不多,常和"但是/可是"搭配使用构成转折复句,即"尽管……但是……","尽管"后面的词语不能是不确定的成分,必须是确定的成分。如:

① 尽管雨下得这么大,但是他还是来了。
② 尽管最近很忙,但我一定按时完成。

另外,"不管……都……"中"不管"后的条件是未知的不确定的,而"尽管……但是……"中"尽管"后的情况是已然的确定的。对比如下:

① 不管您是否高兴,这意见我都要提。(您或高兴或不高兴)
② 不管父母同意不同意,我都要和他结婚。(父母或同意或不同意)
③ 尽管您不高兴,但我还是要把这意见说完。(您已经不高兴)
④ 尽管父母不同意,但是我仍然要和他结婚。(父母已经不同意)

十、假设复句

偏句提出假设,正句表示假设实现后所产生的结果。常见的关联词语如:
如果……就……　　如果明天下雨,我们就不去了。
要是……就……　　要是我父母也在北京就好了。
假如……就……　　假如经理不同意,我们就去找董事长。

幸好……不然……　　幸好我带伞了,不然肯定会淋雨。
幸亏……不然……　　幸亏我父母不知道我的考试成绩,不然我就要挨批评了。
如果……那么……　　如果校长不同意,那么系主任也不会同意。
……的话……　　你不来的话,提前打个电话。

十一、让步复句

1. 什么是让步复句?

偏句先退一步说,把假设当做事实承认下来,正句则从相反的方面说出不会因假设实现而改变的结论。常见的关联词语如:

即使……也……　　即使你不同意,我也不会怨你。
哪怕……也……　　哪怕下冰雹,我也要去。
就是……也……　　就是班长,也要参加考试。
就算……也……　　就算你有钱,也买不回来生命。
即便……也……　　即便他不来,我们也照样顺利完成。
再……也……　　她再漂亮,我也不喜欢她。

2. "即使……也……"和"如果……就……"有何不同?

"即使……也……"中偏句提出的事实是一种假设,也就是说"即使"后是一种假设的情况;"如果……就……"中偏句提出的也是一种假设,也就是说"如果"后也是一种假设的情况。所以这种共同性会给留学生造成很大的理解困难,从而出现一些偏误句。如:

① ＊即使你同意去,我就去。

② ＊如果她父母还活着,他们也劝不住她。

显然,上面的句子都是不正确的。那么它们的区别到底表现在什么地方呢?我们来看几个例句:

① 即使有天大的困难,我也决不放弃。

② 即使明天下冰雹,我们也要去。

③ 如果有困难,我们就去找您。

④ 如果明天天气不好,我们就不去了。

通过上面的对比,我们发现,虽然它们的偏句引出的都是一个假设的情况,但和正句的关系不同。"即使……也……"是说现在还不知道某种情况,假设这种情况发生,正句引出的不是这种假设的自然结果,而是相反的结果,前后有转折之意;"如果……就……"只是提出某种假设,正句引出的是这种假设的自然结果,前后并无转折之意。

二者的不同可图示如下:

如果 A 就 B: A ⟶ B
　　　　　　　下雨　　不举行比赛

即使 A 也 B: A ——┐
　　　　　　　　　　C
　　　　　　　下雨　└⟶ 也要举行比赛

十二、目的复句

1. 什么是目的复句?

目的复句可以是使希望发生的事情发生,想要得到的结果出现;也可以是使不希望发生的事情不发生,不想要的结果不出现。常见的关联词语,前者如:

为了……　　为了让父母高兴,他暂时没有告诉他们结婚的事。

……,为的是……　　她不分白天黑夜地赶写论文,为的是在儿子上学之前毕业。

……好……　　下飞机后快给父母打个电话,好让他们放心。

……以便……　　你最好提前告诉我们参会的人数,以便安排食宿。

……以……　　我们学校打算盖一座新的大厦,以满足留学生的需要。(注意:"以"后连接的只能是双音节的动词)

后者如:

……省得……　　去之前先打个电话问问有没有人,省得白跑一趟。

……免得……　　还是先和她商量一下,免得她不高兴。

……以免……　　在宿舍说话注意点,以免再和她发生矛盾。

2. "……为的是……"和"……以便……"有何不同?

二者都表示目的,所引导的目的从句都在后面。其不同在于:"……为的是……"是用来补充说明前面那样做的目的,前面的分句所说的事情一般已经完成或正在进行；而"……以便……"是用来说明前面那样做是为了使后面分句所说的事情容易实现，前面分句所说的事情一般是还没有完成的建议或计划。对比如下：

① 她总是夏天穿冬衣，冬天穿夏衣，为的是吸引男人的注意力。
② 我们没有及时通知你父亲病危的事情，为的是让你安心参加高考。
③ 你最好把事情的经过如实告诉我们，以便我们帮助你。
④ 发现有错误的地方请您及时告诉我，以便我们进行修正。

十三、复句的教学

复句中连词、副词的位置："不但他喜欢，也我喜欢。"对吗？

连词可以构成复句自不待言，副词有时也可以起到关联的作用构成复句，但他们在句中的位置不同，这也是对外汉语教学中应特别注意的地方。例如：

① 不但哥哥聪明，弟弟也聪明。　　＊不但哥哥聪明，也弟弟聪明。
② 虽然他很聪明，成绩却不好。　　＊虽然他很聪明，却成绩不好。
③ 如果明天下雨，我们就不去了。　＊如果明天下雨，就我们不去了。
④ 只有好好学习，你才能取得好的成绩。　＊只有好好学习，才你能取得好的成绩。
⑤ 无论你去不去，我都要去。　　＊无论你去不去，都我要去。
⑥ 这件衬衣，不仅质量好，价格还便宜。　＊这件衬衣，不仅质量好，还价格便宜。

⑦ 不但学生想去，而且老师也想去。　＊不但学生想去，老师而且也想去。
⑧ 如果你参加，那么我也参加。　　＊如果你参加，我也那么参加。
⑨ 虽然他很聪明，但是成绩并不好。　＊虽然他很聪明，成绩但是并不好。
⑩ 因为房价太高了，所以他放弃了买房。　＊因为房价太高了，他所以放弃了买房。

通过大量的对比，我们发现，起关联作用的副词（如：就、才、都、却、也、又、还、越等）要放在主语之后，不可放在主语之前；而连词（如：所以、而且、但是、那么等)则要放在主语之前,不可放在主语之后。可以总结为"而且/所以/那么/但是、然后等＋主语""主语＋就/才/都/却/也/又/还、先等"。如果前后两个分句共用同一个主语,留学生一般不会出现偏误,但如果前后两个分句的主语不同,他们就容易出现偏误。如:

① ＊不但老师不同意,也学生不同意。
  不但老师不同意,学生也不同意。
② ＊既然你妈妈来了,就你多陪陪妈妈吧。
  既然你妈妈来了,你就多陪陪妈妈吧。

为了避免出现此类偏误,我们在进行教学时,每学到一个复句或者说固定格式时,尽量有意识地通过格式化的办法告诉学生有两个主语时的情况下主语的位置。如:

不但＋主语$_1$……,而且＋主语$_2$……
因为＋主语$_1$……,所以＋主语$_2$……
既然＋主语$_1$……,主语$_2$＋就……
如果＋主语$_1$……,主语$_2$＋就……
不管＋主语$_1$……,主语$_2$＋都……
只要＋主语$_1$……,主语$_2$＋就……

思考与练习四十一

一、判断下列句子是否是复句,如果是复句,请分析其类型。
 1. 他虽然刚到中国,但他的汉语水平并不低。
 2. 她终于看到了蓝天上的白云、蓝天下的绿草和绿草上的羊群。
 3. 他明天来,我们都知道。
 4. 不管是谁的话他都不当一回事。
 5. 你进来的时候,他还在犹豫呢。
 6. 他打算租学校的房子,省得天天迟到。
 7. 让老婆孩子过上好日子,是他的理想。
 8. 要是你不去,估计这个计划就泡汤了。
 9. 要么被困难吓倒,要么把困难克服。

10. 我认识他,甚至连他的小名都知道。
11. 无论你去不去,他都要去。
12. 你既然答应了,就应该做好。
13. 最好再检查一遍,以免中途发生故障。
14. 哪怕明天下雨,我也要去。
15. 与其跪着生不如站着死。
16. 科学研究有两种方法:一种归纳法,一种演绎法。
17. 我宁可在家吃方便面,也不去他家。
18. 老人都敢,何况年轻人呢?
19. 就算你不想参与,开业那天您也得露个面吧。
20. 在你们的大力支持下,我们的工作开展得非常顺利。

二、判断下列句子是否正确,如果不正确,请说明理由并进行改正。
1. 你既然生病了,就回去休息了。
2. 你因为生病了,所以回去休息吧。
3. 你因为来了,所以在这儿多住几天吧。
4. 不管这么累,他还是来了。
5. 尽管下多大的雨,他都要去。
6. 先学生准备生词,然后再老师讲生词和课文。
7. 无论明天下雨,我们都要去。
8. 只要你打电话,妈妈很高兴。
9. 即使我妈妈反对,也我要参加。
10. 因为学习汉语,我来到了中国。
11. 我宁可不和她结婚,也不结婚。
12. 不管我多生气,他不安慰我。
13. 他虽然很聪明,不过却学习不好。
14. 我们一边跳着舞,一边很高兴。
15. 他又不说,你又不说,让怎么猜你们的想法。
16. 只有你自己亲自做了,就能感受到乐趣。

三、选择词语填空,并根据这些句子总结其不同。

1. 一面……一面……　　一方面……一方面……
　　一来……二来……

　　① 昨天晚会上,她(　　)唱,(　　)跳,高兴极了。一点儿也看不出失恋的样子。

　　② 她已经决定暂时离开这儿,(　　)可以让自己忘掉这段伤心的恋情,(　　)也可以去南方看看有没有更好的发展机会。

　　③ 他来中国(　　)是学习汉语,(　　)是想去孙悟空去过的火焰山看看。

2. 不是……就是……　　不是……而是……

　　① A：听说你们明天去故宫,是吗?
　　　B：(　　)明天(　　)今天。

　　② A：昨天你妈妈给你买的那条裙子怎么不穿?不喜欢吗?
　　　B：(　　)不喜欢(　　)今天太冷了。

　　③ A：他今天怎么了?一言不发?
　　　B：我也不知道,我想(　　)孩子的问题(　　)老婆的问题。

　　④ A：你怎么这么喜欢玩电脑游戏?
　　　B：(　　)喜欢,(　　)实在没事干。

　　⑤ 我爸爸非常喜欢运动,记得我小的时候,他(　　)带我去打球,(　　)带我去游泳。

3. 既然　　因为

　　①(　　)你有急事,那你就先走吧。
　　②(　　)他有急事,所以她就先走了。
　　③ 你(　　)在北京生活了五年,那你的汉语一定很好了吧。
　　④ 他(　　)要跟老朋友多聊聊天儿,所以就多住了几天。

4. 尽管　　不管

　　①(　　)前天晚上睡得多晚,第二天他都是六点准时起床。

② (　　)前天晚上睡得很晚,第二天他还是六点准时起床。

③ (　　)阻力很大,他还是顺利完成了任务。

④ (　　)阻力多大,我们都要完成任务。

⑤ (　　)是夏天还是冬天,他都永远穿那件长衫。

⑥ (　　)他心里不乐意,但表面上还是很爽快地答应了。

5. 如果……就……　　即使……也……

① (　　)时间很少,估计我们(　　)完不成任务了。

② (　　)时间再少,我们(　　)一定要完成这个任务。

③ 这么容易的问题,(　　)你不复习(　　)能回答得很好。

④ 这么容易的问题,(　　)你肯动脑子,(　　)能解决。

6. 以后　　后来　　然后

① 毕业(　　),我想去香港工作。

② 他们开始只是一般的朋友,(　　)才慢慢发展成恋人。

③ 起初我们都不相信她会这么做,(　　)我们发现她这么做一点都不奇怪。

④ 你到了(　　),先安顿下来,(　　)我们再商量案子的事。

第八章　汉语语法偏误分析

【内容简介】　本章主要介绍偏误分析在对外汉语教学中的重要意义，语法偏误的成因、特点、类型以及偏误分析的基本原则和方法等。

> 1. 在对外汉语教学中偏误分析有何重要意义？
> 2. 偏误分析的原则："偏误"和"失误"有何不同？
> 3. 留学生出现偏误的原因是什么？
> 4. 留学生出现偏误的特点是什么？
> 5. 常见的语法偏误有哪些类型？

1. 在对外汉语教学中偏误分析有何重要意义？

中介语理论认为学习者在学习外语时自己所创造出来的一种语言系统，即中介语，是外语学习过程中不可避免的语言发展阶段。在语言的习得过程中，学习者不可避免地要经历一个出错、反馈、纠错、改正的过程，在这个过程中对学习者所产生的偏误进行分析，可以揭示第二语言习得的某些规律。学习者的偏误是很有意义的，这些偏误向研究者提供了语言习得的可研究性，揭示了学习者在语言习得过程中所采取的策略和程序。总之，在对外汉语教学中，有效的偏误分析不仅有利于留学生的学习，而且有利于教师了解偏误的成因，对自己的教学进行反思，进而预测偏误的发生，积极有效地进行教学。

2. 偏误分析的原则："偏误"和"失误"有何不同？

中介语研究主要是采用偏误分析的方法，即关注在第二语言学习过程中所产生的偏误,并进行系统的分析和研究,以探究第二语言习得的过程和规律。教学中一般的纠错并不是偏误分析。

进行偏误分析先要区分"偏误"和"失误"。所谓"偏误"指的是留学生在使用语言的过程中不自觉地对目的语的偏离,是以目的语为标准表现出来的错误或不完善的地方,而这种错误是成系统的、有规律的,反映了说话人的语言能力和水平,属于语言能力的范畴。例如:

① *我学习汉语在首师大。
② *我吃早饭七点。

以上两例是出自一个初级阶段的美国留学生的作业,由于他还没有很好地掌握汉语时间状语和处所状语的位置,所以受母语负迁移的影响,把状语放在了动词的后面,这是美国学生在学习汉语的特定阶段普遍出现的一种现象,是其语言能力的表现,具有普遍性,所以这种错误属于偏误。

所谓"失误"指的是在特殊情况下产生的语言错误,比如说紧张、粗心、精力不集中等因素造成的语言错误,这种错误具有偶然性,这种错误无论是留学生还是母语者都有可能发生,而且犯这种错误之后说话人有能力马上进行自我改正。所以这不属于语言运用的范畴,也不能反映说话人的语言能力和水平。

在对外汉语教学中进行偏误分析时要坚持的一个原则就是,我们纠的"错"应该是"偏误",而不是"失误",不能说任何"改错"都是偏误分析。

3. 留学生出现偏误的原因是什么?

留学生出现偏误是由多方面的因素造成的,我们大致可以归结为母语语法规则的负迁移、汉语内部语法规则的过度泛化、文化因素造成的负迁移、学习策略和交际策略造成的偏误、教师和教材造成的偏误等五个方面。下面分别举例说明。

(1) 母语语法规则的负迁移。如:

① *你不要说这样。
② *他喜欢说话大声。

这是母语为英语的学习者的偏误。汉语的状语无论是哪种状语,都应该放在动词的前面,但学习者受母语负迁移的影响,将状语按照英语的语序放在了句末,从而产生了偏误。

(2) 汉语内部语法规则的过度泛化,即过度泛化造成的偏误。如:

①＊我学习太极拳三个年了。

②＊马上我们就可以休息7个天。

学习者只知道汉语的名词前一般要加量词,但不知道"年"、"天"、"分钟"等前不需要加量词这一特殊规则,误将汉语中名词前要加量词这一规则泛化,从而造成偏误。再如,学习汉语的二语学习者把"不(没有)＋动词"这一规则类推到"把"、"被"产生如下偏误:

①＊我把作业没交给老师。

②＊他被妈妈没打骂。

学习汉语的二语学习者也常常把"程度副词＋形容词"这一规则类推到"比"字句从而造成如下偏误:

①＊他比我很高。

②＊我比他非常刻苦。

(3) 文化因素造成的负迁移。如:

＊我妈妈最近身体不好,我需要在家照顾她,那就是我不去参加你的晚会的原因。

上文刚刚说过的话或提及的内容,在中国人的心目中是"近"的情况,汉语中常常用近指的"这"来回指上文内容;而操英语的人常常把上文提到的内容或说过的话看做是过去的情况,认为是"远",常用"that"来回指。这种心理文化的差异使得母语为英语的学习者在用汉语表达时,经常误用"那"来代替"这"。

(4) 学习策略和交际策略造成的偏误。

学习者作为语言学习和语言交际的主体,在学习语言和运用语言的过程中,总是以积极的态度主动地参与其中,为克服困难而采取相应的措施,这分别表现为学习策略和交际策略,比如"回避"。回避指学习者在遇到困难时有意无意地忽略目的语规律,回避使用某一他认为比较难的语言项目。如:

① *请你放桌子上杯子。
② *我要寄给妈妈这张照片。

汉语的"把"字句对很多国家的学习者来说都是一个高难度的语法项目,所以很多学习者回避使用"把"字句,从而造成偏误。

(5) 教师和教材造成的偏误。如:
① *爷爷喜欢吃饭后散步散步。
② *昨天我们游泳了一个小时。
③ *我的同屋经常帮忙我。

汉语学习者出现上述偏误的原因是多方面的,其中一个主要原因是现行教材对离合词的处理不当和教师对这类词的认识不足。因为离合词是一群特例,它们的使用和一般动词存在着很大不同,而对其特殊性现行教材很少关注。比如《桥梁》(北京语言文化大学出版社)中名词后标明"名",动词后标明"动",而到了离合词什么也不标。不标就意味着这个词有特殊性,至于什么特殊性,这要靠教师来补充,如果老师这根最后的稻草还是不注意其特殊性,那么学习者自然就把它们当做一般的动词来使用,从而出现上述偏误。

总之,偏误的产生是一个非常复杂的问题。一方面,影响偏误的这五个因素不是孤立的,而是相互联系的,有时还同时起作用;另一方面,这五个方面也不是从同一个角度划分出来的,所以分类标准不统一,概念有所交叉。因此我们在进行偏误分析的时候,并不能生搬硬套上述五个方面,而是要以这五个方面为参照,研究偏误产生的原因,探求二语习得的过程和规律。

4. 留学生出现偏误的特点是什么?

普遍性 即操同一种母语甚至是操不同母语的学生在学习汉语的不同阶段出现的偏误具有普遍性。如:把汉语的状语置于句末这种偏误不仅在母语为英语的学习者中间很普遍,在母语为韩语、泰语的学习者中间也很普遍。

阶段性 留学生出现的中介语是一个动态的系统。随着学习者水平的提高,中介语也在不断变化,并呈现出一定的阶段性,不同阶段表现出来的偏误也有不同的特点。主要表现为:

(1) 随着学习者汉语水平的提高,母语负迁移造成的偏误逐渐减少。母语负迁移造成的偏误可以通过两种语言的对比分析来解释说明,这种偏误主要出现在学习的初级阶段。但是有很多偏误并不是母语负迁移造成的。非母语负迁移造成的偏误主要出现在学习的中高级阶段,在这一阶段,学习者受母语的影响逐渐减弱,受目的语的影响逐渐增强。目的语规则过度泛化造成的偏误,我们无法通过两种语言的对比来解释说明。

(2) 随着学习者汉语水平的提高,句内偏误逐渐减少,超句偏误逐渐增加。句内偏误是指发生在句子内部的偏误,主要表现为与词语的意义、用法等有关的偏误,以及词语充当句子成分的偏误。这种偏误主要发生在学习的初中级阶段。如:

① *北京里有很多人。(北京有很多人。)

② *明天我等你在学校大门口。(明天我在学校大门口等你。)

超句偏误是指发生在句子和句子之间的偏误,如句子之间的链接形式和代词照应的偏误,以及受语境、语用的限定而出现的语法正确却不合适的偏误。这类偏误主要出现在学习的中高级阶段。

反复性、顽固性　前面我们说过,偏误的出现具有阶段性,但也不可忽视其反复性和顽固性。所以各个阶段所出现的偏误并不是截然分开的,如果学习者不能及时纠正其偏误,那么这种偏误很可能堆积起来,严重影响向目的语靠近的进程。

5. 常见的语法偏误有哪些类型?

对外汉语教学的语法偏误从内容上分,大致可以分为两大类:一是词法方面的,主要是指各类词的使用偏误,特别是介词、副词、助词、连词等意义比较虚的词的使用偏误;二是句法方面的,主要是指各类短语、句型、句式和句法成分等的使用偏误。这两类偏误从形式上看大致可以分为四类,即遗漏、误加、误用和错序。下面我们分别举例说明。

遗漏　遗漏可以是词的遗漏(包括连词、副词、代词、助词、量词等),也可以是某句法成分的遗漏。如:

① *我妈妈每天__很担心。(副词"都"的遗漏,"每天"后应用"都")

② *外边有人吵架,可里边__清静。(副词"很"的遗漏,形容词作谓语要用"很")

第八章 汉语语法偏误分析

③ *我从朋友____借了一本书。(代词"那儿"的遗漏,普通名词表示处所要加代词)

④ *她已经认识到自己错__。(助词"了"的遗漏,"已经……了"表示变化)

⑤ *他是我最好__朋友。(助词"的"的遗漏,词组作定语修饰名词要用"的")

⑥ *虽然我们都想早点儿下课去看演出,____老师不同意。(连词"可是"的遗漏)

⑦ *就是妈妈反对,我__要去。(起关联作用的副词"也"的遗漏)

⑧ *只有打工,他__能上学。(起关联作用的副词"才"的遗漏)

误加 在不应该使用某一词语的或句法成分的地方使用了该词语或句法成分。包括误加有特殊意义的语素、误加虚词、误加特殊句型、句式的标志性成分。如:

① *昨天有四个朋友们去了我家。(误加"们",名词前有数量时后不能加"们")

② *以前每年的冬天我都生病了。(误加"了","每……"说明经常性的情况不用"了")

③ *我们得到了他们的热情的帮助。(多项定语,误加了助词"的")

④ *信被他写好了。(误加了"被",施受关系明确,不需加"被"字句的标志"被")

⑤ *他女朋友又很聪明又很漂亮。(误加了副词"很",在"又……又……"中形容词前不能用"很")

⑥ *我昨天买了一本书,但是现在还没看书。(误加了"书",应省略和前面相同的成分)

⑦ *我是一个英国留学生,我今年23岁,我在北京学习汉语,我很喜欢北京。(误加了"我",应该省略和前面相同的成分)

误用 两个或多个语言形式在意义、用法或者形式上有关联,这些语言形式之间容易发生混淆,"误用"就是从这些易于混淆的语言形式中选用了不适合于特定语言环境的形式而造成的偏误。如:

①*我没有够的时间去参观。(误用了"够",作定语应用"足够","够"不能作定语)

②*他的家庭非常圆满。(误用了"圆满",形容家庭、婚姻,应该用"美满")

③*你这条裙子在哪儿买了,我也想买一条。(误用了"了",强调已知信息的局部信息点应该用"的")

④*大卫去桂林了,关于林芳,我还不知道。(误用了"关于",提及另一话题,应用"至于")

错序 "错序"指的是某一句法成分被放错了位置,如状语置于动词之后,定语置于名词之后,副词置于主语之前,方位词置于名词之前。如:

①*我们都同意了,却班长不同意。("却"只能用在主语之后)

②*老师,我回去宿舍拿书。("来/去"应放在处所宾语之后)

③*什么时候你出发?(汉语中特殊疑问代词和同句法成分的非疑问代词一样,状语应该置于动词"出发"前,而不能像英语那样置于"句首"。)

④*爸爸来了从上海。(状语"从上海"应放在动词之前)

⑤*歌迷的周杰伦都来了。(定语"周杰伦的"应放在中心语"歌迷"之前)

⑥*南边的教学楼是车库。(方位词"南边"应放在名词"教学楼"之后)

思考与练习四十二

一、分析下列偏误的主要成因。

1. 我毕业大学的时候,妈妈不想让我工作。
2. 我想结婚一个上海人。
3. 虽然我在北京学习汉语一年了,但上海人说话我不能听。
4. 今天晚上都我们去跳舞。
5. 我上大学在南加州。

二、对下列偏误进行分类并加以分析。
1. 我一进教室,就老师开始上课了。
2. 如果明天晴天,我们都就去香山。
3. 我们8点上课,他7点来了。
4. 如果你不好好学习,就妈妈不高兴了。
5. 我要是有个你这样的姐姐好了。
6. 只要你刻苦学习,你能考好。
7. 他们昨天出去玩了,一直到晚上十一点多,他们就回来了。
8. 只有你经常打电话,他就会放心。
9. 妈妈一打开饭盒,就香味出来了。

参考文献

奥田宽(1982) 论现代汉语形容词的强制性联系和非强制性联系,《南开学报》第3期。
北京大学中文系1955、1957级语言班编(1996)《现代汉语虚词例释》,商务印书馆。
北京大学中文系现代汉语教研室(2005)《现代汉语》(重排本),商务印书馆。
陈保亚(1997) 对剩余语素提取方法的限制,《汉语学习》第3期。
崔希亮(1992) 汉语"连"字句的语用分析,《中国语文》第2期。
邓守信(1999) The acquisition of "了·le"in L2 Chinese,《世界汉语教学》第1期。
房玉清(2008)《实用汉语语法》(第3版),北京语言大学出版社。
傅雨贤等(1997)《现代汉语介词研究》,中山大学出版社。
高顺全(2001) 试谈"被"字句的教学,《暨南大学大学化文学院学报》,第1期。
高永奇(1999) 感叹句中"多(么)""太"的语义、句法、语用分析,《殷都学刊》第1期。
国家对外汉语教学领导小组办公室汉语水平考试部(1996)《汉语水平等级标准与语法等级大纲》,高等教育出版社。
国家汉办办公室汉语水平考试中心编(2001)《汉语水平词汇与汉字等级大纲》,经济科学出版社。
郭　锐(2002)《现代汉语词类研究》,商务印书馆。
贺阳(1994) "程度副词+有+名"浅析,《汉语学习》,第2期。
洪波(2003) 对外汉语成语教学探论,中山大学学报论丛,第23卷第2期。
侯学超(1998)《现代汉语虚词词典》,北京大学出版社。
胡明扬(1981) 北京话的语气助词和叹词,《中国语文》第5、6期;又见《北京话初探》,胡明扬,商务印书馆,1987年。
黄伯荣、廖序东(2002)《现代汉语》(增订二版),高等教育出版社。
黄南松(1992) 论对外汉语基础阶段的语法教学,中国对外汉语教学学会第四届年会论文。
郎大地(1987) 受副词"多么、真"强制的感叹句,《语言研究》第1期。
李大忠(1984) 不能重叠的双音节形容词,《语法研究和探索》(二),北京大学出版社。
李大忠(1997)《外国人学汉语语法偏误分析》,北京语言文化大学出版社。
李小荣(1997) 谈对外汉语虚词教学,《世界汉语教学》第4期。

参考文献

李行健(2000)《现代汉语成语规范词典》,长春出版社。

李晓琪(2005)《现代汉语虚词讲义》,北京大学出版社。

李英哲等(1990)《实用汉语参考语法》,熊文华译,北京语言学院出版社。

刘丹青(1987) 形名同现及形容词的向,《南京师范大学学报》第3期。

刘德联、刘晓雨(2005)《汉语口语常用句式例解》,北京大学出版社。

刘叔新(1984)《词汇学和词典学研究》,天津人民出版社。

刘月华、潘文娱等(2004)《实用现代汉语语法》(增订本),商务印书馆。

刘月华主编(1998)《趋向补语通释》,北京语言文化大学出版社。

卢福波(1996)《对外汉语教学实用语法》,北京语言文化大学出版社。

卢福波(2004)《对外汉语教学语法研究》,北京语言大学出版社。

陆俭明(1980) 关于汉语副词教学,《语言教学与研究》第4期。

陆俭明(1982) 现代汉语副词独用刍议,《语言教学与研究》第2期。

陆俭明(1987) 说"年、月、日",《世界汉语教学》第1期。

陆俭明(1990) 表疑问的"多少""几",《王力先生纪念论文集》,商务印书馆。

陆俭明(1991) 现代汉语时量词说略,《语言教学与研究》第1期。

陆俭明(1993)《陆俭明自选集》,河南教育出版社。

陆俭明(2000) "对外汉语教学"中的语法教学,《语言教学与研究》第3期。

陆俭明(2002) 英汉回答是非问句的认知差异,《暨南大学华文学院学报》第1期。

陆俭明(2004) 词语句法、语义的多功能性:对"构式语法"理论的解释,《外国语》,第2期。

陆俭明(2005a)《现代汉语语法研究教程》(第三版),北京大学出版社。

陆俭明(2005b)《作为第二语言的汉语本体研究》,外语教学与研究出版社。

陆俭明(2005c) 要重视讲解词语和句法格式的使用环境,《对外汉语研究》第1期。

陆俭明(2005d) 汉语教员应有的意识,《世界汉语教学》第1期。

陆俭明、郭锐(1998) 汉语语法研究所面临的挑战,《世界汉语教学》第4期。

陆俭明 马真(1985)《现代汉语虚词散论》,北京大学出版社。

陆俭明、沈阳(2002)《汉语和汉语研究十五讲》,北京大学出版社。

陆庆和(2008)《基础汉语教学(二)·词类教学》,台北新学林出版股份有限公司。

陆庆和(2006)《实用对外汉语教学语法》,北京大学出版社。

吕明臣(1998) 汉语的情感指向和感叹句,《汉语学习》第6期。

吕叔湘(1983) 怎样学习语法,《吕叔湘论文集》,商务印书馆。

吕叔湘(1984)《汉语语法分析问题》,商务印书馆。

吕叔湘主编(1996)《现代汉语八百词》,商务印书馆。

吕文华(1992) "了$_2$"语用功能初探,《语法研究与探索》(六),语文出版社。

吕文华(1994)《对外汉语教学语法探索》,语文出版社。

吕文华(1999) 短语词的划分在对外汉语教学中的意义,《语言教学与研究》第3期。

马庆株(1992)《汉语动词和动词性结构》,北京语言学院出版社。

马　真(1982) 说"也",《中国语文》第1期。

马　真(1983) 说"反而",《中国语文》第3期。

马　真(1988) 程度副词在表示程度比较的句式中的分布情况考察,《世界汉语教学》第3期。

马　真(1997)《简明实用汉语语法教程》,北京大学出版社。

马　真(2001) 表加强否定语气的副词"并"和"又"——兼谈词语使用的语义背景,《世界汉语教学》第3期。

马　真(2004)《现代汉语虚词研究方法论》,商务印书馆。

聂文龙(1989) 存在和存在句的分类,《中国语文》第2期。

彭小川、李守纪、王红(2004)《对外汉语教学语法释疑201例》,商务印书馆。

齐沪扬(2002)《语气和语气系统》,安徽教育出版社。

齐沪扬(2005)《对外汉语教学语法》,复旦大学出版社。

沈家煊(2001) 跟副词"还"有关的两个句式,《中国语文》第6期。

施家炜(1999) 外国留学生22类现代汉语句式的习得顺序研究,《世界汉语教学》第2期。

宋玉柱(1993) 对外汉语语法教学札记,《汉语学习》第4期。

孙德金(2002)《汉语语法教程》,北京语言大学出版社。

孙德金主编(2006)《对外汉语语法及语法教学研究》,商务印书馆。

佟慧君(1986)《外国人学汉语病句分析》,北京语言学院出版社。

王了一(1953) 句子的分类,《语文学习》第1期。

汪小宁(1996) 实词·虚词·中词——现代汉语基本词类划分新探,《安庆师范学院学报》第3期。

吴门吉、周小兵(2004) "被"字句与"叫、让"被动句在教学语法中的分离,《云南师范大学学报》(对外汉语教学与研究版),第4期。

肖奚强(2002)《现代汉语语法与对外汉语教学》,学林出版社。

邢福义(1984) 说"NP了"句式,《语文研究》第3期。

邢红兵(2005)《基于统计的汉语字词研究》,语文出版社。

徐晶凝(1998) 语气助词的语气义及其教学探讨,《世界汉语教学》第2期。

薛凤生(1994) "把"字句和"被"字句的结构意义,戴浩一、薛凤生主编《功能主义与汉语语法》,北京语言学院出版社。

杨寄洲(2005)《1700对近义词用法对比词典》,北京语言大学出版社。

杨寄洲、崔永华(1991) 课堂教学技巧说略,《语言教学与研究》第 2 期。
杨庆蕙主编(1995)《现代汉语离合词用法词典》,北京师范大学出版社。
杨庆蕙主编(1996)《对外汉语教学中的语法难点剖析》,北京师范大学出版社。
杨玉玲(2004) "还 NP 呢",《修辞学习》第 6 期。
杨玉玲(2006) "单个'这'和'那'篇章不对称研究",《世界汉语教学》第 4 期。
杨玉玲(2007) 认知凸显性和带"有"的相关格式,《修辞学习》第 5 期。
杨玉玲(2011)《国际汉语教师语法教学手册》,高等教育出版社。
叶盼云、吴中伟(2006)《外国人学汉语难点释疑》,北京语言大学出版社。
袁毓林(1993)《现代汉语祈使句研究》,北京大学出版社。
袁毓林(1999)《袁毓林自选集》,广西师范大学出版社。
张旺熹(1991) "把字结构"的语义及其语用分析,《语言教学与研究》第 3 期。
张旺熹(1993) 主谓谓语结构的语义模式,《世界汉语教学》第 3 期。
张旺熹(2005) 连字句的序位框架及其对条件成分的映现,《汉语学习》第 2 期。
张谊生(2000)《现代汉语副词研究》,学林出版社。
赵金铭(1996) 对外汉语语法教学的三个阶段及其教学主旨,《世界汉语教学》第 3 期。
赵金铭(1997)《汉语研究与对外汉语教学》,语文出版社。
赵金铭主编(1997)《新视角汉语语法研究》,北京语言文化大学出版社。
赵淑华等(1995) 关于北京语言学院现代汉语精读教材主课文句型统计结果报告,《语言教学与研究》第 2 期。
周小兵(1995) 谈汉语时间词,《语言教学与研究》第 3 期。
周小兵、赵新(2002)《对外汉语教学中的副词研究》,中国社会科学出版社。
周小兵、朱其智、邓小宁等(2007)《外国人学汉语语法偏误研究》,北京语言大学出版社。
朱德熙(1982)《语法讲义》,商务印书馆。
朱德熙(1985)《语法答问》,商务印书馆。

附 录

术语索引

【说明】术语按音序排列。

"把"字句　16,25,34,52,165,176—191,
　199,202,281
"被"字句　25,165,191,194—205,283
"比"字句　25,165—172,176
被动句　191—195,199,200,203,204
比较句　165,166,168,172
宾语　11—20
并列复句　123,249,252,255
并列关系　87—90,109,110,252,260
插入语　1,7,119,121
差比句　166,168
超句偏误　282
陈述句　137
程度补语　23,26,61—63,171
处所宾语　12,14,32—35,39,40,
存现句　222,225,228,230—233
存在句　226,229—234
错序　9,29,39,52,59,91,110,113,221,
　282,284
单句　25,26,123—125,134,214,218
等比句　165,166,168,172,173

递加关系　88,90,109—111
递进复句　123,249,252,257,258
定语　80—93,102,103
动词谓语句　25,122—125,127—130,
　143,205,208
动词性非主谓句　123
动量补语　18,24,26,68,72—74
多项定语　79,87—91,93,109,283
多项状语　94,99,101,106,109—112,
　114,117,118
非主谓句　123—125,251
复合趋向补语　31—35,39
复句　123,124,251
感叹句　155
告知式感叹句　158,159
工具宾语　12
固定格式　9,145,274
假设复句　123,158,249,252,270
兼语句　4,6,189,240—244
简单趋向补语　31—33,35,39
交错关系　88,109,110

交际策略　279,280

结果宾语　11

结果补语　17,22,26—31,54,57,59,60,
　　62,76,151,181,187,197,234

解说复句　123,249,252,257

介宾补语　24,26,75

句法成分　1,2,25,26,28,119,146,
　　282—284

句类　122—124,136,137

句内偏误　282

句型　122—124,126,134,165,184,282,
　　283

可能补语　17,23,26,48,54—61,183—
　　185,198,202,211

"连"字句　165,214—218

连谓句　236—238,244

联合复句　123,251,252

描写性定语　79,82,83,88

描写性状语　65,94,99

名词谓语句　122—127

名词性非主谓句　123

目的复句　123,250,252,272

偏正复句　123,251,252

评价式感叹句　160,161

祈使句　149

情态补语　26,116

趋向补语　22,23,26,30—35,37—40,
　　51—54,60,76,181,187,197,234

让步复句　123,249,252,271

"是……的"句　4,165,194,205—207,
　　210—213

"是"字句　4,25,219,220,226,232

施事　2,6,10—12,15,16,20,28,30,65,
　　66,133,192,194—196,199,200,207,
　　211,215,216

施事宾语句　15

时间状语　110,113,114,117,130,
　　202,279

时量补语　18,23,24,26,68—72

是非疑问句　136,139,140,143,147—149

受事　2,6,11,28,30,37,40,51,52,65,
　　133,180,192,194—201,207,215,245

述语　11—13,15,18—20

数量补语　17,23,26,68,200

双宾语句　13,180,240,241,245—248

顺承复句　123,252

叹词、拟声词非主谓句　123

特指疑问句　136,139,141,146,147,225

提醒式感叹句　161

条件复句　123,249,252,267—269

谓语　1—9

无定性　10,16,52,71,74

误加　7,8,38,74,92,115,131,132,147,
　　221,224,225,282,283

误用　8,38,52,67,68,74,200,201,211,
　　225,280,282—284

限制性定语　79,82,88,89

限制性状语　94,99,101,104

形容词谓语句　4,122—125,131,132,221

形容词性非主谓句　123

选择复句　123,249,252,259

选择疑问句　136,139,143,147,225

学习策略　279,280

"由"字句　191,194—196,201

"有"字句　25,166,221—229,232

遗漏　7,28,29,51,92,115,132,216,

282,283
疑问句 138
意念被动句 191,194,195,200,203
因果复句 123,249,252,262,263
隐现句 230,233,234
有定性 1,6,52,74,142
语义指向 28,66
"在"字句 225—229
正反疑问句 56,136,139,143,147,225
中心语 79—89,91,92,94,98,102—104,
106,107,109,112—114,172,284
周遍意义 6
主体 3,13,280
主谓句 6,123—125,192,251
主谓谓语句 6,18,122—125,132—136
主语 1—8
转折复句 123,249,252,265,270
状语 95—117
自然重音 72